FALU JICHU

法律基础

周芳◎编著

中国社会科学出版社

图书在版编目（CIP）数据

法律基础／周芳编著 . —北京：中国社会科学出版社，2015.6
ISBN 978 - 7 - 5161 - 6309 - 2

Ⅰ.①法…　Ⅱ.①周…　Ⅲ.①法律 - 中国 - 教材　Ⅳ.①D92

中国版本图书馆 CIP 数据核字（2015）第 131084 号

出 版 人　赵剑英
责任编辑　任　明　梁剑琴
责任校对　董晓月
责任印制　何　艳

出　　版　中国社会科学出版社
社　　址　北京鼓楼西大街甲 158 号
邮　　编　100720
网　　址　http：//www.csspw.cn
发 行 部　010 - 84083685
门 市 部　010 - 84029450
经　　销　新华书店及其他书店

印刷装订　北京市兴怀印刷厂
版　　次　2015 年 6 月第 1 版
印　　次　2015 年 6 月第 1 次印刷

开　　本　710×1000　1/16
印　　张　20.75
插　　页　2
字　　数　351 千字
定　　价　48.00 元

目　　录

第一章　法律和依法治国的基本理论

本章内容提要：本章主要介绍法律的基本原理及概念，如法律的产生、法的特征及本质等，并对依法治国问题进行详细介绍。

第一节　法的基本特征和本质

一　法律的特征

（一）法是一种概括、普通、严谨的行为规范

马克思说过："法律是肯定的、明确的、普遍的规范。"① 法律首先是一种行为规范，所以规范性就是它的首要特性。规范性是指法规定了人们在一定情况下可以做什么，应当做什么以及不应当做什么，即为人们的行为规定了模式、标准和方向。法律同时还具有概括性。概括性是指法的对象是抽象的，一般的人或事，在同样的情况下，法律可以反复适用。此外，法律还具有普遍性，普遍性是指在一国主权范围内，法具有普遍效力，所有人都要遵守。

（二）法律是国家制定或认可的

法是由国家制定或者认可的，这是法区别于其他社会规范的重要特征之一。国家制定和认可是法律产生的两种方式。所谓"制定"，是指在社会生活中原先没有的行为规则，立法者根据社会生活发展的需要，通过相应的国家机关按照法定程序制定各种规范性文件的活动。所谓"认可"，是指社会生活中原来已经实际存在着某种行为规则（如社会规范、国际法规范，以及国家机关的具体案件裁决等），国家以一定形式承认并且赋予其法律效力的活动。国家制定形成的是成文法，国家认可形成的通常是

① 《马克思恩格斯全集》第1卷，人民出版社2007年版，第71页。

习惯法。无论是制定还是认可，都与国家权力有着不可分割的联系，并且正是这一特征使法律的效力在形式上具有普遍性。

（三）法规定了人们的权利和义务

法的核心内容在于规定了人们在法律上的权利和义务。法律权利是指法律赋予人们的某种利益或行为自由。法律义务是指法律上规定人们必须履行的某种责任或行为的某种界限。法通过规定人们在一定社会关系中的权利和义务来确认、保护和发展有利于统治阶级的社会关系和社会秩序。

（四）法律是以国家强制力保障实施的，具有普遍约束力的社会规范

所有社会规范都需要通过一定的力量来保证实施，但其方式有所不同。法作为一种特殊的社会规范，它由国家权力的力量，即国家强制力来保证实施，如果违反法律规范不受国家法律追究和制裁，那么这种法律规范就成为一纸空文，形同虚设。在任何国家，违反法律规定的行为都将由专门国家机关依法定程序追究行为人的法律责任，责任人也将受到法律的制裁。但是同时我们也应看到，法律规范依靠国家强制力保证实施，这是从终极意义上来讲的，也就是从法的最后一道防线意义上讲的。这并不是说法律规范实施的每一过程，或者每一个法律规范的实施都要借助国家的暴力系统，也不是说国家强制力是保证法实施的唯一力量。国家的强制力只是法区别于其他行为规范的特征之一。

二　法律的本质

法的本质是指法的内在规定性。在人类历史上，对法的本质的认识过程是相当漫长和复杂的。

我国夏商和西周统治者宣扬"代天行罚"的神权法思想，将法（刑罚）说成是"天"的意志。春秋战国时期，老子认为："人法地，地法天，天法道，道法自然"，反对一切人为的法，从而建立了道家"无为而治"的绝对弃智、崇尚自然的法本质观。以管仲为代表的法家认为："法者，天下之程式也，万事之仪表也。""夫法者，所以兴功惧暴也；律者，所以定分止争也；令者，所以令人知事也。"法家的主要代表人物韩非与管仲的观点一致，也十分强调法的作用和法的规范性，他认为："法者，编著之图籍，高之于官府，而布之于百姓者也。"

西方许多哲学家、政治学家和法学家也对法的本质问题进行过研究和解释。英国古典自然法学派的代表霍布斯从法的本体角度将法律定义为：

"法律普遍说来都不是建议而是命令，也不是任何一个人对任何另一个人的命令，而是专对原先有义务服从的人发布的那种人的命令。"① 德国哲理法学派代表黑格尔则认为："任何定在，只要是自由意志的定在，就叫做法。所以一般说来，法就是作为理念的自由。"② 美国社会学法学派代表庞德从法的作用的角度把法律定义为："在每个政治上有组织的社会里面，都存在着我们称为法律秩序的东西，即一种高度专门化的社会控制形式。"③

　　以上这些观点都有其合理性，但也都存在片面性，只注意法的形式方面、外部特征方面，否定了法与社会物质生活条件的必然的内在联系，未能提示法的阶级本质。因此，他们的观点不可能全面地、科学地、准确地提示法的真正本质。

　　马克思主义法学产生于 19 世纪 40 年代，是由马克思和恩格斯共同创立的。马克思主义法学的诞生是法学发展史上的革命性变革。马克思、恩格斯关于法的本质的论述是其历史唯物主义的重要内容。在《德意志意识形态》一书中，他们把法的关系定义为"根源于物质的生活关系"④；而根源于社会经济关系的法实际上是一种国家意志，即掌握国家政权的统治阶级意志。他们指出，在一定社会经济占统治地位的统治阶级，"除了必须以国家的形式组织自己的力量外，他们还必须给予他们自己的由这些特定关系决定的意志以国家意志法律的一般表现形式"⑤。所以，法集中地反映了统治阶级根本的、共同的、整体的愿望和利益要求，而由统治阶级的"共同利益所决定的这种意志的表现，就是法律"⑥。关于资产阶级法的本质，马克思和恩格斯在《共产党宣言》中明确指出："你们的观点本身是资产阶级的生产关系和所有制关系的产物，正像你们的法不过是奉为法律的你们这个阶级的意志一样，而这种意志的内容是由你们这个阶级

---

① ［英］霍布斯：《利维坦》，黎思复、黎廷弼译，商务印书馆 2010 年版，第 206 页。

② ［德］黑格尔：《法哲学原理》，范扬、张企泰译，商务印书馆 2009 年版，第 36 页。

③ ［美］庞德：《通过法律的社会控制/法律的任务》，沈宗灵译，商务印书馆 2010 年版，第 75 页。

④ 《马克思恩格斯选集》第 2 卷，人民出版社 2004 年版，第 32 页。

⑤ 《马克思恩格斯全集》第 3 卷，人民出版社 2007 年版，第 378 页。

⑥ 同上。

的物质条件来决定的。"①

这些论述对我们正确认识法的本质提供了重要的指导作用。

（一）法律是统治阶级意志的体现

所谓"统治阶级"是指掌握国家政权，在政治上、经济上和文化上占统治地位的阶级。所谓"意志"是指人们的一种愿望和要求，一种有目的的意识，它属于社会生活中的主观范围。在阶级社会中，只有统治阶级才有条件和能力将本阶级的意志直接"奉为法律"，处于被统治地位的阶级是无法做到这一点的。同时，还应看到，法反映的是统治阶级的整体意志，而不是部分人的意志，只有那些与统治阶级根本利益相联系的，需要上升为国家意志并获得法的表现形式的那部分意志，才能被奉为法律。

（二）法律根源于社会物质生活关系

马克思主义认为，存在决定意识，物质是第一性的，意识是第二性的。法所反映的统治阶级意志既不是统治阶级所固有的，也不是凭空想象出来的，而是由当时的物质生活条件所定的。所以法的阶级意志性归根到底是决定于法的物质制约性的。所谓物质生活条件内容十分广泛，主要包括地理环境、人口状况、生产方式等。其中最主要的还是生产方式，即生产力和生产关系。这二者都制约着统治阶级的意志。马克思曾指出："只有毫无历史知识的人才不知道：君主们在任何时候都不得不服从经济条件，并且从来不能向经济条件发号施令。无论是政治的立法或市民的立法，都只是表明和记载经济关系的要求而已。"②

（三）上层建筑中的其他现象对法律的影响

马克思主义法学认为生产方式对法产生决定的作用，但并不是法产生和发展的唯一决定因素。除社会物质生活条件以外，政治、民族传统、科技、文学、艺术等都会对统治阶级意志产生重要影响。这也解释了为什么在相同或相似的社会物质生活条件下，法或法律制度却会出现很大的区别。正如恩格斯所说："政治、法、哲学、宗教、文学、艺术等等的发展是以经济发展为基础的。但是，它们又都互相作用并对经济基础发生作用。并非只有经济状况才是原因，才是积极的，其余一切都不过是消极的

① 《马克思恩格斯选集》第 1 卷，人民出版社 2004 年版，第 289 页。
② 《马克思恩格斯全集》第 4 卷，人民出版社 2007 年版，第 121—122 页。

结果。这是在归根到底总是得到实现的经济必然性的基础上的互相作用。"①

第二节　法律的起源、作用和分类

一　法律的起源

（一）法律的起源

马克思主义法学认为，法不是从来就有的，也不是永远存在的。法是阶级社会的特有现象，它的产生和发展经历了漫长的人类发展历程。

人类最初的法律是脱胎于原始社会氏族规范的，因而法律与原始规范是源与流的关系。任何形态的社会都需要通过一定的组织和规范来调整和控制人们的行为和社会关系。在原始社会，社会组织的基本单位是氏族，而调整社会关系的主要规范是风俗和习惯。但是随着生产力的发展，私有制产生，阶级出现，并产生了阶级矛盾与阶级斗争，氏族制度和习惯对阶级对立已经无能为力了，用新的社会组织和社会规范代替它已经不可避免，于是作为统治阶级的国家就逐渐形成了。作为国家实现其职能的手段和工具的法律也就应运而生了。随着社会的进一步发展，法律发展为或多或少广泛的立法。法律具体产生的过程大致是这样的：随着阶级出现，原始社会的习惯逐渐渗入了阶级性，随着国家的逐渐形成，习惯就演变为习惯法，习惯法最后演变为成文法。正如恩格斯所指出的："在社会发展某个很早的阶段，产生了这样一种需要：把每天重复着的产品生产、分配和交换用一个共同规则约束起来，借以使个人服从生产和交换的共同条件。这个规则首先表现为习惯，不久便成了法律。随着法律的产生，就必须产生出以法律为职责的机关——公共权力，即国家。"②

（二）法律与原始社会规范的区别

第一，原始社会的习俗是长时间逐渐自发形成的，法律是国家自觉制定的；第二，原始社会习惯是本氏族内部全体成员意志的体现，维护本氏族所有成员的利益，法律是国家意志的体现，维护统治阶级的利益；第

---

① 《马克思恩格斯选集》第4卷，人民出版社2004年版，第732页。

② 同上书，第95页。

三，原始社会习俗的目的是维护人们平等互助的社会关系和社会秩序，法律的目的则是维护有利于统治阶级的社会关系和社会秩序；第四，原始社会的习俗适用于本氏族、本部落的成员，法律适用于国家主权管辖的地域；第五，原始社会习俗主要靠社会成员内心信念和氏族首长的威信，由人们自觉遵守，而法律是要靠国家强制力保障实施的。

（三）法的历史类型

法的历史类型是指按照法律制度赖以建立的生产关系类型和反映阶级意志的不同，对不同国家和地区的法律制度进行的基本分类。尽管各个国家不同时期的法在内容和形式上可能各有不同，但只要它们赖以建立的生产关系相同，国家政权的本质相同，体现的阶级意志相同，就属于同一历史类型的法。

与社会形态的类型相适应，法的历史类型也分为四种（除原始社会外）：

1. 奴隶制法

奴隶制法是人类历史上最早的法。和奴隶制国家一样，它随着原始社会的解体和奴隶社会的形成而诞生，是阶级矛盾不可调和的产物和表现。中国奴隶制法到了殷商时期（前16—前11世纪），由于阶级斗争的激化而有了进一步的发展，即所谓"商有乱政，而作汤刑"（《左传·昭公六年》），"刑名从商"（《荀子·正名》）。到西周（前11世纪—前771年）穆王时，令吕侯制作刑书，史称"吕刑"，可见中国奴隶制社会已有成文法。

在人类历史上，最先进入奴隶制社会的，除中国外，还有古埃及、古巴比伦、古印度等。它们都有各自的法。其中古巴比伦《汉穆拉比法典》共282条，是一部涉及刑法、民法和诉讼法等各方面的初具规模的法典。公元6世纪拜占庭帝国皇帝查士丁尼下令编纂的法典更是一部比较完善、影响比较深远的奴隶制法（古罗马法），对于后世资本主义立法有重要影响。

奴隶制法的特点：（1）严格保护奴隶主的所有制，由极其严厉和残暴的手段保护奴隶主对生产资料的占有。（2）公开确认自由民内部的不平等。（3）保留原始公社的残余。

2. 封建制法

封建制法是指封建制国家制定或认可，并以国家强制力保证实施的行为规范的总和。封建制法是奴隶制法之后出现的又一种私有制类型的法。封建制法存在的历史悠久，西欧从公元476年日耳曼人消灭西罗马帝国到1640年英国资产阶级革命，约1200年。中国从战国时期算起到辛亥革命，大约2400年。

封建制法的主要特点是：（1）维护地主阶级的土地所有制，确认农民对封建地主的依附关系，严格保护封建地主的所有权。（2）确认和维护封建制的等级特权，皇帝（君主）享有最高的立法、行政、司法、军事等大权，贵族、地主分别享有国家管理社会生活方面的特权。（3）刑罚酷烈，罪名繁多，滥施肉刑，广为株连，野蛮擅断。

3. 资本主义法

资本主义法是指反映资产阶级意志的法律规范的总和，又称"资产阶级法"。它是建立在资本主义经济基础之上、维护资本主义社会关系和秩序，实现资产阶级专政的工具。其基本原则是保护私有财产，实际上只是保护资本家的私人占有制。它具有民主性，但由于资产阶级和无产阶级在政治经济等方面存在着事实上的不平等，它又具有虚伪性。它的出现实质上是在确认并维护有利于资产阶级的社会关系和社会秩序。

其特点主要包括：（1）生产资料的资本主义所有制，保护私有财产。（2）宣布"法律面前人人平等"。（3）标榜"契约自由"。（4）确立资产阶级法制原则。

4. 社会主义法

社会主义法是社会主义上层建筑的重要组成部分，它建立在社会主义经济基础之上，并对于社会主义经济基础的确立、巩固和发展起着巨大的反作用。社会主义法对于巩固、改善和加强无产阶级专政（即人民民主专政）的国家制度起着积极的推动作用。它切实有效地保证了广大人民的民主权利和自由，对敌人的反抗和破坏实行专政。社会主义法是发展社会主义民主，建设高度的社会主义物质文明和精神文明的重要工具。

法的历史类型的更替并不是自发实现的，而是要通过人们有意识的改造，在许多情况下还要通过社会革命或改革才能完成。这是因为特定的生产关系代表着特定的阶级利益，旧的剥削阶级必然要运用自己的法律来维护已过时的生产关系，维护本阶级的统治。代表生产力发展要求的先进阶级想建立新的生产关系，就必须用社会革命的方式夺取国家政权并建立新型法制。因此，法的历史类型更替通常伴随着社会革命或改革。

二　法的作用

法的作用就是指法对人们的行为和社会生活的影响。可以分为法的规范作用和社会作用。

（一）法的规范作用

1. 指引作用。是指法律对个体行为的指引作用，包括确定的指引、有选择的指引。确定的指引一般是规定义务的规范所具有的作用，有选择的指引一般是规定权利的规范所具有的作用。

对人的行为的指引可分为两种：一种是个别指引（或称个别调整），即通过一个具体的指示就具体的人和情况的指引；另一种是规范性指引（或称规范性调整），即通过一般的规则就同类的人或情况的指引。

义务性规范代表确定的指引，即法律明确规定人们应该这样行为（如应履行合同）或不应该这样行为（如在履行合同时不应有欺诈行为）；并且一般还规定，如果违反这种规定，就应承担某种否定性的法律后果（如国家不予承认、加以撤销或予以制裁等）。授权性规范代表一种有选择的指引，即法律规定人们可以这样行为；而且一般还规定，如果人们这样行为，将带来某种肯定性的法律后果（如国家承认其有效、合法并加以保护或奖励等）。

确定性指引是指人们必须根据法律规范的指引而行为；有选择的指引是指人们对法律规范所指引的行为有选择余地，法律容许人们自行决定是否这样行为。

2. 评价作用。这是法作为尺度和标准对他人的行为的作用。

作为一种社会规范，法律具有判断、衡量他人行为是否合法或有效的评价作用。这里讲的评价作用的对象是指他人的行为。

在评价他人行为时，总要有一定的、客观的评价准则。法是一个重要的普遍的评价准则，即根据法来判断某种行为是否合法。此外，作为一种评价准则，与政策、道德规范等相比，法律还具有比较明确、具体的特征。

3. 预测作用。这是对当事人双方之间的行为的作用。

法律的预测作用，或者说，法律有可预测性的特征，即依靠作为社会规范的法律，人们可以预先估计到他们相互之间将如何行为。预测作用的对象是人们相互的行为，包括国家机关的行为。

4. 强制作用。这是对违法犯罪者的行为的作用。

法的另一个规范作用在于制裁、惩罚违法犯罪行为。这种规范作用的对象是违法者的行为。法的强制行为不仅在于制裁违法犯罪行为，而且还在于预防违法犯罪行为，增进社会成员的安全感。

5. 教育作用。这是对一般人的行为的作用，包括正面教育和反面教育。

作为一种社会规范，法律还具有某种教育作用。这种作用的对象是一般人的行为。有人因违法而受到制裁，对受制裁人本人和一般人有教育作用，反过来，人们的合法行为以及其法律后果也同样对一般人的行为具有示范作用。

（二）法的社会作用

法的社会作用相对来说比较简单一些，是指维护特定人群的社会关系和社会秩序。大致包括两个方面。

1. 维护阶级统治

主要表现在调整统治阶级和被统治阶级的关系，调整统治阶级和同盟者之间的关系，调整统治阶级内部之间的关系。

在阶级对立的社会中，法的目的是维护对统治阶级有利的社会关系和社会秩序。维护统治阶级的阶级统治是法的社会作用的核心。法在调整统治阶级内部和统治阶级及其同盟者之间的关系方面也具有重要作用。

2. 维护社会公共利益，执行社会公共事务

（1）为维护人类社会基本生活条件的法律，如有关自然资源、医疗卫生、环境保护、交通通信以及基本社会秩序的法律；

（2）有关生产力和科学技术的法律；

（3）有关技术规范的法律，即使用设备工序、执行工艺过程和对产品、劳动、服务质量要求的法律；

（4）有关一般文化事物的法律。

维护阶级统治和执行社会事务这两方面的法律之间存在着明显的区别。首先，顾名思义，前一种法律的对象是阶级统治，后一种法律的对象是阶级统治以外的事务。这两种法律都调整社会关系，即人与人之间的关系，但其保护的直接对象是不同的。其次，维护阶级统治的法律当然仅有利于统治阶级，对被统治阶级则是剥夺和压迫；执行社会事务的法律，至少从客观上说，有利于全社会而不是仅有利于统治阶级一个阶级。最后，

执行社会公共事务作用的那些法律，即使在不同社会制度下，内容往往是相似的，是可以相互借鉴的。

三 法的分类

法的分类是指从一定角度或按一定标准将法律规范或法律制度划分为若干不同的种类。

（一）法的渊源

法的渊源也称"法律渊源"，指那些来源不同（制定法与非制定法、立法机关制定与政府制定，等等）因而具有不同效力意义和作用的法的外在表现形式，因此，又称"法的形式"。

法的渊源决定于法的本质，同时也与民族传统、政治制度、经济发展等情况有着密切的联系。因此，阶级本质不同的法，可能会有相同的"渊源"，而阶级本质相同的法，也可有不同的"渊源"。

（二）法律分类

法可以按照不同角度或根据一定标准划分为不同的种类。

1. 成文法和不成文法

成文法是指由特定国家机关制定颁布的，以不同效力等级的规范性法律文件形式表现出来的法，又称为"制定法"。不成文法是由国家机关以一定形式认可其法律效力，但不用成文的规范性法律文件形式表现出来的法，一般指习惯法。

2. 国内法和国际法

国内法是在一国主权范围内，由该国制定或认可并保障其实施的法。国内法的法律关系主体一般是个人和组织，在特定法律关系中也包括国家机关。国际法是参与国际关系的国家之间通过协议制定或认可的法律规范，通常表现为多国参与的国际条约、两个以上国家间的协议和被认可的国际惯例。国际法律关系的主体主要是国家及有关的国际组织。

3. 根本法和普通法

在采用成文宪法的国家，根本法一般是指具有最高地位的宪法，在国家的整个法律体系中享有最高的法律地位和法律效力。宪法的内容和制定、修改的程序都不同于其他法律。普通法即指宪法以外的其他法律，其内容主要涉及社会生活的某一方面，效力低于宪法。

4. 一般法和特别法

一般法是指在效力范围内具有普遍性的法，即针对一般主体、一般事项，在较长时间内，在全国范围普遍有效的法。特别法是指对特定主体、特定事项或在特定地域、特定时间有效的法。

5. 实体法和程序法

实体法主要是规定和确认人们的权利和义务或国家机关及其工作人员的职权和职责的法。程序法主要是规定保证权利和义务得以实现或职权和职责得以履行的法，通常表现为诉讼法等。

除此之外，民法法系国家还分为公法和私法；普通法法系国家还分为衡平法和普通法；复合制（联邦制）国家还分为联邦法和联邦成员法等。

（三）法系

法系主要是西方法学的一个概念，是按照法律的历史传统或者某种共性对于法律的一种分类。主要包括大陆法系（又称民法法系、法典法系、罗马—德意志法系等）和普通法法系（又称英美法系、判例法系）。此外，中华法系主要是指对世界影响很大的中国封建社会的法律传统的总称。

1. 大陆法系

大陆法系是根据罗马法的传统，在19世纪初的《法国民法典》的基础上产生和发展起来的那些国家或地区的法律的总称。其特点主要有：（1）在法律的历史渊源上，大陆法系不仅继承了罗马法成文法典的传统，而且采纳了罗马法的体系、概念和术语。（2）在法律形式上，大陆法系国家一般对重要的部门法制定了法典，并辅之以单行法规，构成较为完整的成文法体系。（3）在法官的作用上，大陆法系要求法官遵从法律明文规定办理案件，没有立法权。（4）大陆法系一般采取法院系统的双轨制，重视实体法与程序法的区分。（5）在法律推理形式和方法上，采取演绎法。（6）法律条文的内容具有一定的抽象性、概括性、精确性和整体性。

2. 英美法系

英美法系，又称普通法法系或者海洋法系，是指以英国普通法为基础发展起来的法律的总称。其特点主要包括：（1）英美法系一般不倾向法典形式，其制定法一般是单行的法律和法规。（2）在法律的形式上，判例法占有重要地位，从传统上讲，英美法系的判例法占主导地位，但从19世纪，其制定法也不断增加，但是制定法仍然受判例法解释的制约。

（3）在法律的分类方面，英美法系没有严格的部门法概念，即没有系统性、逻辑性很强的法律分类，其法律分类比较偏重实用。（4）在法学教育方面，英美法系主要是美国将法学教育定位于职业教育。（5）在法律职业方面，职业流动性大，法官尤其是联邦法院的法官一般都来自律师队伍。（6）英美法系法官在确定事实之后，首先考虑的是以往类似案件的判例，将本案与判例加以比较，从中找到本案的法律规则或原则，这种判例运用方法又称为"归纳法"。

（四）法律体系

1. 法律体系

法律体系指由在一个国家里，按照一定的原则和标准划分的同类规范性法律文件所组成的多个法律部门构成的一个有机联系的整体，即部门法体系。

2. 部门法

部门法又称法律部门，是指一个国家根据一定的原则和标准划分的本国同类规范性法律文件（也可以称同类法律规范）的总称。凡是调整同一领域社会关系并运用相同的调整方法的法律规范就构成一个法律部门。

3. 法律规范

法律规范是构成法律制度的最基本要素。法律部门是由一个个规范性法律文件构成的，而规范性法律文件是由法律规范构成的，没有法律规范就不会有规范性法律文件，也就不会有法律部门。

对法律规范可以按照不同的标准进行分类：

（1）按照法律规范确定的不同行为模式，可以把法律规范分为授权性规范和义务性规范。授权性规范是规定主体享有作出或不作出某种行为的权利和自由的法律规范。义务性规范分为命令性规范和禁止性规范。

（2）根据法律规范与个别调整的不同联系，可以把法律规范分为绝对确定性规范和相对确定性规范。绝对确定性规范是具体而详细地规定了主体的权利义务或法律责任及其界限，未给执法人员的个别调整留下自由裁量的"空白"的法律规范。相对确定性规范则不同，它往往允许执法者在法定范围内根据具体情况作出个别的自由裁量。

法律规范由行为模式和法律后果两个部分构成。行为模式就是指法律为人们的行为所提供的标准和方向。一般有三种情况：（1）可以这样行为，称为授权性规范；（2）必须这样行为，称为命令性规范；（3）不许这样行为，称为禁止性规范。其中命令性规范和禁止性规范又称为义务性规范。法律后果是指行为人的具有法律意义的行为在法律上所应承受的结果，分为两种：（1）肯定性法律后果，（2）否定性法律后果。

4. 划分部门法的标准

第一，法律所调整的社会关系种类是划分部门法的首要的、第一位的标准。法律是调整社会关系的，每个法律规范的制定都是对于某一社会关系的规定，由于社会生活的复杂性、多样性，社会关系的种类繁多、领域广泛，但是它们又各具特征，因而就可以区别，就可以按照法律调整的社会关系的性质和种类不同作为划分部门法的首要标准。

第二，社会关系的法律调整机制是划分部门法的第二位标准。仅利用法律调整的社会关系的种类来划分法律部门，不能全部解决法律部门划分的问题，也就是说对于一些法律很难按社会关系予以划分，于是需要用法律调整机制也就是指包括整个法律调整系统的结构、功能、各个组成部分之间的关系以及发生作用的过程和方式作为划分部门法的另一个标准。

目前，我国已形成以宪法为核心的，包括民法、刑法、行政法、经济法、诉讼法、军事法等在内的多个法律部门。这些部门法的主要内容我们会在后续章节中进行详细介绍。

第三节 当代中国社会主义法律制度的作用、渊源

一 当代中国法律在构建和谐社会中的地位和作用

（一）当代中国法律在构建和谐社会中的地位

构建社会主义和谐社会，是全面建设小康、开创中国特色社会主义事业新局面的一项重大任务，适应了我国改革发展进入关键时期的客观要求，体现了广大人民群众的根本利益和共同愿望。在历史上，有过各种各样关于和谐社会的构想和实践，我们所要构建的是社会主义和谐社会，其基本特征是：民主法治、公平正义、诚信友爱、充满活力、安定有序、人与自然和谐相处。社会主义和谐社会的这些基本特征是相互联系、相互作用的。和谐社会绝不会自发地生成，也不会自然地实现。和谐社会的构建必须借助于法律制度的推动与保障。如果法律制度完善而且合理，社会成员就可能和睦相处，社会关系就可能和谐顺畅。反之，如果法律制度欠缺

失当，社会成员之间则可能冲突频发，社会关系必然扭曲动荡。因此，法律是整个社会关系调节器的中心，在构建和谐社会的进程中居于支配地位，起着关键作用。

（二）当代中国法律在构建和谐社会中的作用

就其本质而言，社会主义和谐社会应当是一个法治社会，构建社会主义和谐社会的过程就是建设社会主义法治国家的过程。只有依照法律规则来治理社会，人们和政府的行为才会有章可循，有法可依，社会才有和谐的基础。这是由法律本身的特点决定的。作为法治社会最主要的规则，法律是所有社会规范中最具有明确性、确定性和国家强制性的规范，法律规范的这些特征使得法律成为社会控制的主要手段。因此，法治可以而且应该成为社会和谐发展的基石和保障，社会主义和谐社会的本质应该是一个法治社会。

法制对和谐社会的保障主要体现在四个方面：首先，法制对构建社会主义和谐社会的保障作用体现在立法方面。有法可依是实行社会主义法治的前提，有了完备的法律体系作为保障，才能更好地引导、规范和约束公民和政府的行为，使之依法办事，循章而为，为构建和谐社会创造良好的基础。其次，法制对构建社会主义和谐社会的保障体现在司法方面。公正、高效的司法是构建和谐社会的有力保障。司法往往被视为社会公正的最后一道防线，而社会公正则是和谐社会的内在要求。只有建立一个公正、高效的司法体制，真正形成公平和公正的社会环境，各个社会阶层人民群众才能各得其所、和谐相处，才能实现社会安定。再次，法制对构建社会主义和谐社会的保障体现在守法方面。社会成员遵纪守法，政府严格依法办事是构建和谐社会的内在要求。最后，法制对构建和谐社会的保障还体现在法律监督方面。法律监督可以通过对立法、司法和守法三个方面的作用来间接保证和促进构建和谐社会的进程。

二　当代中国社会主义初级阶段法的社会作用

当代中国社会主义初级阶段法的社会作用，从政治理论角度主要体现为四个方面：（1）保障和促进社会主义经济建设和经济体制改革；（2）保障和促进社会主义精神文明建设；（3）保障和促进社会主义民主建设和政治体制改革；（4）保障和促进对外交往。

从法学角度出发，可将当代中国法的社会作用归纳为以下六个方面：

（1）维护秩序，促进建设和改革开放，实现富强、民主与文明；（2）根据一定的价值准则分配利益，确认和维护社会成员的权利、义务；（3）为国家机关和国家公职人员执行公务（即行使权力）的行为提供法律根据，并对他们滥用权力或不尽职责的行为实行制约；（4）预防和解决社会成员之间以及他们与国家机关之间或国家机关之间的争端；（5）预防和制裁违法行为；（6）为法律本身的运行与发展提供制度和程序。

三 我国社会主义法律的渊源

（一）宪法

宪法是由最高国家权力机关即全国人民代表大会制定的，是国家的根本大法，它规定了我国的各项基本制度、公民的基本权利和义务、国家机关的组成及其活动的基本原则等。我国的宪法具有最高的法律效力，是其他一切规范性法律文件制定的依据。

（二）法律

法律是指全国人大和全国人大常委会制定的规范性文件，包括全国人大制定的基本法律及由全国人大常委会制定的基本法律以外的法律。

（三）行政法规

行政法规是国务院根据宪法和法律的规定，在其职权范围内制定的有关国家行政管理活动的规范性文件。

（四）部门规章

部门规章是国务院各部、各委员会，中国人民银行，审计署和具有管理职能的直属机构，根据法律和国务院的行政法规、决定、命令，在本部门的权限范围内，制定的规范性文件。部门规章一般在全国范围内有效。

（五）地方性法规

地方性法规是各省、自治区、直辖市和较大的市（各省、自治区的人民政府所在地的市，经济特区所在地的市和经国务院批准的较大的市）的人民代表大会及其常委会，根据本行政区域的具体情况和实际需要制定的规范性文件的总称。地方性法规不得与宪法、法律和行政法规相抵触，且仅在本地区内有效。

（六）地方政府规章

地方政府规章是省、直辖市人民政府和较大的市的人民政府，根据法律、行政法规和本省、自治区、直辖市的地方性法规制定的规范性文件的总称。地方政府规章仅在本地区内有效。

（七）自治条例和单行条例

自治条例和单行条例是民族自治区、自治州、自治县的人民代表大会依据当地民族的政治、经济和文化的特点制定的规范性文件的总称。自治条例和单行条例可以依照当地民族的特点，对法律和行政法规的规定作出变通规定，但不得违背法律或者行政法规的基本原则，不得对宪法、民族区域自治法的规定以及其他有关法律、行政法规专门就民族自治地方所做的规定作出变通规定。

（八）特别行政区的法

特别行政区的法是特别行政区的国家机关在宪法和法律赋予的职权范围内制定或认可，在特别行政区内具有普遍约束力的成文法和不成文法。我国对行特别行政区实行的是"一国两制"的制度，因此特别行政区的法律渊源具有一定特殊性，对此《香港特别行政区基本法》、《澳门特别行政区基本法》均作出了具体规定。

（九）军事法规和军事规章

中央军事委员会根据宪法和法律，制定军事法规。中央军事委员会各总部、军兵种、军区可以根据法律和中央军事委员会的军事法规、决定、命令，在其权限范围内，制定军事规章，其仅在武装力量内部实施。

（十）国际条约

我国与外国签订的具有规范性内容的国际协定以及我国批准加入的国际条约，也是我国法律的重要渊源。

第四节　依法治国和社会主义法治国家

一　法制和法治

（一）法制和法治的概念

"法制"一词，包括三种含义：第一，是指法律和制度，也有指法律制度的。第二，是动态意义上的法制，即指立法、执法、司法、守法和对法律实施的监督，也包括法制宣传教育在内。第三，是指"依法办事"的原则，即指"有法可依，有法必依，执法必严，违法必究"。

对"法治"一词，有着不同理解。历史上对"人治"和"法治"有过三次大讨论，其主要区别有三点：第一，治理国家主要靠什么？第二，对于人的行为主要靠什么指引？第三，在政治制度实行什么政体？一般来说，法治就是指与民主相联系的治国的原则和方略，或者说就是一切国家机关、公职人员、公民、社会组织和团体必须普遍守法的原则，亦即依法办事的原则。

（二）法制和法治的联系与区别

法制和法治尽管是两个概念，但二者有着密切的联系，它们都是以法律为核心内容和要素的；都属于社会上层建筑的范畴，都要受物质生活条件的制约；都体现统治阶段的意志和利益，都为统治阶级服务。

虽然二者有以上联系，但法制和法治仍然有着根本的区别：法制是国家的法律和制度的简称，更多的体现为静态意义，是整个法律上层建筑系统。而法治则包括治国的原则和方略，体现出动态的意义，包括普遍的守法原则，依法办事的原则；此外，法制与国家相联系，只要有国家政权就有法制，而法治是与民主政治相伴而生的，只有实行了民主政治的国家才可能实行法治，所以有法制的国家不一定有法治。

二者既有联系又有区别，既不能混为一谈，也不能绝对割裂，是相辅相成的关系。

二　依法治国

（一）依法治国方略的提出

所谓治国方略，是指治理国家的战略性的指导原则和全盘的方针、策略。依法治国作为我国治国基本方略的提出，是党和国家治国原则和领导方式的重大发展和完善。

（二）依法治国方略的含义和意义

1. 依法治国方略的含义

依法治国，就是广大人民群众在党的领导下，按照宪法和法律的规定，通过各种途径和形式管理国家事务，管理经济文化事业，管理社会事务，保证国家各项工作都依法进行，逐步实施社会主义民主的制度化、法律化。

2. 依法治国方略的意义

第一，只有坚持依法治国方略才能够促进社会主义市场经济发展，保障党的社会主义初级阶段经济纲领的实现。

市场经济的本质属性决定它必然是法治经济。市场主体的规范、市场主体行为的调整、国家宏观经济调控、社会保障体系的建立和健全以及国际经济交往，必须用法律予以规范、引导、制约和保障，才可以使市场经济在资源配置中起基础性作用，才能最大限度地调动亿万人民群众建设社会主义的积极性，才能促进社会生产力的发展，从根本上改变我国生产力的落后状况。

第二，只有坚持依法治国方略才能够发展社会主义民主政治，保障党的社会主义初级阶段政治纲领的实现。

历史的经验反复证明，没有社会主义民主，就没有社会主义，就没有社会主义现代化。我们的主要任务是在中国共产党的领导下，在人民当家作主的基础上，依法治国，建设中国特色社会主义的民主政治。只有坚持依法治国方略，才能健全我国社会主义民主制度。只有坚持依法治国方略，才能推进机构改革。只有坚持依法治国方略，才能完善民主监督制度。

第三，只有坚持依法治国方略才能发展我国社会主义文化事业，保障党的社会主义初级阶段文化纲领的实现。

我国社会主义现代化建设的进程，在很大程度上取决于国民素质的提高和人才资源的开发。面对科学技术的迅猛发展和综合国力的激烈竞争，面对世界范围各种思想文化相互碰撞，面对小康社会人民群众的文化需求，文化建设事业对于社会主义事业的兴旺发达和民族振兴具有极其重要的作用。

三　社会主义法治国家

（一）社会主义法治国家的含义和基本内容

第一，社会主义法治国家是具有人们可以遵循的代表人民意志、反映人民利益、体现社会发展客观规律、富有时代精神和切实可行的比较完备的法律体系的国家。

第二，社会主义法治国家是具有健全的民主制度、完善的行政制度、公正的司法制度和有效的监督制度的国家。

第三，社会主义法治国家是社会主义法律具有崇高的权威，立法机关依法立法，执法机关依法行政，司法机关依法独立司法，公民依法活动，国家权力受法律的可靠保障和有效制约，公民权利和自由有充分保障的国家。

第四，社会主义法治国家是人民当家作主，国家一切权力属于人民，实行无产阶级专政的国家。

第五，社会主义法治国家是以公有制为主体、多种所有制经济共同发展为基本经济制度，以按劳分配为主体、多种分配方式并存，追求共同富裕的国家。

（二）社会主义法治国家的基本特征

第一，社会主义法治是人民民主的法治。人民民主，又称社会主义民主，就是人民当家作主。人民群众是历史的创造者，理所当然地是治理国家的主体。人民民主是法治的目的和核心内容，法治是人民民主的制度、方略和形式。

第二，社会主义法治是以确认、保障社会主义生产关系，维护、巩固和发展作为社会主义经济制度基础的生产资料公有制为根本任务和历史使命的。

第三，社会主义法治国家是由无产阶级政党领导的法治。这是马克思主义国家理论和无产阶级专政学说反复强调的基本原理，也是邓小平理论一贯教导我们必须坚持的一项基本原则。坚持、加强和改善党的领导是我们建设社会主义法治国家的首要任务和关键所在。

第四，马克思主义是社会主义法治的指导思想和理论基础。马列主义、毛泽东思想、邓小平理论和"三个代表"重要思想是社会主义法治国家的指导思想和理论基础，是社会主义法治国家沿着社会主义方向健康发展的重要保障。

四 社会主义法制与社会主义民主

（一）社会主义法制的基本要求

1. 有法可依

实行法制，首先必须有法。如果没有法，那就根本谈不上法制。有法可依，就是指要立法，要制定各种法律和规章。有法可依是有法必依、执法必严、违法必究的前提。无法可依，就谈不上"必依"、"必严"和"必究"的问题。随着我国改革开放和现代化建设的不断深入，我国的法制建设也取得了很大成就，初步确立起了适应社会主义市场经济的法律框架体系，随着我国市场经济的不断发展，还需要制定许多与市场经济相适应的法律、法规，立法工作任重而道远。

2. 有法必依

立法后，并不等于就有了法制，更为重要的，是要有法必依。法律制定以后，就必须坚决付诸实施，真正使它成为全体人民的行动准则。如果有法不依，那么，制定再多的法律也等于零，而且会失信于民，直接影响到党和国家的信誉。因此，有法必依，是加强法制的关键。

有法必依，包括执法和守法两个方面。这就是说，有法必依，首先表现在一切国家的机关和工作人员在自己的工作中都要严格执行和遵守宪法、法律和一切规章，依照法律办事。对司法机关来说，就是审理案件，必须依照"以事实为根据，以法律为准绳"的原则办事，独立行使职权，只服从法律。其次，有法必依也表现在每个公民都必须严格遵守法律和制度。

3. 执法必严

有法不依，等于无法；执法不严，实际上也等于无法。所谓"执法必严"，是要求司法机关必须严格遵照法律和规章办事。执法必严，首先必须尊重客观事实。只有在弄清事实的基础上才能严格依照法律规定进行正确处理。其次，就是在司法实践中，定罪、量刑、刑罚轻重，以及办案程序等方面，都必须依照法律的规定，而不受行政机关、团体和个人的干涉。司法机关是执法的专门机关，肩负着人民的重托，只有不畏权势，不徇私情，严于执法，才能有效地保护人民，准确地惩罚犯罪，忠实地履行党和人民所赋予的神圣职责。

4. 违法必究

就是对一切违法犯罪行为都必须认真查究，依法惩处，对谁也不能例外。所有公民，不论是党员还是群众，是一般干部还是领导干部，也不论其社会出身、政治地位、宗教信仰如何，在法律面前一律平等，坚持违法必究，在运用法律上一律平等，是一项重要的社会主义法制原则。只有严格执行这项原则，才能有效地反对个人特权，才能保证法制的统一性和严肃性。

有法可依、有法必依、执法必严、违法必究，作为社会主义法制的基本要求，是相互联系、相互制约、统一而不可分割的几个方面，不能片面地强调某一方面，而忽视其他方面。历史的经验证明，只有切实做到有法可依、有法必依、执法必严、违法必究，才能维护正常的社会秩序、工作秩序和人民群众的生活秩序，巩固和发展安定团结的政治局面；人民的民主权利才能得到保证；才能更好地发挥社会主义制度的优越性，进一步巩固人民民主专政；才有利于调动一切积极因素，有秩序地进行社会主义现代化建设事业。

（二）社会主义法制和社会主义民主的关系

1. 社会主义民主是社会主义法制的前提和基础

社会主义民主是社会主义法制的前提。只有实现社会主义民主，由工人阶级和全体人民掌握政权，才谈得上制定出体现自己意志的法制。社会主义民主是社会主义法制的一个原则。法制的民主原则是指在立法、执法、守法、法律监督等法制的各个环节上，都实行民主。坚持法制的民主原则是由社会主义法制的本质决定的。此外，社会主义民主是社会主义法制的力量源泉。充分发扬民主，使人民在立法、执法、司法、守法和法律监督方面都发挥作用，社会主义法制建设就有成功的保障。随着社会的发展，民主不断完善、健全、发展，相应地，法制也必然随之发展、健全、完善。

2. 社会主义法制是社会主义民主的体现和保障

社会主义法制确认社会主义民主。民主要得以存在、实现和发展，需要法制加以确认、肯定。社会主义法制规定社会主义民主的范围。社会主义法制规定如何实现社会主义民主，一方面法制规定实现民主的程序和方法，为人民行使各项民主权利提供有效措施；另一方面规定对行使民主权利的制约，保障人民能正确地行使民主权利。社会主义社会仍然存在危害民主的违法犯罪行为，这就需要用法来制裁这些行为，使民主得到切实保障。同时，法制也是同官僚主义进行斗争的武器，通过这种斗争，保障社会主义民主。

第五节　我国社会主义法律的制定

一　法律制定的概念和特点

（一）法律制定的概念

广义的法律制定是指有关国家机关在其法定的职权范围内依照法定程序，创制、认可、修改和废止法律以及规范性法律文件的活动。狭义的法律制定专指国家最高权力机关制定、认可、修改和废止法律的活动。

（二）法律制定的特点

1. 它是国家机关的专门活动，是国家机关实施职能的活动

首先，法律制定主要是由国家机关进行的，其他任何社会组织、团体和个人，非经国家机关授权或法律规定，不能进行这项活动。其次，不是任何国家机关都可以进行法律制定的活动，必须是享有相应立法权的国家机关才能从事这项活动。最后，法律制定不是国家机关进行活动的唯一方式。

2. 它是国家机关依照法定程序进行的活动

首先，任何国家的法律制定活动都不是随意的，必须遵循一定的程序。其次，不同国家的立法程序虽然各不相同，但一般都是根据宪法和有关专门法律来确定的，法律制定活动本身也必须法律化、程序化、制度化。

二　社会主义法律制定的指导思想和基本原则

（一）社会主义法律制定的指导思想

建设有中国特色的社会主义理论以及集中体现这一理论的"一个中心，两个基本点"的党的基本路线是我国法的创制工作的唯一指导思想。

（二）社会主义法律制定的基本原则

1. 实事求是，从实际出发的原则

法律制定必须从我国社会主义初级阶段的基本国情出发，从社会主义现代化建设和改革开放的实际出发，从大多数人的利益和要求出发。这就要求各级国家机关的法律制定工作要深入群众，深入实际，认真调查研究，把主观的需要与客观的可能统一起来。

2. 原则性和灵活性相结合的原则

所谓原则性是指我国法律制定必须坚持以马克思列宁主义、毛泽东思想、邓小平理论和"三个代表"重要思想为指导，绝不能有所偏离。所谓灵活性，就是要结合实际情况，找到实现原则所必需的、许可的各种具体形式、方法和步骤。原则性和灵活性应该适当结合。

3. 维护法的严肃性、稳定性和连续性的原则

法律的严肃性是指法律必须具有权威，不因领导人的改变而改变。法律的稳定性是指法律一经颁布生效，就应当在一定时期内保证其内容的相

对固定，避免朝令夕改。法律的连续性是指制定法律时应当保持与原有法律在内容和效力上的衔接，法律应当吸收或保留原有法律中那些合理的、有用的部分，在新的法律未正式生效前不能随意终止原有法律的效力。

4. 坚持群众路线，坚持领导与群众相结合的原则

在法律制定中，要积极主动地、广泛地吸取人民群众的意见，通过各种途径使他们参与立法过程。同时，在法律制定过程中还应注意倾听并发挥法律专家的意见和作用，以提高立法质量。

5. 有鉴别、有选择地借鉴外国的立法经验的原则

法律文化是人类共同的精神财富。我国的法律制定工作，既要注意对本国传统法律文化的继承，又要结合我国立法的实际情况，有鉴别、有选择性地借鉴外国的先进立法经验，为我国法律制定提供有益的帮助。

三　社会主义法律制定的阶段

（一）社会主义法律制定的阶段

第一，制定法律的准备阶段，又叫起草阶段。这一阶段从提出的立法建议被列入起草工作开始，主要是指围绕起草规范性法律文件草案进行的各项工作，如进行有关的调查研究，草拟具体的法律条文，按照立法技术的要求对其进行相应的修改、补充，同有关机关、组织和人员进行协商、征求意见等，直至把草案提交有权制定法律的机关进行讨论，准备阶段即告结束。

第二，法律的确立阶段，又称法律的形成阶段。包括：法律议案的提出和审议；法律草案的审议；法律草案的通过；法律的公布。此阶段与准备阶段相比，形式上更加法律化、制度化，通常所说的"立法程序"，主要就是这个阶段。

第三，法律的完备阶段。法律制定的完备阶段又称为法律制定的后续阶段。在这一阶段中，立法活动的主要内容通常包括：立法解释，法的修改和补充，法的实施细则的制定，法的废止，法的整理，法的汇编，法典编纂等。

（二）规范性法律文件的系统化

1. 规范性法律文件的系统化的概念

是指采用一定的方式，对已经制定颁布的规范性法律文件进行归类、

整理或加工，使其集中起来做有系统的排列，以便于使用的活动。

2. 规范性法律文件系统化的基本方式

（1）法律整理

法律整理，也叫法律清理，是指有关国家立法机关或授权机关根据国家的统一安排或法律的规定，按照一定的程序，对一定时期和范围的规范性法律文件进行审查、清理、整理等，并重新确定其法律效力的活动。根据我国的实践，法律清理有两种情况：一种是根据国家的统一安排而有计划进行的法律清理活动；另一种是根据法律的规定，即当一部新法律或法规颁布以后，对凡与新法有关涉的有关法律、法规要做相应的清理工作，以确定有关法律、法规是否仍然有效，及时对其进行修订工作。

法律整理活动是国家法律、法规创制机关的专有活动，法律清理的主要目的是按照一定的清理目的和标准，重新确定被清理法规的法律效力。由此，法律清理活动可能产生三种法律效力上的结果：一是明令废止；二是进行修订；三是继续有效。对于废止的法律、法规，要通过法定程序，逐步进行公告；对于需要修订的，责成有关法律、法规创制机关按一定要求（目的、时限等）进行修改；对于继续有效的，一般也要明确确认其继续有效的效力。

（2）法律汇编

法律汇编是指将规范性法律文件按照一定的目的和标准进行排列汇编成册的一项规范法律文件系统化的整理归类活动。法律汇编并不改变规范性法律文件的内容，不对法律规范进行加工，因此，法律汇编本身不属于法的创制活动，主要是一项技术性整理和归类活动，这是法律汇编与法典编纂的主要区别。

法律汇编的种类很多。有官方的和非官方的。官方的法律汇编主要是由各级法的创制机关汇编的法律；非官方的法律汇编通常是由有关国家机关、大学、研究机构、社会团体、企事业单位根据工作、学习或教学科研的需要而汇编的。法律汇编的载体形式有自行印制的，也有正式出版的。

（3）法律编纂

法律编纂是指对属于某一类的或某一部分法的全部规范性法律文件进行整理、审查、补充、修改，或者在此基础上编制一部新的系统化的法律的法律创制活动。如果这种法律编纂活动是以制定一部法典为目标，这种法律编纂活动就叫做法典编纂。因此，法律编纂不同于法律汇编，它并不是一项单纯的技术性活动，而是一种重要的法律创制活动，并且，这项活动只能由有关国家立法机关进行。

第六节　我国社会主义法律的实施

一　法律的实施

（一）法律实施的概念和方式

法律实施就是指通过一定的方式使法律规范的要求和规定在社会生活中得到贯彻和实现的活动，这是法作用于社会关系的特殊形式。法律实施不仅包括国家机关及其工作人员执行法律规范的活动，而且还包括社会团体和公民实现法律规范的活动。只有通过法律实施，才能把法律规范中设定的抽象的权利和义务，转化为现实生活中具体的权利义务关系，转化为人们实际的法律活动。

法律实施的主要方式有两种。一种是法的遵守，简称为守法，是指一切国家机关和武装力量、各政党和各社会团体、各企业事业组织都必须遵守宪法和法律。这是我国法律实施的基本方式之一。另一种是法的适用，是指法律实施需要国家机关参与的活动。

（二）社会主义法律适用的概念和特点

社会主义法律的适用是指社会主义国家机关及其工作人员和国家授权的社会组织依照法定的职权和程序，运用国家权力，把法律规范运用到具体人或组织，用来解决具体问题的一种行使权力的专门活动，它使具体的当事人之间发生一定的权利义务关系或对违反法律者适用法律制裁。

社会主义法律的适用有以下五个特点。

第一，法律适用的主体主要是国家机关及其工作人员，还包括国家授权的单位。

第二，国家机关及其工作人员适用法律规范的活动，必须在法定的权限以内依法行使国家权力，解决法律纠纷，制裁违法犯罪行为，不得非法越权。

第三，国家机关及其工作人员适用法律规范的活动，必须依照法律规定的程序进行，要认真履行法定手续。

第四，国家机关及其工作人员在自己职权范围之内按法定程序适用法律规范时，其他国家机关和公民不得干涉和妨碍。

（三）我国社会主义法律适用的基本要求和基本原则

1. 我国社会主义法律适用的基本要求

我国社会主义法律适用的基本要求是正确、合法、及时、合理、公正。所谓正确，是指在适用法律时，要做到事实清楚，证据确凿，定性准确，处理得当。所谓合法，是指在适用法律时，要符合法律的规定，严格依照法定权限和法定程序办事。所谓及时，是指法律适用活动的每个阶段、环节都要严格按照法律规定的时限，提高办案效率。所谓合理和公正，是指法律适用要符合社会主义道德的要求，符合广大人民的公平正义观念，符合法律的目的和精神。

2. 我国社会主义法律适用的基本原则

第一，以事实为根据，以法律为准绳的原则。

以事实为根据是指在适用法律时，必须坚持实事求是，只能以能够用证据证明的客观事实为根据，而绝不能以主观的想象、分析和判断作为根据，更不能弄虚作假、掩盖或捏造事实。以法律为准绳是指在适用法律时，必须严格依照法律的规定办事，切实做到有法必依、执法必严、违法必究。

第二，公民在适用法律上一律平等的原则。

此原则的基本含义是：我国公民不分民族、种族、性别、职业、家庭出身、宗教信仰、教育程度、财产状况、居住期限，都必须平等地遵守宪法、法律和法规，依法平等地享有法定的权利和承担法定的义务；任何公民的合法权益必须毫无例外地受到法律的平等保护；任何公民的违法行为必须毫无例外地依法平等地受到追究和制裁。

第三，司法机关依法独立行使职权的原则。

此原则主要指：国家的审判权和检察权分别只能由人民法院和人民检察院行使，其他机关、社会团体和个人均不得行使此项职权。人民法院和人民检察院依法独立行使审判权和检察权，不受行政机关、社会团体和个人的干涉。人民法院和人民检察院在行使审判权和检察权的过程中，必须严格依照法律的规定，包括实体法和程序法的规定，正确适用法律。人民法院和人民检察院在行使审判权和检察权的过程中，在严格依照法律规定的前提下，应当实现社会主义的公正。

第四，专门机关工作与群众路线相结合的原则。

要求专门机关在法律适用活动中依法独立行使职权，不应关门办案，要联系群众，依靠群众。应当深入群众了解案件的事实真相。审理案件依法向群众公开，对群众提出的质询如实答复。

第五，实事求是，有错必纠和国家赔偿原则。

坚持实事求是，一切从实际出发，为人民的利益坚持对的，为人民的利益改正错的，是社会主义法律适用的基本原则。同时，对国家机关及其工作人员在执法过程中给相对人造成人身和财产损失的，国家应承担赔偿责任。

二　我国法律的效力

（一）法律的地域效力

第一，全国人大及其常委会制定的宪法和法律，国务院及其各部委发布的行政法规、部门规章等各种规范性文件，在我国全部领域范围内有效（法律有特别规定的除外）。

第二，地方人大及其常委会以及法律授权的机关，民族地方自治机关颁布的地方性法规、自治条例、单行条例，只在其管辖范围内有效。

第三，中央国家机关制定的法律、法规，明确规定了特定的适用范围的，在其规定的范围内有效。

第四，有些法律（如刑法）明确规定了具有域外效力的，在域外有效。

（二）法律的时间效力

法律的时间效力是指法律何时开始生效、何时停止生效以及法律的溯及力。

（1）关于我国法律的生效时间有以下六种情况。

第一，从法律公布之日起即开始生效。

第二，有的法律在法律文件中规定了具体的实施或生效的日期，应按照法律规定生效。

第三，有的法律的生效日期法律本身没有规定，而是在发布该法律的命令中宣布，按照宣布日期生效。

第四，法规本身规定了其生效时间取决于其他法律、法规的生效时间，按照其他法律、法规的生效时间生效。

第五，有些法律制定出来以后，先试行一段时间，经过总结经验，补充、修改后再正式制定，这种法律在试行期间仍然有法律效力。

第六，如果法律没有明确规定生效时间，则推定为公布即生效。

（2）关于我国法律规范的失效时间有以下四种情况。

第一，从新法律颁布实施之日起，相应的旧法律就自行废止。

第二，新法律代替了内容基本相同的旧法律，在新法律当中明文规定了旧法律停止生效日期。

第三，由于形势发展变化，原来的某项法律已因调整的社会关系不复存在或完成了历史任务而失去在的条件，即自行失效；有的法律规定生效期限，生效期限届满即终止生效。

第四，有权制定法律的国家机关颁布专门的决议、命令，宣布修改或废止其制定的某些法律而导致该法律失效。

（3）关于法律的溯及力，亦称法律溯及既往的效力。它是指新法律颁布施行后，对它生效以前的事件和行为是否适用即有无约束力的问题。我国刑法采取的"从旧兼从轻"的原则，即新法律生效以前的行为和事件，如果当时的法律不认为是犯罪或处刑较轻的，适用旧的法律，新法无溯及力；如果新法律不认为是犯罪或者处罚较轻的，则适用新法律，新法有溯及力。但是根据形势要求和打击刑事犯罪的需要，有时则采取从新原则，也就是新法律对其生效以前的事件和行为具有溯及力。

（三）法律对人的效力

法律对人的效力是指法律规范对哪些人有约束力。我国法律规范对人的效力有如下四种情况。

第一，我国公民在我国领域内，一律适用我国法律。

第二，外国人（包括无国籍人）在我国领域内除法律有特别规定的（如享有外交特权和豁免权的人）以外，都适用我国法律。

第三，我国公民在我国领域以外，原则上也应该适用我国法律，但法律有特别规定的按法律规定。

第四，外国人在我国领域外，如果侵害了我国国家或公民的权益或者与我国公民、法人发生法律关系，也可以适用我国法律规定。

三　我国社会主义法律的解释

（一）按照解释的主体和法律效力的不同

（1）正式解释，又称有权解释、法定解释、官方解释，是指由被授权的国家机关（或国家授权的社会组织）依法按照宪法和法律规定的权限对法律进行的解释，它具有法律上的效力。主要有：

第一，立法解释，主要指全国人大常委会解释宪法和法律的活动。

第二，司法解释，指最高人民法院和最高人民检察院在审判检察工作中对法律的具体应用问题所作的解释。

第三，行政解释，指国务院及其所属各部门对法律所作的解释。

（2）非正式解释，又称非法定解释，这种解释可分为常理性解释和宣传性解释。它虽不具有法律效力，不能直接引用，但对法律适用有参考价值，对法律的实际适用有着很强的说服力。

（二）按解释方法不同

（1）语法解释，即对于法律条文的语法结构、文字排列和顺序与标点符号等进行的解释。

（2）逻辑解释，即按照形式逻辑的规则和方法对法律所作的解释。

（3）系统解释，又称整体解释，即按照系统论的原则和方法，从部分与系统的关系上对法律所作的解释。

（4）历史解释，即从法律历史背景上对法律所作的解释。

（5）目的解释，即从立法的目的和立法精神上对法律所作的解释。

（三）按照法律解释的尺度不同

（1）限制解释，是当法律条文的字面含义广于立法原义时，作出比字面含义狭窄的解释。

（2）扩充解释，是指当法律条文的字面含义狭于立法原义时，作出比字面含义宽泛的解释。'

（3）字面解释，是指严格按照法律条文的字面含义所作的解释。

四　我国社会主义法律关系

（一）法律关系的概念

法律关系是指法律在调整人们行为的过程中所形成的一种特殊的社会关系，即法律上的权利义务关系。它由法律关系主体、法律关系内容和法律关系客体三种要素构成。

法律关系是一种意志关系，其主要特征是：（1）它是法律在调整人们行为过程中形成的权利义务关系；（2）它是由国家强制力来保证实现的社会关系；（3）它是以现行法律存在为前提的社会关系。

（二）法律关系主体的概念和构成

法律关系主体，又称权利主体或权义主体，是指法律关系的参加者，即在法律关系中享有权利和承担义务的人或组织。

我国社会主义法律关系的主体包括：公民、国家机关、法人、企事业单位、各种社会组织和社会团体、国家。

（三）法律关系的内容

法律关系的内容是指法律关系主体所享有的权利和承担的义务，即法律权利和法律义务。

法律权利是指法律关系依法享有的某种能力或利益，表现为自己可以作出某种行为或要求他人作出或不作出某种行为。分为一般权利和特殊权利。一般权利又称为绝对权利，其主体为一般权利人，同时无特定义务人，如公民财产所有权、名誉权等。特殊权利又称相对权利，其主体是特定权利人，同时也有特定义务人，如债权等。

法律义务是指法律关系主体依法承担的必须履行的责任，表现为必须作出或不作出某种行为。法律义务可以分为一般义务和特殊义务。一般义务即任何人都有的作为或不作为的义务，特殊义务是指特定的人所承担的作为或不作为的义务。

我国社会主义法律权利义务关系的特征是，公民的权利义务是一致的。

（四）法律关系的客体

法律关系的客体，又称权利客体或权义客体，是指法律关系主体的权利和义务所指向的对象。其种类有三种，即物、行为和精神财富。

（五）法律关系的产生、变更和消灭

1. 法律关系的产生、变更和消灭

法律关系的产生是指法律关系主体之间形成权利义务关系。

法律关系的变更是指构成法律关系的主体、内容和客体，如果其中有一个要素发生了变化，就是法律关系的变更。

法律关系的消灭是指权利主体之间权利义务关系终止。

2. 法律事实

法律事实是指凡能直接引起法律关系产生、变更和消灭的条件和情况。法律事实分为法律事件和法律行为两种。法律事件是指一种与人的意志无关的客观现象，如自然灾害、自然人的出生和死亡等。法律行为是指人的有意识的活动，其中分为合法行为和非法行为，非法行为又分为违法行为和中性行为。

五 我国社会主义法律的遵守

（一）守法的含义及意义

社会主义法律的遵守，是指在社会主义国家里，一切国家机关、各政党和各社会团体、各企事业组织和全体公民，即所有的社会主体都必须恪守法律的规定，严格依法办事。

广义的守法包括：第一，要遵守宪法和法律。第二，要遵守国家的行政法规、地方性法规、自治法规、军事法规和经济特区的法规。第三，要遵守一切规章，包括部门规章和地方政府规章。第四，要遵守国家和党的有关政策、劳动纪律、技术规范和一些群众自治组织所制定的乡规民约等。

遵守社会主义法的重要意义，首先是它直接体现了社会主义法律的要求，同时也有利于同各种违法犯罪行为作斗争，有利于巩固人民民主专政，有利于社会稳定，有利于促进改革开放和经济建设的发展。所以一切国家机关、企事业组织、社会团体、各政党和全体公民都必须自觉守法，严格依法办事。

（二）违法的含义、构成条件和分类

违法是指国家机关、企事业组织、社会团体或公民，因违反法律的规定，致使法律所保护的社会关系和社会秩序受到破坏，依法应承担法律责任的行为。违法由下列条件构成：

（1）必须是人们违反法律规定的一种行为，包括作为和不作为。

（2）必须是在不同程度上侵犯法律所保护的社会行为，必须是对社会造成一定危害的行为。

（3）必须是行为者出于故意或过失，也就是行为人要有主观方面的过错和罪过。

（4）主体必须是具有法定责任能力和行为能力的人，包括自然人和法人。

按照违法行为的具体性质、危害程度和所应承担的法律责任的不同，违法行为可分为违宪行为、民事违法行为和行政违法行为及犯罪行为四种。

（三）法律责任和法律制裁

1. 法律责任

法律责任有广义、狭义之分。广义的法律责任与法律义务同义。狭义的法律责任专指违法者对自己实施的违法行为必须承担的责任。

按照违法行为的性质和危害程度，法律责任可以分为：（1）违宪法律责任；（2）民事法律责任；（3）行政法律责任；（4）刑事法律责任。

2. 法律制裁

法律制裁是国家为保护和恢复法律秩序而对违法行为者实施的措施，它包括限制性和剥夺权利性措施和对违法者、犯罪者实施的惩罚性措施。可以分为：（1）违宪制裁；（2）民事制裁；（3）行政制裁；（4）刑事制裁。

六　我国社会主义法律实施的监督

（一）法律实施监督的含义和意义

1. 法律监督的含义

法律实施的监督，就是指社会主体按照法律规定的权利和程序对于法制的各个环节的贯彻和执行情况予以监察和督促，从而保障法律得以实施的活动。法律监督有广义狭义之分：狭义的法律监督是指法定的国家机关按照法定职权和程序对于法律的实际贯彻和执行活动的监督；广义的法律监督是指所有社会主体包括国家机关、社会团体和组织以及公民个人对于法律贯彻和执行活动的监督。

按照宪法规定，我国专门的法律监督机关是人民检察院。

2. 我国法律实施的监督意义

第一，法律监督是社会主义民主政治的必要内容和重要组成部分。

第二，法律监督是实施依法治国战略，建设法治国家的关键措施和有效环节。

第三，法律实施的监督是保障公民权利的需要，是公民保护自己的最后的法律武器。

（二）法律监督体系

（1）国家权力机关的监督。

（2）国家行政机关的监督。

（3）国家司法机关的监督。

（4）社会性的监督。

（5）中国共产党的监督。

第七节　法律与其他社会现象的关系

一　法律和经济

（一）经济决定法律

法律是由特定社会的经济基础决定的。法律的制定、法律的内容、法律的性质、法律的重要特征以及法律的发展和变化，一般都取决于经济基础。一个阶级在经济上占据支配地位，那么必然要在政治上取得统治权，掌握国家机器。统治阶级制定的法律必然反映占支配地位的经济的要求，所以，经济是法的源泉和诞生地。

（二）法律服务经济

法律被制定之后，它不是消极的，而是积极服务于自己的经济基础。法律以其特有的属性和功能为经济基础服务。凡是属于进步的或者正确反映社会经济规律的法律，最终都是促进社会生产力发展的和进步的，从而也反映了社会上广大人民的要求。

二　法律与国家

（一）法律依靠国家

法律是国家意志的体现，国家是法律的直接制定者。所有的法律都必须依靠国家机关制定或认可，同时，法律的实施必须依靠国家强制力予以保障。另外，对违反法律的行为还需要国家司法机关进行裁决。因此，法律从立法到执法，直至司法的整个过程均离不开国家。

（二）国家需要法律

国家制定法律是为了表达国家意志和实现国家的职能。法律是体现统治阶级意志的重要上层建筑。统治阶级通过制定法律，将阶级意志上升为国家意志，用来维护自己的统治。同时，在维护社会运行的各个方面也需要国家制定相关法律进行控制。

三　法律与政治

（一）政治主导法律

政治是法律的保障，政治权力依靠强制力来支撑和保障法律的运行及其遵守，推动着法律向前发展。法律在社会中被遵行，仅仅依靠个人的自觉遵守，是没有任何保障的，它必须有一个可以迫使人们遵守的强制性力量作为保障，在人不遵守法律时以法律本身规定的不利益来惩戒他，这样一个强制性力量就来自政治权力，也只有政治权力才可以役使强大的暴力工具，迫使惧怕利益后果的人服从法律。

（二）法律规制政治

法律确认和调整政治关系，直接影响政治并促进政治的发展。（1）法可以确认各阶级、阶层、集团在国家生活中的地位，调整掌握政权阶级与其他阶级、阶层、集团的关系，在阶级对立社会也就是调整统治阶级与被统治阶级的关系、统治阶级内部关系以及统治阶级与同盟者的关系。（2）法可以反映和实现一定阶级、集团的政治目的和政治要求。（3）法可以为一定阶级和国家的中心任务服务。（4）法还可以对危害掌握政权阶级的行为采取制裁措施，起着捍卫其政治统治的作用。

（三）法律与政策

政策和法律在阶级本质、经济基础、指导思想、基本原则、社会目标等根本方面是高度一致的，但二者仍然存在着重要区别，主要有：

第一，法律是由国家制定或者认可的，是国家的主张，具有国家意志的属性。政策是党组织制定的，是党的主张，不具有国家意志的属性。

第二，法律由国家强制力保证实施，并具有普遍的约束力。政策通过思想工作，说服教育，党员的模范带头作用以及党的纪律保证来实现，党的某些政策并非对每个公民都具有约束力。

第三，法律是以宪法、法律、法规等规范性文件的形式表现的。政策未被制定或认可为法律规范之前，是由决定、决议、纲领、宣言、通知、纪要等形式表现的。

第四，法律规定的内容比较具体，政策一般比较原则和概括，这在总政策、基本政策中表现得尤为突出。

第五，法律比较稳定，政策比较灵活。

就社会主义法律与党的政策而言，党的政策是制定社会主义法律的基本依据之一，社会主义法律要体现党的政策的基本精神。同时，社会主义法律的实施要以党的政策为指导。

四　法律与科技

法律与科技有着相辅相成，互相促进的作用。

（一）科技进步促进法律发展

科技进步会丰富法的调整对象，促进法律部门的建立，完善法律体系。科技进步还会改变法的形式和传播方式，如电子数据的传播等。科技进步还能影响立法程序、执法过程，促进司法效率。最后，科技进步会带来法律教育、法学研究和法制宣传的手段和方法的更新，有利于法律的普及和发展。

（二）法律发展保障科技进步

法律的发展可以对科技进步起到组织、管理和协调的作用。法律的发展和完善还能保障科技的成果转化为生产力。法律的发展还能为科技的创新和进步提供安全稳定的环境，促进其发展。最后，法律的发展，尤其是法律的国际合作加强，也为科技的国际交流、资源共享等提供保障。

五　法律与道德

（一）法律意识

法律意识是指人们关于法律的认识、知识、思想、观点和心理的总称。它包括对法的本质、作用的看法，对现行法律的要求和态度，对法律的评价和解释，对人们行为是否合法的评价和法制观念等。

以法律意识的主体为标准可以分为个体法律意识和群体法律意识两类。以法律意识的存在形式为标准可以分为法律心理和法律思想体系。以法律意识是否在社会中处于统治地位为标准可以分为占有统治地位的法律意识和不占统治地位的法律意识。

（二）法律和道德

1. 道德的概念和特点

道德是指人们关于善与恶、美与丑、正义与邪恶、光荣与耻辱、诚实与虚伪的观点和规范的总和。

道德有以下三个特点：第一，道德是一种社会意识，这是道德的一般本质，道德是上层建筑的一种，决定于物质生活条件。第二，道德是一种特殊的调节规范体系，这是道德的特殊本质，道德规范是一种非制度化的规范，没有也不使用强制性手段为自己开辟道路，同时，道德规范是一种内化的规范。第三，道德是一种实践精神，这是道德的深层本质。道德需要促使人类结成相互满足的价值关系，推动人们改善这种关系，调节人与人的交往、协作，完善人的人格，形成人类特有的实践精神。

2. 社会主义法律与社会主义道德的异同

社会主义法律和社会主义道德是两种不同的社会规范。社会主义法律是由社会主义国家制定或认可的，社会主义道德主要是由社会舆论确立的；社会主义法律的表现形式是社会主义国家制定的文件或国家认可的习惯，而社会主义道德表现为一般社会意志，存在于人们的思想观念、内心信念和社会舆论之中；社会主义法律是由国家强制力保障实施，而社会主义道德是由人们的内心信念和社会舆论来保证其存在和发生作用。

3. 社会主义道德同社会主义法律的相互作用

二者相互联系，相互渗透，相互补充，相互作用，相辅相成。

第二章　宪法法律制度

本章内容提要：本章主要介绍宪法的概念和特征，以及我国宪法的基本内容。

第一节　宪法概述

一　宪法的概念和特征

（一）宪法的概念

近代意义上的宪法是资产阶级革命的产物，是资产阶级的发明，它集中表现各种政治力量的对比关系，是规定国家制度和社会制度的基本原则，保障公民基本权利和义务的国家根本法。从广义上讲，宪法包括一切规定社会制度、国家制度、公民基本权利义务、国家机关组织及活动原则等重大问题的法律规范的总和。从狭义上讲，宪法仅指宪法典。

宪法是一个国家法律体系的基础和核心，除了具有一般法律的特征外，它还具有自己独特的区别于普通法律的特征。

（二）宪法的特征

宪法最主要的特征可以归纳为以下三个。

第一，在规定的内容上，宪法规定的是国家制度和社会制度的最基本的原则、公民的基本权利和义务、国家机构的组织及其运作的原则等最主要的问题。

第二，在法律地位或法律效力上，宪法具有最高的法律地位或法律效力。国家的任何法律都应具有法律效力，但宪法的法律效力高于一般的法律，在国家法律体系中处于最高的法律地位。因此，宪法不仅是制定普通法律的依据，即任何普通法律都不得与宪法的原则和精神相违背，而且宪法是一切国家机关、社会组织和全体公民的最高行为准则。

第三，在制定和修改的程序上，宪法的制定和修改都要经过区别于普通法律的特别程序。一般来说比普通法律更加严格，宪法及其修正案的通过和生效通常要经过立法机关全体成员 2/3 或 3/4 的多数同意，而普通立法一般经过立法机关成员过半数通过即可。这也是与宪法的地位相联系的。

二　我国宪法的历史发展

我国社会主义宪法的发展历史，是与中国共产党领导的人民革命斗争和社会主义建设发展相伴的。早在第二次国内革命战争和抗日战争时期，革命根据地的政权机构就颁布和施行过一批体现人民民主的宪法性文件，如《中华苏维埃共和国宪法大纲》《抗日救国十大纲领》《陕甘宁边区施政纲领》《陕甘宁边区宪法原则》等。这些文件标志着中国共产党领导下的新民主主义革命和宪政建设的发展，标志着我国社会主义类型宪法的萌芽。

《中国人民政治协商会议共同纲领》于 1949 年 9 月 29 日由中国人民政治协商会议第一届全体会议通过，全文由序言和七章组成，共计 60 条。《中国人民政治协商会议共同纲领》确认了人民革命胜利成果，规定了工人阶级领导的以工农联盟为基础的人民民主专政，规定了人民民主统一战线，以民主集中制为原则的人民代表大会制等内容，体现了进行新民主主义经济文化建设和逐步向社会主义过渡的思想。在中华人民共和国成立初期，《中国人民政治协商会议共同纲领》是重要的临时性宪法文件。

1954 年《宪法》是我国第一部社会主义根本法，1954 年 9 月 20 日由第一届全国人民代表大会第一次会议通过，全文由序言和四章组成，共 106 条。它继承了发展了《中国人民政治协商会议共同纲领》中的一些重要原则和内容，全面总结了我国革命和建设的经验，明确规定并在具体内容中体现了逐步实现国家的社会主义工业化和社会主义改造这一过渡时期的总路线，贯彻了人民民主原则和社会主义原则。

1975 年《宪法》是在特定历史条件下修改的，1975 年 1 月 17 日由第四届全国人民代表大会第一次会议通过，全文由序言和四章组成，共 30 条。1975 年宪法确认了我国在经济制度和国家制度方面的社会主义原则，确认了政权的无产阶级专政性质等内容。但由于特殊的历史背景，这部宪法的指导思想存在着严重失误，其内容也反映了极左的错误和问题，此外，从立法技术上来说，也缺乏科学性和严肃性。

1978 年《宪法》是于 1978 年 3 月 5 日由第五届全国人民代表大会第一次会议通过《宪法》。全文由序言和四章组成，共 60 条。宪法规定了新时期的总任务，强调了社会主义法制的作用，但在指导思想上仍然坚持"无产阶级专政下的继续革命"和以阶级斗争为纲，存在着历史的局限性。1979 年 7 月和 1980 年 9 月，全国人大对宪法的部分条文作了修改，在一定程度上纠正了 1978 年宪法中存在一些错误。

1982 年 12 月 4 日由第五届全国人民代表大会第五次会议通过了 1982 年《宪法》，即现行宪法。1982 年《宪法》是对 1954 年《宪法》的继承与发展，全文分为"序言""总纲""公民的基本权利和义务""国家机构""国旗、国徽、首都"四章，共 138 条。它继承和发展了 1954 年《宪法》的基本原则，体现了改革开放的基本路线；进一步完善了国家机构体系；扩大了公民基本权利的范围，强化了对基本权利的保障；在总结历史经验的基础上进一步完善了宪法保障制度等。

1988 年 4 月 12 日，第七届全国人民代表大会第一次会议通过了《宪法修正案》，共 2 条，其内容主要涉及私营经济的宪法地位与土地使用权转让制度。

1993 年 3 月 29 日，第八届全国人民代表大会第一次会议通过了《宪法修正案》，共 9 条，主要内容是：在宪法序言中规定"中国共产党领导的多党合作和政治协商制度将长期存在和发展"；在宪法中明确规定我国正处于社会主义初级阶段；把家庭联产承包责任制作为农村集体经济组织的基本形式；确立社会主义市场经济的宪法地位；把县级人大的任期由 3 年改为 5 年。

1999 年 3 月 15 日，第九届全国人民代表大会第二次会议通过了《宪法修正案》，共 6 条。主要内容是：在宪法序言中明确规定了"我国将长期处于社会主义初级阶段"；将邓小平理论写进宪法，成为国家的指导思想；规定"中华人民共和国实行依法治国，建设社会主义法治国家"；规定"坚持公有制为主体、多种所有制经济共同发展的基本经济制度，坚持按劳分配为主体、多种分配方式并存的分配制度"；规定"农村集体经济组织实行家庭承包经营为基础、统分结合的双层经营体制"；规定"在法律规定范围内的个体经济、私营经济等非公有制经济，是社会主义市场经济的重要组成部分"；将镇压"反革命的活动"修改为镇压"危害国家安全的犯罪活动"。

2004 年 3 月 14 日，第十届全国人民代表大会第二次会议通过了《宪法修正案》，共 14 条。主要内容包括：把"三个代表"重要思想写进宪法序言中，作为国家的指导思想；在宪法序言中规定政治文明建设，增加规定"社会主义事业建设者"；规定合法的私有财产不受侵犯原则，完善了征收、征用制度；增加规定"国家建立健全同经济发展水平相适应的社会保障制度"；规定"国家尊重和保障人权"；把"戒严"改为"紧急状态"；扩大国家主席的职权，规定"中华人民共和国主席代表中华人民共和国，进行国事活动"；把乡镇人大的任期由 3 年改为 5 年；增加规定国歌等。

通过宪法和宪法修正案的不同阶段发展，进一步完善了宪法的内容，协调了宪法与现实社会生活的关系。

三　我国现行宪法的指导思想和基本原则

（一）我国现行宪法的指导思想

宪法的指导思想是指规定宪法的方向性、根本性和全局性的思想，它决定宪法的基本原则和基本精神。1982 年现行宪法确立宪法的指导思想是四项基本原则，即坚持社会主义道路，坚持人民民主专政，坚持中国共产党的领导，坚持马克思列宁主义、毛泽东思想。1993 年第二次修宪，以党的十四大精神为指导，突出了建设有中国特色社会主义的理论和党的基本路线。党的基本路线即以经济建设为中心，坚持四项基本原则，坚持改革开放。1999 年第三次修宪，将邓小平理论写入宪法，确立邓小平理论在国家中的指导思想地位。2004 年第四次修宪，将"三个代表"重要思想载入宪法，确立为其在国家中的指导思想地位。

（二）我国现行宪法的基本原则

宪法的基本原则是指宪法在调整社会关系过程中始终采取的、贯彻整个过程的基本立场和准则，是宪法指导思想的具体体现。主要包括：

1. 一切国家权力属于人民的原则

《宪法》第 2 条第 1 款规定："中华人民共和国的一切权力属于人民。"在我国，不仅宪法规定人民是国家的主人，而且在实践中，为实现一切国家权力属于人民也提供了保障：宪法通过确认国家的人民民主专政性质，保障人民在国家中的主人翁地位；通过确认以生产资料公有制为基础的社会主义经济制度，为人民当家作主奠定经济基础；通过确认和设置以各级人民代表大会为核心的国家机构，为人民当家作主提供组织保障；通过确认公民的基本权利和自由，使广大人民群众可以依据有关法律规定，通过各种途径和形式，管理国家事务和其他社会事务，从而使人民当家作主贯彻于国家和社会生活的各个领域。

2. 保障公民权利和义务的原则

国家一切权力属于人民，那么保障公民的权利和自由也就是国家的应有责任。同时，宪法确认和保障公民权利也是基本人权原则在宪法中的体现。因此，宪法不仅规定了公民在政治、经济、文化和社会生活等方面的权利和自由，也规定了对妇女、儿童、老人、残疾人和华侨等具有特定身份人群的保护，而且为公民权利和自由的实现规定了物质上和法律上的保障。可以说，宪法确认公民广泛的基本权利和自由及其保障措施，不仅使人民的当家作主地位更加明确、具体，而且为社会主义国家政权的巩固和发展提供了前提。

3. 民主集中制原则

我国宪法采取民主集中制原则，而非分权原则。这是与我国国情相应的。主要表现在：各级人民代表大会作为统一行使国家权力的机关，由选民通过民主选举产生的代表组成，对人民负责，受人民监督；国家行政机关、审判机关和检察机关，由人民代表大会选举产生，对它负责，受它监督；中央和地方国家机构职权的划分，遵循在中央统一领导下，充分发挥地方的主动性、积极性的原则。

4. 社会主义法制原则

我国宪法明确规定，国家维护社会主义法制的统一和尊严，一切法律、法规均不得同宪法相抵触，一切国家机关和武装力量、各政党和各社会团体、各事业组织都必须遵守宪法和法律，任何组织或者个人都不得有超越宪法和法律的特权。

第二节 我国的基本制度

一 我国的国体——人民民主专政制度

国体是指国家的阶级性质，就是指社会各阶级在国家中的地位和作用。我国《宪法》第1条第1款规定："中华人民共和国是工人阶级领导的、以工农联盟为基础的人民民主专政的社会主义国家。"这表明，我国的国家性质是工人阶级领导的、以工农联盟为基础的人民民主专政，实质上即无产阶级专政。

人民民主专政是指对人民实行民主和对敌人实行专政有机结合的一种制度。对人民实行民主是人民民主专政的本质，体现了国家政体的人民性。现阶段，我国人民的范围包括以工人、农民、知识分子为主体的全体社会主义劳动者、社会主义事业的建设者、拥护社会主义的爱国者和拥护祖国统一的爱国者。对敌人实行专政，就是指人民对极少数敌对分子进行镇压，以维护国家政权的人民性。民主与专政是辩证统一的关系，两者既互相联系，又有区别，对人民实行广泛的民主是人民民主专政的基础，而对敌对分子实行专政的目的是保障人民民主。

（一）人民民主专政是新型民主与新型专政的有机结合

人民民主专政是无产阶级专政的一种形式，二者的领导都是以工人阶级（通过共产党）来领导的；二者的阶级基础都是工农联盟，具有共同的历史使命；二者的专政职能都是一致的，宪法之所以把无产阶级专政的提法改为人民民主专政，是因为人民民主专政的提法更能充分体现我国的阶级结构，更有利于人民群众准确理解和掌握对人民民主和对敌人专政的两个方面。

（二）工人阶级是人民民主专政的领导力量

工人阶级对国家的领导是我国人民民主专政的根本标志。工人阶级之所以能够成为国家的领导阶级，是由工人阶级的阶级本质和历史使命决定的。工人阶级是先进生产力的代表，他们革命最坚决、斗争最彻底，最具有革命的组织性和纪律性，最大公无私。因此工人阶级是最先进的阶级，只有工人阶级才能担负起消灭剥削、消灭阶级，解放全人类，最终实现共产主义的历史使命。我国社会主义建设的历史经验同样证明，工人阶级的领导是保证社会主义建议顺利进行的基础。

工人阶级的领导是通过自己的政党——中国共产党实现的。中国共产党是中国工人阶级的先锋队，是马克思列宁主义武装起来的党。我国工人阶级只有在中国共产党领导下，才能认识自己伟大的历史使命，才能作为一个阶级组成强大的革命力量，去夺取革命和建设的胜利。

（三）工农联盟是我国人民民主专政的阶级基础

列宁认为，社会主义革命中最根本最重大的问题，就是工人阶级同农民的关系问题，工人阶级同农民的联盟问题。这也就是说，一方面，无产阶级进行革命斗争，只有同广大农民结成巩固的联盟，才能完成推翻反动阶级的统治、消灭剥削制度和剥削阶级，最终解放全人类的历史使命；另一方面，农民也只有在工人阶级领导下，同工人阶级结成牢固的联盟，才能战胜共同的敌人，坚持社会主义方向，从而获得彻底解放。因此列宁说，工农联盟是无产阶级专政的最高原则。由于我国是农业人口占多数的国家，因此，农民问题不论是在民主革命时期，还是在社会主义革命和建设时期，始终都是我国革命和建设的根本问题。我国革命和建设的历史经验表明，工农联盟不仅是夺取新民主主义革命胜利的重要保证，而且也是社会主义事业胜利发展的重要保证。可以说，没有工农联盟，我国就不可能建立起人民民主专政的国家政权。因此，工农联盟是我国人民民主专政的阶级基础。

（四）爱国统一战线组织和政治协商制度是我国民主制度不可缺少的组成部分

建立和完善广泛的爱国统一战线，是建立、巩固和发展人民民主专政制度的重要保障。爱国统一战线是指由中国共产党领导的，由各民主党派参加的，包括社会主义劳动者、拥护社会主义的爱国者和拥护祖国统一的爱国者，还有社会主义事业的建设者组成的广泛的政治联盟。它具体包含两个范围的联盟：一个是我国大陆地区范围内，由全体社会主义劳动者和拥护社会主义的爱国者所组成的政治联盟；另一个是广泛地团结台湾同胞、港澳同胞和海外侨胞，以拥护祖国统一为基础的政治联盟。目前我国爱国统一战线的任务是：为社会主义现代化建设服务；为实现祖国统一大业服务；为维护世界和平服务。

中国人民政治协商会议是中国爱国统一战线的组织形式，是实现中国共产党领导的多党合作和政治协商制度的重要机构。它既不是国家机关，又不是一般的社会团体。中国人民政治协商会议设全国委员会和地方委员会。全国委员会由中国共产党、各民主党派、无党派人士、人民团体、各少数民族和各界的代表、台湾同胞、港澳同胞和归国侨胞的代表以及特别邀请的人士组成。地方委员会的组成根据当地情况，参照全国委员会的组成决定。中国人民政治协商会议全国委员会和地方委员会的主要职能是政治协商和民主监督，组织参加本会的各党派、各社会团体和各族各界人士参政议政。

1993《年宪法修正案》第 4 条明确提出："中国共产党领导的多党合作和政治协商制度将长期存在和发展。"从而使这一制度为我国根本大法所确认，成为我国民主制度不可缺少的组成部分。

二　我国的政体——人民代表大会制度

（一）我国的政体

政体是指政权的组织形式，就是指统治阶级采取何种原则和方式来组织自己的政权机关，实现自己的统治。政体是与国体相适应的。由于历史条件和阶级力量对比等具体情况的不同，国体相同的国家，可能采取不同的政体，但都体现同一特定阶级的专政。如资产阶级国家有君主立宪制、民主共和制（内阁制和总统制）等不同政体。中华人民共和国的政体是人民代表大会制度。

人民代表大会制度是指我国各族人民在中国共产党的领导下，根据民主集中制原则，选举产生全国人大和地方各级人大，并以人大为基础，建立全部国家机构，以实现人民当家作主的制度。人民代表大会制度是我国人民革命政权建设的经验总结和独特创造，是马克思主义国家学说和我国国情相结合的历史产物。

人民代表大会制度的优越性主要表现在：

1. 人民代表大会制度适合中国的国情，具有很强的生命力

人民代表大会制度是中国人民在共产党领导下，在长期的政权建设实践中创立的。它经历了 20 世纪 20 年代的萌芽状态，30 年代的苏维埃制度，40 年代的参议会制度以及后来的人民代表会议制度，走过了从不成熟到成熟，并不断完善的过程。因而它是在中国的具体历史条件下形成的，是马克思主义国家学说和我国国情相结合的产物。

2. 人民代表大会制度利于人民参加国家管理

根据宪法和人民代表大会组织法的规定，我国各级人大代表都由选民通过直接或间接选举的方式产生；各级人大代表必须对选民或者原选举单位负责，受选民或者原选举单位监督，选民或者原选举单位有权依法撤换自己选出的代表；人大代表必须深入选民中了解他们的意愿，及时向选民或原选举单位报告自己的工作，听取他们对自己工作的意见和要求；人大代表有权根据民主集中制的原则，讨论和决定国家生活中的重大问题等。这就保证了我国人民行使当家作主、管理国家的权利。

3. 人民代表大会制度利于集中统一地行使国家权力

《宪法》规定，国家的一切权力属于人民，人民行使国家权力的机关是全国人民代表大会和地方各级人民代表大会。各级国家行政机关、审判机关和检察机关都由同级人民代表大会选举产生，对它负责，受它监督，充分表明各级人民代表大会作为国家权力机关，在国家权力的行使和实现过程中处于主导支配地位。人民代表大会制度体现了国家权力与人民权力的统一，利于集中统一地行使国家权力。

（二）我国的选举制度

选举制度是指法律规定的关于选拔和推举国家代表机关和国家公职人员的各项制度的总称。它包括选举的基本原则、选举权利的确定、组织选举的程序和方法，以及选民和代表之间的关系。

我国的选举制度有以下基本原则。

1. 选举权的普遍性原则

选举权的普遍性是就享有选举权的主体范围而言的，是指一国公民中能够享有选举权的广泛程度。根据我国《宪法》和《选举法》的规定，凡年满18周岁的中华人民共和国公民，除依法被剥夺政治权利的人以外，不分民族、种族、性别、职业、家庭出身、宗教信仰、教育程度、财产状况和居住期限，都有选举权和被选举权。

2. 选举权的平等性原则

选举权的平等性是指每个选民在每次选举中只能在一个选区享有一个投票权，不承认也不允许任何选民因民族、种族、职业、财产状况、家庭出身、居住期限的不同而在选举中享有特权，更不允许非法限制或者歧视任何选民对选举权的行使。这是"公民在法律面前一律平等"原则在选举制度中的具体体现。选举权的平等性原则的要求主要表现在：（1）除法律规定当选人应具有的条件外，选民平等地享有选举权和被选举权；（2）在一次选举中选民平等地拥有相同的投票权；（3）每一代表所代表的选民人数相同；（4）一切代表在代表机关具有平等的法律地位；（5）对在选举中处于弱势地位的选民给予特殊的保护性规定，也是选举权平等性的表现。

3. 直接选举和间接选举并用的原则

我国《选举法》规定，不设区的市、市辖区、县、自治县、乡、民族乡、镇的人民代表大会代表，由选民直接选出；全国人民代表大会代表，省、自治区、直辖市、设区的市、自治州的人民代表大会代表，由下一级人民代表大会选出。由此可见，我国在选举中采取的是直接选举和间接选举并用的原则。

4. 秘密投票原则

秘密投票亦称无记名投票，它与记名投票或以起立、举手、鼓掌等公开表示自己意愿的方法相对立，是指选民不署自己的姓名、亲自书写选票并投入密封票箱的一种投票方法。无记名投票，相对于记名投票或公开投票（起立、欢呼、唱名、举手）更具有科学性，主要包括：（1）秘密填写选票；（2）在选票上不标识选民身份；（3）投票时不显露选举意向等内容。现行《选举法》第 38 条规定："全国和地方各级人民代表大会代表的选举，一律采用无记名投票的方法。选举时应当设有秘密写票处。选民如果是文盲或者因残疾不能写选票的，可以委托他信任的人代写。"这就要求选举人在选举时只需在正式代表候选人姓名下注明同意或不同意，也可以另选他人或者弃权而无须署名，选举人在秘密写票处将选票填好后亲自将选票投入票箱。因此，秘密投票作为我国选举制度的基本原则之一，为民主选举提供了自由表达意愿的重要保障，使选民在不受外力的影响下，能完全按照自己的意愿挑选他所信赖的人进入国家机关，代表人民行使国家权力。

5. 从物质和法律上保障选民的选举权利

我国选举制度包含着国家对选举提供物质保障和法律保障。物质保障在于：人民代表大会的选举经费，由国库开支。由于国家承担选举经费，使得人民群众在选举活动中能够平等享有选举宣传设施和条件。对选举的法律保障主要在于，法律规定了对破坏选举行为的制裁，以保证选举活动的正常进行。

6. 代表对选民和原选举单位负责，并受其监督

选民和原选举单位对所选代表有监督权和罢免权，这是社会选举制度的重要原则之一。我国《选举法》对此作了具体规定，以确保代表在选民和原选举单位的监督下认真履行职责，全心全意为人民服务。

（三）我国的民族区域自治制度和特别行政区制度

1. 我国的国家结构形式

国家机构形式是指统治阶级根据一定原则采取的调整国家整体与部分，中央与地方关系的形式。

国家结构形式，一般分为单一制和复合制两种。单一制国家是由若干普通行政单位或自治单位组成的单一主权国家，各组成单位都是国家不可分割的组成部分的一种国家结构形式。单一制的特征有：全国只有一部宪法和一个统一的法律体系；只有一个中央政权机关，各地的自治单位或行政单位受中央统一领导；每个公民只有一个国籍；国家整体在国际关系中是唯一的主体。复合制国家是由两个或两个以上的成员单位（如邦、州、共和国等）联合组成的联盟国家或国家联盟。根据成员单位独立性的强弱，复合制又可分为联邦制和邦联制等形式。我国采取的是单一制的国家结构形式。

2. 我国的民族区域自治制度

民族区域自治制度是指在国家的统一领导下，以少数民族聚居地区为基础，建立相应的自治地方，设立自治机关，行使自治权，使实行区域自治的民族的人民自主管理本民族内部事务的制度。

民族区域自治制度包括以下主要内容：第一，各民族自治地方都是中华人民共和国不可分割的部分，各民族自治地方的自治机关，都是中央统一领导下的地方政权机关。第二，民族区域自治必须以少数民族聚居区为基础，是民族自治与区域自治的结合。第三，在民族自治地方，设立自治机关。民族自治地方的自治机关是指该自治地方的人民代表大会和人民政府。第四，民族自治机关除行使宪法规定的地方国家政权机关的职权外，还可以依法行使广泛的自治权。

实践证明，实行民族区域自治既符合历史的发展，又符合现实情况，有很大的优越性。首先，民族区域自治制度有利于维护国家统一和安全。民族区域自治是以领土完整、国家统一为前提和基础的，是国家的集中统一领导与民族区域自治的有机结合。它增强了中华民族的凝聚力，使各族人民，特别是少数民族把热爱本民族与热爱祖国的深厚感情结合起来，更加自觉地担负起捍卫祖国统一、保卫边疆的光荣职责。其次，民族区域自治制度有利于保障少数民族人民当家作主的权利得以实现。再次，民族区域自治制度有利于发展平等团结互助和谐的社会主义民族关系。最后，民族区域自治制度有利于促进社会主义现代化建设事业蓬勃发展。

3. 我国的特别行政区制度

我国《宪法》第 31 条规定："国家在必要时得设立特别行政区。在特别行政区内实行的制度按照具体情况由全国人民代表大会以法律规定。"这是"一国两制"构想的法律化和具体化，是从实际出发，解决台湾、香港和澳门问题，实现祖国统一的根本法律依据，是一项适合我国国情和具有中国特色的政治制度。

"一个国家，两种制度"是指在统一的社会主义国家内，在中央的统一领导下，经过最高国家权力机关决定，可以容许局部地区由于历史的原因而不实行社会主义的制度和政策，依法保存不同于全国现行制度的特殊制度。特别行政区制度是由特别行政区和制度构成的合成词，指在我国版图内，根据我国宪法和基本法的规定而设立的具有特殊法律地位、实行特别社会政治经济制度的行政区域，并规定特区政府对所辖区域社会的政治、经济、财政、金融、贸易、工商业、土地、教育、文化等方面享有高度自治权的制度，是"一国两制"的具体实践。

特别行政区制度主要包括以下特点和内容。

（1）特别行政区享有高度的自治权

除国防、外交以及其他根据基本法应当由中央人民政府处理的行政事务外，特别行政区有权依照基本法的规定，自行处理有关经济、财政、金融、贸易、工商业、土地、教育、文化等方面的行政事务。

特别行政区享有立法权。虽然立法机关制定的法律须报全国人大常委会备案，但并不影响该法律的生效。

特别行政区法院独立进行审判，不受任何干涉；特别行政区的终审法院为最高审级，该终审法院的判决为最终判决。

根据《香港特别行政区基本法》规定，中央人民政府可授权特别行政区依照基本法自行处理有关对外事务。

（2）保持资本主义制度和生活方式50年不变

香港基本法和澳门基本法都规定，在特别行政区不实行社会主义制度和政策，保持原有的资本主义制度和生活方式50年不变。这一规定充分体现了"一国两制"的基本方针。

（3）行政机关、立法机关的组成

行政机关、立法机关由该地区永久性居民根据基本法的相关规定组成。所谓"永久性居民"，是指在特别行政区享有居留权和有资格依照特别行政区法律取得载明其居留权的永久性居民身份证的居民。

（4）特别行政区原有的法律基本不变

原有法律基本不变是指除属于殖民统治性质或带有殖民色彩，以及除同基本法相抵触或经特别行政区立法机关作出修改者外，原有法律予以保留。

（4）中央与特别行政区的关系

根据基本法的规定，特别行政区是中华人民共和国享有高度自治权的地方行政区域，直辖于中央人民政府。因此，中央与特别行政区的关系，是一个主权国家内中央与地方的关系，或者说是中央对特别行政区进行管辖和特别行政区在中央监督下实行高度自治而产生的相互关系。

（6）特别行政区的政治体制

特别行政区的政治体制主要包括特别行政区的行政长官、行政机关、立法机关和司法机关等。

三 我国的经济制度

经济制度是指宪法和法律规定的包括生产资料所有制形式。一个国家的经济制度，是该社会在一定发展阶段上的生产关系的总和。它是国家和社会意识等上层建筑赖以建立的基础。经济制度体现在生产、交换、分配、消费等活动中，它主要包含三个方面的内容，即生产资料的所有制形式、分配方式以及生产过程中人与人之间的关系。其中，生产资料所有制形式又是整个经济制度的基础。我国宪法规定："国家在社会主义初级阶段，坚持公有制为主体、多种所有制经济共同发展的基本经济制度。"

（一）社会主义公有制——我国社会主义经济制度的基础

《宪法》第 6 条规定："中华人民共和国的社会主义经济制度的基础是生产资料的社会主义公有制，即全民所有制和劳动群众集体所有制。"生产资料的社会主义公有制决定了我国社会主义经济制度的本质特征，它是保障工人阶级实现对国家的领导和加强工农联盟的基础。全民所有制经济，即国有经济，是指由代表人民利益的国家占有生产资料的一种所有制形式。国有经济是我国国民经济中的主导力量，不仅控制着国家的经济命脉，决定着国民经济的社会主义性质，关系着我国改革开放和社会主义现代化建设的速度和水平，而且对其他经济形式都起着指导、帮助的重要作用。劳动群众集体所有制经济，是指由集体经济组织内的劳动者共同占有生产资料的一种公有制形式，也是我国社会主义经济制度的重要基础之一。

（二）非公有制经济——我国经济结构的重要成分和社会主义市场经济的重要组成部分

由于我国尚处于社会主义初级阶段，经济文化和生产力水平还比较低，所以在坚持以社会主义公有制经济为基础的前提下，还应允许非公有制经济的存在和发展。1999 年《宪法修正案》第 16 条明确提出："在法律规定范围内的个体经济、私营经济等非公有制经济，是社会主义市场经济的重要组成部分。"这一规定充分肯定了个体经济、私营经济的地位和作用，有利于生产力的进一步发展和社会主义现代化建设。个体经济是由城乡个体劳动者占有少量生产资料和产品，以自食其力为主的一种经济形式。国家对个体经济实行引导、监督和管理，保护其合法的权利和利益。私营经济是在法律规定范围内生产资料属于私人所有，并存在雇佣劳动关系的一种经济形式。国家对私营经济实行引导、监督和管理，保护其合法的权利和利益。此外，还有中外合资经营、中外合作经营、外商独资企业（简称"三资"企业）这几种改革开放后新出现的经济形式。

（三）以按劳分配为主体，多种分配方式并存的分配制度

我国经济制度中的所有制状况，决定了我国分配制度的状况。我国《宪法》规定，在公有制经济形式中，实行各尽所能，按劳分配的原则。除了按劳分配这一主要方式之外，还有按生产要素分配和其他分配方式，包括按资本、技术等生产要素投入的分配，个体劳动所得，企业经营者风险收入等形式。按劳分配制度作为主体，从根本上否定了平均主义、吃大锅饭的办法，保证了劳动者根据自己的劳动贡献来享受自己劳动成果的权利。其他分配形式的存在，有利于我国社会主义初级阶段的建设，它能够调动一切积极因素去促进生产。但对后者应注意调节，以防止出现贫富的两极分化。保证在效率优先的同时，兼顾公平。

第三节　我国公民的基本权利和义务

一　公民权与人权

（一）公民、国民和人民

公民是指具有一个国家的国籍，按照该国宪法和法律的规定，是享受权利和承担义务的自然人。国民与公民是同义词，只是使用上的习惯不

同。我国自 1953 年《选举法》实施后就以公民代替了国民的称谓。我国《宪法》规定，凡具有中华人民共和国国籍的人都是中华人民共和国公民。

公民和人民是两个不同的概念。公民主要是个法律概念，而人民主要是个政治概念；公民可以同外国人和法人（组织）相区别，而人民则与敌人对称；公民的范围比人民的范围更加广泛，公民中除包括人民外，还包括具有中国国籍的人民的敌人；公民一般是表示个体的概念，而人民是表示集合或群体概念。人民的概念在不同的国家和不同的历史时期其内涵是不同的，它是一个历史的、变化的概念，而公民的内涵是相对稳定的。

（二）公民基本权利和义务

公民的基本权利和基本义务，是指由宪法规定的公民享有的最主要的权利和履行的最主要的义务，又称宪法权利和宪法义务。它同公民的一般权利和义务相比，具有以下特性：第一，它决定着公民在国家中的法律地位；第二，它是公民在社会和国家生活中最主要、最根本和不可缺少的权利和义务；第三，它能派生出公民的一般权利和义务；第四，它具有稳定性和排他性，与公民资格不可分，与公民的法律平等地位不可分。

（三）公民权与人权

人权是指作为一个人应该享有的权利；公民权则是人权的法律表现形式，是宪法和法律所规定的本国公民所享有的权利。人权同公民权的区别主要在于：人权是人性反对神性的产物，公民权是国家和法律规定的；人权应然成分多，公民权实然成分多；人权有个人人权和集体人权，公民权只有个人权利；人权有国内和国际两个方面，公民权只有国内一个方面。

二　我国公民的基本权利

（一）平等权

它的基本内容是：我国公民平等地享有宪法和法律规定的权利和平等地履行宪法和法律规定的义务；平等地受法律保护；平等地遵守宪法和法律，不得有任何超越于宪法和法律的特权；任何公民违法都将平等地依法受到追究。

（二）政治权利和自由

政治权利和自由是指公民依法享有的参加国家政治生活的权利和自由。具体包括两大方面：第一，选举权和被选举权。选举权和被选举权是我国人民参加国家管理，实现当家作主的基本手段，也是人民行使国家权力的基本形式，体现了人民管理国家的主人翁地位。第二，政治自由。包括言论、出版、集会、结社、游行、示威的自由。这是近代民主政治的基础，是公民表达个人见解和意愿，参与正常社会活动和国家管理的一项基本权利。

（三）宗教信仰自由

《宪法》规定，我国公民有宗教信仰自由，任何国家机关、社会团体和个人不得强制公民信仰宗教或者不信仰宗教，不得歧视信仰宗教的公民和不信仰宗教的公民。国家保护正常的宗教活动。宗教团体和宗教事务，不受外国势力的支配。

（四）人身自由权利

广义的人身自由权包括公民的人身、人格尊严和住宅不受侵犯，以及与人身自由密切联系的通信自由和通信秘密受法律保护。狭义的人身自由是指公民的人身不受非法限制、搜查、拘留和逮捕。

（五）社会经济权利

社会经济权是指公民享有的经济生活和物质利益方面的权利，是公民实现其他权利的前提条件和物质基础。它主要包括：第一，财产权。《宪法》规定，公民合法的私有财产不受侵犯。公民的合法财产所有权是指公民个人通过合法劳动或者其他方式获得并占有一定财产的权利，包括生活资料所有权和一定的生产资料所有权。第二，继承权。继承权是保护公民合法财产所有权的延伸，它有利于保障公民合法的经济利益。第三，劳动权。公民的劳动权是指有劳动能力的公民有获得工作并取得相应报酬的权利。第四，休息权。休息权是指劳动者为保护身体健康和提高劳动效率，根据国家有关法律和制度而享有的休息和休养的权利。第五，物质帮助权。物质帮助权是指中华人民共和国公民在年老、疾病或丧失劳动能力的情况下，有从国家和社会获得物质帮助的权利。

（六）教育、科学、文化权利和自由

《宪法》规定，公民有受教育的权利和义务。这一规定是指公民有在国家和社会提供的各类学校和机构中学习文化科学知识的权利，在一定条件下依法接受各种形式的教育的义务。

《宪法》规定，公民有进行科学研究、文学艺术创作和其他文化活动的自由。国家对于从事教育、科学、技术、文学、艺术和其他文化事业的公民的有益于人民的创造性工作，给予鼓励和帮助。

（七）特定人的权利

所谓特定人，这里是指包括妇女、母亲、儿童、老人、离退休人员、烈军属、华侨、归侨和侨眷在内的人员。其权利包括：第一，妇女、母亲、儿童和老人受国家保护。第二，保障离退休人员和烈军属的权利。第三，保护华侨、归侨和侨眷的正当权益。

（八）监督权利

《宪法》规定公民有对国家机关和国家工作人员提出批评和建议的权利；对其违法失职行为有向国家机关提出申诉、控告或者检举的权利。

三　我国公民的基本义务

主要有以下五个方面：

（一）维护国家统一和各民族团结

作为公民宪法基本义务的第一项，《宪法》第 52 条规定："中华人民共和国公民有维护国家统一和全国各民族团结的义务。"维护国家统一是要求公民负有维护国家主权独立和领土完整的义务，是我国公民的最高法律义务。任何人都不得以任何方式分裂国家、接受外国势力支配、割让领土、服从外国势力或要求外国干涉中国内政，坚持台湾是中国领土不可分割的一部分的原则，反对外来侵略或危害国家政权统一管辖权的行为。公民应履行这项义务，而实际上它也是对我国政府及国家各级领导人的要求，因为后者违反此项义务的后果要比普通公民违反的后果严重得多。

维护民族团结的义务是指每个公民都有责任维护各民族间的平等、团结和互助关系，同一切破坏民族团结和制造民族分裂的言行作斗争，它与我国多民族的国家结构密切相关。全国各族人民都要把维护民族团结作为自己的崇高责任，任何人都不得以任何形式制造民族矛盾和民族冲突。

（二）遵守宪法和法律，保守国家秘密，爱护公共财产，遵守劳动纪律，遵守公共秩序，尊重社会公德

《宪法》第 53 条规定："中华人民共和国公民必须遵守宪法和法律，保守国家秘密，爱护公共财产，遵守劳动纪律，遵守公共秩序，尊重社会公德。"遵守宪法和法律是公民应履行的最根本的义务。在法律完备的法治国家，只要公民守法，也就等于公民履行了他的宪法和法律的义务。法治国家必须以公民守法为条件，否则法治就失去了建立的可能。当然，公

民守法是与公民的主人翁地位密切相关的，在多数居民受奴役的社会中，遵守法定义务是毫无意义的。保守国家秘密等规定是对守法义务的必要补充，共同组成了我国社会秩序的基本要求。

对于这项基本义务，应作广义的理解，公民不仅应遵守宪法和法律，还应遵守行政法规和地方性法规。但在我国目前法律体制下，对于行政法规的遵守有绝对性，对于地方性法规的遵守则不是绝对的。此外，保守国家秘密、爱护公共财产、遵守劳动纪律、遵守公共秩序、尊重社会公德也是本项基本义务的要求。

（三）维护祖国的安全、荣誉和利益

《宪法》第 54 条规定："中华人民共和国公民有维护祖国的安全、荣誉和利益的义务，不得有危害祖国的安全、荣誉和利益的行为。"这条规定是对总纲第 24 条所提倡的"爱祖国"规范的具体化，把爱祖国落实为公民的基本义务。国家的安全是每一个以中国为祖国的公民生产生活、安居乐业的必要条件，反过来每个公民也就有义务维护祖国的安全。国家的荣誉也就是国家和民族的尊严，作为我国的公民，任何人都有义务维护国家的荣誉，任何崇洋媚外、丧失人格国格的行为都是不允许的。维护国家的荣誉，也就是维护中国人自己的荣誉。不热爱祖国的人，就是有辱中国公民的人格的人，情节严重的不仅应受到谴责，也应当受到法律的制裁。同理，对于国家利益，每个公民都有维护的责任。这里的国家利益，主要是指国家的整体利益，不是在公民与国家关系意义上讲的，而是相对于外国国家利益而言的，其中包括政治、经济等方面的内容。任何公民都不能以牺牲国家利益来换取个人好处，否则就要受到法律的制裁。

（四）保护祖国，依法服兵役和参加民兵组织

按照《宪法》第 55 条的规定，这项义务包括保卫祖国、抵抗侵略、服兵役和参加民兵组织的义务，服兵役的义务是关键。在上古国家初生时期，当兵是自由民的权利，奴隶是不能服兵役的。随着社会生活的复杂化发展，各国把服兵役设定为一种公民或国民对国家的义务，但仍然保留了服兵役保家卫国的权利意义。所以，我国宪法将保卫祖国、抵抗侵略规定为公民的神圣职责，依法服兵役和参加民兵组织就成为公民的一项光荣义务。"光荣"的含义就表明其原始的权利本质。我国目前实行义务兵役制与志愿兵制相结合、民兵与预备役相结合的兵役制度，通过了《兵役法》，公民不分民族、种族、职业、家庭出身、宗教信仰和教育程度，都

有服兵役的义务，但依法被剥夺政治权利的人除外。民兵是不脱离生产的群众性武装组织，是中国人民解放军的助手和后备力量，其任务是参加国家建设、担负战备勤务、协助维持社会治安和随时准备参军参战，保家卫国。

（五）依法纳税

《宪法》第56条规定："中华人民共和国公民有依照法律纳税的义务。"与服兵役的义务一样，纳税也是公民或国民对国家应负的古老的传统义务。国家产生的标志之一就是居民纳税，因为公共机构的设立和公共权力的行使必须建立在国家财政的基础上，而国家财政的主渠道就是税收。没有税收，就没有国家管理和对社会的服务，也就没有国家本身。另外，税收也是我国社会主义建设资金积累的重要来源，是国家调节国民经济的重要杠杆。所以，为了国家的繁荣昌盛，公民都应当依法纳税。

纳税以公民的自觉性为基础，辅以国家的强制手段，所有负有义务的单位和个人，都必须自觉履行纳税义务；任何偷税、漏税的行为都是违法的，都应承担一定的法律责任。

（六）其他基本义务

除了上述所列义务外，《宪法》第49条第2款规定了"夫妻双方有实行计划生育的义务"；第3款规定了"父母有抚养教育未成年子女的义务，成年子女有赡养扶助父母的义务"。计划生育、控制人口增长，是我国的一项基本国策，是保证国家繁荣富强、子孙万代永享幸福的千秋大计。公民有责任作出一定牺牲，以保证国家发展的利益。

父母抚养教育未成年子女和成年子女赡养扶助父母，是我国公民家庭关系的基本准则，所谓"百事孝为先""父慈子孝"，说的就是这种关系。父母遗弃和虐待未成年子女、成年子女虐待父母的行为，不仅要受到舆论的谴责，严重的还要依法受到惩处。

四　我国公民基本权利和义务的特点

（一）公民权利和义务的平等性

公民权利和义务的平等性是指我国公民在享有宪法规定的权利上一律平等，同时在履行宪法规定的义务上也一律平等。任何人不可以只享有权利而不尽义务，也不可以只尽义务而不享有权利。

（二）公民权利和自由的广泛性

这一特点包括两个方面：享有权利和自由的主体非常广泛。我国的权利主体包括占全国人口绝大多数的工人、农民、知识分子、私营企业主、拥护社会主义的爱国者、拥护祖国统一的爱国者。而且随着人民民主专政的不断加强和巩固，权利主体的范围还将不断扩大。另一方面，公民享有权利和自由的范围非常广泛。根据宪法的规定，我国公民享有的权利和自由涉及政治、经济、文化、教育以及人身等各个方面。

（三）公民权利和自由的现实性

这一特点也体现在两个方面：第一，我国宪法对公民基本权利和自由的规定是从我国政治、经济、文化发展的实际状况出发的，因而是切实可行的；第二，宪法对公民基本权利和自由的规定，既有物质保障又有法律保障，因而是可以实现的。

（四）公民权利和义务的一致性

第一，享有权利和承担义务的主体是一致的。我国公民既享有宪法和法律规定的权利，又必须履行宪法和法律规定的义务。第二，公民的某些权利和义务是相互结合的，如劳动和受教育既是公民的权利，又是公民的义务。第三，权利和义务相互促进、相辅相成，公民权利的有效保障将促进公民自觉地履行义务，公民义务的自觉履行将为公民权利和自由的扩大创造条件。

五　公民应该正确行使权利，自觉履行义务

首先，要坚持权利和义务统一的原则。要明确，在我国没有无义务的权利，也没有无权利的义务；既然享有权利，那么就要承担相应的义务。

其次，不允许滥用权利。《宪法》第 51 条明确规定：中华人民共和国公民在行使权利和自由的时候，不得损害国家的、社会的、集体的利益和其他公民的合法的自由和权利。"我的权利和自由的界限就是别人的权利和自由。同时，权利是不能超出社会经济和由经济所制约的社会文化的发展的。"

最后，要自觉履行义务。《宪法》第 33 条第 4 款规定："任何公民享有宪法和法律规定的权利，同时必须履行宪法和法律规定的义务。"我国建立和发展社会主义制度，这就确立了人民是国家和社会的主人的地位，就保证了公民权利和义务的一致和统一，从而就决定了权利和义务的不可分离。公民在行使权利的同时，自觉履行义务，也就是实践和体现社会主义制度下法律面前人人平等的原则。

第四节 我国的国家机构

一 国家机构概述

国家机构是统治阶级建立的国家机关的总和。国家机构的本质取决于国家的本质。我国是工人阶级领导的、以工农联盟为基础的人民民主专政的社会主义国家，这就决定了我国的国家机构必然是社会主义性质的，是在人民内部实行民主和对敌人实行专政的。中华人民共和国的国家机构包括：全国人民代表大会，中华人民共和国主席，中华人民共和国国务院，中华人民共和国中央军事委员会，地方各级人民代表大会和地方各级人民政府，民族自治地方的自治机关，人民法院和人民检察院。

我国国家机构组织活动的原则，根据宪法的规定主要有以下几点。

（一）民主集中制原则

民主集中制是指在民主基础上的集中，在集中指导下民主，它体现了民主与集中的辩证统一。

民主集中制是社会主义国家政权根本的组织和活动原则，也是中国中央国家机关一项最基本的组织和活动原则。民主集中制是一种民主与集中相结合的制度，是指在民主基础上的集中和在集中指导下的民主的结合。

其主要表现包括：第一，全国人民代表大会由民主选举产生，对人民负责，受人民监督。第二，最高国家行政机关、最高国家审判机关、最高国家检察机关和最高国家军事机关等都由全国人民代表大会选举产生，对它负责，受它监督。第三，中央和地方国家机构职权的划分，遵循在中央统一领导下，充分发挥地方的主动性、积极性的原则。第四，在各中央国家机关内部的领导制度上，全国人民代表大会及其常务委员会实行少数服从多数的集体领导制度，而国务院、中央军委则实行首长个人负责制。

（二）社会主义法制原则

社会主义法制即指社会主义国家的法律和法律制度。国家机关贯彻这一原则就是指国家机关都要按照国家的法律和法律制度进行组织和开展活动。即所有国家机关都要做到有法可依，有法必依，执法必严，违法必究。依法组织和建立国家机关及其职能部门，做到一切行使国家权力的机关都有宪法和法律依据，防止任意因人因事设立机构。国家立法机关要在市场经济条件下进一步加强立法工作，完善立法制度，不断完善社会主义法律体系，使国家机关的组织和活动都能有明确的法律依据。所有国家机关的职权都应有法律依据，国家机关只能行使宪法和法律赋予的属于本机关的职权，不得有任何超越宪法和法律的特权。

各级各类国家机关必须依法定程序行使宪法和法律赋予的职权，严格依法办事。国家权力机关要加强法律监督，保证同级其他国家机关在宪法和法律的范围内活动。

法制原则的表现包括：（1）掌握立法权的全国人民代表大会及其常务委员会必须根据宪法规定的原则精神和宪法规定的立法程序制定法律，建立各种法律制度。（2）一切国家机关都必须以宪法为根本的活动准则，并负有维护宪法尊严，保证宪法实施的职责。（3）一切国家机关都必须遵守宪法和法律，都不得有超越宪法和法律的特权。

国家机关贯彻社会主义法制原则是由宪法明确规定的。国家机关只有依照法律规定的职责权限进行活动，才能各司其职，各负其责，从而达到分工有序，协调运转；也才能排除干扰，不因领导人的改变或领导人注意力的改变而任意改变；也才能防止国家权力的滥用，切实保障人民的民主权利和其他合法利益。

（三）民族平等和民族团结原则

民族平等、民族团结原则在国家机关组织和活动中的表现包括：第一，人口特少的少数民族至少有代表一人参加最高国家权力机关，与其他代表一道共同决定国家大事。第二，国务院领导与管理民族事务，保障少数民族的平等权利与民族自治地方的自治权。同时国务院还设立了民族事务委员会。第三，国家在制定法律和政策时，不但要保障各少数民族合法的权利和利益，维护和发展各民族的平等、团结互助关系，反对大汉族主义和地方民族主义，而且还要尊重各民族自治地方的自治权，尊重各少数民族的风俗习惯，帮助和支持各少数民族地区经济和文化发展，从而促进各民族的共同繁荣。

（四）责任制原则

国家机构体系对责任制原则的贯彻表现在：（1）全国人民代表大会要向人民负责，每一代表都要受原选举单位的监督，原选举单位可以随时罢免自己所选出的代表；（2）最高国家行政机关、最高国家审判机关、最高国家检察机关和最高国家军事领导机关等则向全国人民代表大会及其常务委员会负责。责任制原则在不同的国家机关内部，具体表现为集体负责制和个人负责制两种形式。

集体负责制是合议制机关在决定问题时，全体组成人员和领导成员的地位和权利平等，任何人都没有特殊的权利，在重大问题的决定上，由全体组成人员集体讨论，并且按照少数服从多数的原则作出决定，集体承担责任。全国人民代表大会及其常务委员会、最高人民法院和最高人民检察院等即集体领导、集体负责机关。集体负责制能够集思广益，充分发挥集体的智慧和作用，避免主观性、片面性；而且还可以避免国家权力过多地集中于个人或者极少数人手中，防止独断专行和个人决定重大问题。

个人负责制也称首长负责制，指国家特定机关在行使职权时，由首长个人决定问题并承担相应责任的一种领导体制。在中国，国务院及其各部、委，中央军委等都实行个人负责制。个人负责制权、责明确，果断迅速，讲究效率，因而适合于国家行政机关和军事机关的性质和工作特点。同时，贯彻个人负责制的国家机关大多是执行机关，而且在执行过程中并不排斥民主基础上的集体讨论。因此，个人负责制仍然是民主集中制原则的一种运用方式。

（五）精简、效率、服务、廉洁的原则

宪法规定，一切国家机关实行精简的原则。这一原则要求国家机关的机构和人员设置，都必须精简，并且须提高工作质量和工作效率，以更好地实现国家机关的职能。按照经济体制改革和政企分开的原则，合并裁减专业管理部门和综合部门内部的专门机构，使政府对企业由直接管理为主转变为间接管理，必须切实实行精简原则，实行工作责任制，改革干部人事制度。

（六）联系群众，为人民服务原则

必须在思想上树立密切联系群众，一切为人民服务的思想，认识到自己手中的权力来自于人民的赋予；国家机关及其工作人员要坚持"从群众中来，到群众中去"的工作方法；广泛吸收人民群众参加管理国家并接受人民监督。

（七）党的领导原则

国家机构坚持党的领导是实现党对国家领导的最重要的途径。当然党对国家机构的领导并非上级对下级的行政领导，而是政治领导、组织领导和思想领导。

政治领导亦即路线、方针、政策的领导，是指党根据对国内外情况的研究提出党的总路线和党对各项重大事务的方针、政策，以此来指导国家机关的工作，或者审查、研究国家机关所制定的关于具体事务的方针政策。必要时由国家立法机关通过法定程序将党的有关路线、方针、政策制定为国家法律，将党的主张和人民的意志转化为国家意志，并通过国家强制力保证其贯彻执行。

组织领导是指党通过对国家机关的党组织的领导和党员的先锋模范作用，保证党的路线、方针、政策和党的决议的贯彻实施；同时通过为国家机关培养、挑选、输送大量德才兼备的国家工作人员来保证党的领导。

思想领导则指党通过对国家机关进行普遍深入的思想政治教育，宣传马克思列宁主义、毛泽东思想，阐明党的路线、方针和政策，使国家机关及其工作人员赞成、接受并自觉贯彻党的主张。

现阶段国家机构贯彻党的领导原则，必须防止两种倾向：一是借坚持党的领导，以党代政；二是借反对以党代政，企图摆脱或者削弱党的领导。一句话，我们既要坚持党的领导，又要改善、加强党的领导。

二　国家机构体系

（一）全国人民代表大会及其常务委员会

全国人民代表大会是我国的最高国家权力机关，同时又是行使国家立法权的机关。它由各省、自治区、直辖市的人民代表大会和军队选出的代表组成，每届任期 5 年。其职权包括修改宪法、监督宪法的实施；制定和修改基本法律；选举、决定和罢免有关国家机关的重要领导人；决定国家重大问题，包括审查和批准国民经济和社会发展计划以及计划执行情况的报告，审查和批准国家预算和预算执行情况的报告，批准省、自治区和直辖市的建置，决定特别行政区的设立及其制度等；改变成撤销全国人民代表大会常务委员会不适当的决定和包括应当由最高国家权力机关行使的其他职权等。

全国人民代表大会常务委员会，是全国人民代表大会的常设机构，对全国人民大会负责并报告工作。它由委员长、副委员长若干人、秘书长、委员若干人组成，每届任期与全国人民代表每届任期相同。组成人员在任职期间不得兼任其他国家机关职务；委员长连任不得超过两届。全国人民代表大会常务委员会的主要职权有：组织全国人大的选举和召集全国人大会议；立法权和解释宪法、监督宪法实施的权力；国家荣誉授予权；全国人民代表大会授予的其他职权。

（二）中华人民共和国主席

中华人民共和国主席是中华人民共和国的代表，由全国人民代表大会选举产生，根据全国人大及其常委会的决定行使国家元首的职权。我国宪法规定，有选举权和被选举权的年满45岁的中华人民共和国公民，可以当选为国家主席、副主席。国家主席、副主席每届任期5年，连续任职不得超过两届。国家主席的职权有：对外代表国家，对内提名国务院总理人选，根据最高权力机关的决定任免中央政府领导人员和驻外全权代表，授予国家的勋章和荣誉称号，公布法律，发布命令以及外交权。

（三）国务院

国务院，即中央人民政府，是最高国家权力机关的执行机关，是最高国家行政机关。它由全国人民代表大会产生，对全国人民代表大会负责并报告工作，在全国人民代表大会闭会期间，对全国人大常委会负责并报告工作。国务院由总理、副总理若干人、国务委员若干人，各部部长、各委员会主任、审计长、秘书长组成，每届任期与全国人民代表大会每届任期相同，总理、副总理、国务委员连续任职不得超过两届。国务院行现总理负责制。国务院工作中的重大问题，必须经过国务院常务会议或全体会议讨论决定。国务院担负执行国家法律和最高国家权力机关决议的职责，负责处理国家日常行政事务，主管国家各项建设事业。它的职权主要有：根据宪法和法律，规定行政措施，制定行政法规，发布行政决定和命令；向全国人大和全国人大常委会提出议案；统一领导各部、委、直属机构及全国各级行政机关的工作；编制和执行国民经济和社会发展计划和国家预算；领导和管理国家的经济、科教文卫、民政、公安、司法行政及国防建设等事业；行政人员的任免、奖惩权；决定省、自治区、直辖市的范围内部分地区进入紧急状态；全国人大及其常委会授予的其他职权。

（四）中央军事委员会

我国《宪法》规定：中华人民共和国中央军事委员会领导全国武装力量；中央军事委员会由主席、副主席若干人，委员若干人组成；中央军事委员会实行主席负责制；中央军事委员会每届任期同全国人民代表大会每届任期相同；中央军事委员会主席对全国人民代表大会和全国人民代表大会常务委员会负责。中华人民共和国中央军事委员会组成人员由中共中央委员会决定；中央军事委员会主席由全国人民代表大会选举产生。根据中央军事委员会主席的提名，全国人民代表大会决定中央军事委员会其他组成人员的人选。全国人民代表大会常务委员会在全国人民代表大会闭会期间，根据中央军事委员会的提名，决定中央军事委员会其他组成人员的人选。中央军事委员会主席、副主席、委员可连选连任。中央军事委员会主席没有任职资格的限制。

（五）人民法院和人民检察院

中华人民共和国人民法院是国家的审判机关，依法独立行使国家的审判权。中华人民共和国设立最高人民法院、地方各级人民法院和军事法院等专门人民法院。最高人民法院是最高审判机关。最高人民法院监督地方各级人民法院和专门人民法院的审判工作，上级人民法院监督下级人民法院的审判工作。最高人民法院对全国人民代表大会和全国人民代表大会常务委员会负责。地方各级人民法院对产生它的国家权力机关负责。

中华人民共和国人民检察院是国家法律监督机关。中华人民共和国设立最高人民检察院、地方各级人民检察院和军事检察院等专门人民检察院。这种自上而下的排列反映了检察机关上下级是领导和被领导的关系及其集中统一的特点，这与人民法院上下级之间监督与被监督的关系有显著不同。为了维护国家法制的统一，检察机关必须一体化，必须具有很强的集中统一性。人民检察院通过行使国家检察权来完成自己的任务。它对于危害国家安全案、危害公共安全案、侵犯公民人身权利民主权利案和其他重大犯罪案件，行使检察权；对于公安机关侦查的案件进行审查，决定是否逮捕、起诉或者免予起诉；对于刑事案件提起公诉、支持公诉；对于公安机关、人民法院和监狱、看守所、劳动改造机关的活动是否合法，实行监督。各级人民检察院都是与各级人民法院相对应而设置的，以便依照《刑事诉讼法》规定的程序办案。同人民法院独立行使国家审判权一样，人民检察院依照法律独立行使检察权，不受任何行政机关、社会团体和个人的干涉。而对于任何公民，在适用法律上一律平等。

（六）地方各级人民代表大会和地方各级人民政府

地方各级人民代表大会和地方各级人民政府，指的是省、直辖市、县、市、市辖区、乡、民族乡、镇设立的人民代表大会和人民政府。自治区、自治州、自治县的人民代表大会和人民政府，也是地方各级人民代表大会和地方各级人民政府的组成部分，但因其特殊性，我们将在后文做专门介绍。

地方各级人民代表大会是地方国家权力机关。县级以上的各级人民代表大会，由下一级人民代表大会选举产生。县级以下（含县级）各级人民代表大会由选民直接选举产生。县级以上（含县级）人民代表大会每届任期 5 年，设立常务委员会。地方各级人民代表大会的主要职权包括：在本行政内保障宪法、法律、行政法规的遵守执行；地方性法规制定权（省、直辖市、自治区，省、自治区政府所在地的市经济特区所在地的市和国务院批准的较大的市的人大及其常委会有此权力）；重大地方性事务决定权；对本级政府组成的人事任免权；监督权。

地方各级人民政府是地方各级国家执行机关，是地方各级国家行政机关。它们分别由各级人民代表大会产生，对本级人民代表大会及其常务委员会负责并报告工作，任期同本级人民代表大会每届任期相同，在中央人民政府统一领导下工作，实行首长负责制。主要职权有：执行本级人民代表大会及常务委员会的决议以及上级国家行政机关的决定和命令；领导、监督所属各部门和下级人民政府的工作；执行国民经济和社会发展计划、预算；制定规章；管理本地区行政事务；人事任免权。

（七）民族自治地方的自治机关

民族自治地方的自治机关是自治区、自治州、自治县的人民代表大会和人民政府。它们是民族自治地方行使自治权的国家机关。根据宪法规定，自治区、自治州、自治县的人民代表大会常务委员会中应当由实行区域自治的民族的公民担任主任或者副主任。自治区主席、自治州州长、自治县县长由实行区域自治的民族的公民担任。民族自治地方自治机关除行使一般地方国家机关的职权外，还可依法行使广泛的自治权，包括：根据本地区实际情况，贯彻执行国家的法律和政策，如果上级国家机关的决议和命令不适合本地情况，经上级国家机关批准，可以变通或者停止执行；制定自治条例和单行条例；管理地方财政；自主地安排和管理本地方的经济建设事业和教科文卫事业；经国务院批准，可以依法组织本地方维护社会治安的公安部队等。

第三章　行政法律制度

本章内容提要：本章介绍行政法的概念和分类、行政关系，以及几部相关的行政法律法规。

第一节　行政法概述

一　行政法的概念、渊源和分类

（一）行政法的概念

"行政"一词，指的是国家行政机关所进行的各种组织、控制、协调、监督等活动的总称。首先，它属于国家的范畴，即属于公务，不是其他社会组织和个人的事务；其次，并非一切国家权力都是行政权力，只有行政机关或者政府的权力才是行政权力，它有别于代议机关的立法权和司法机关的检察权和审判权；第三，行政权属于"执行权"，它是按照法律规定的权限和程序去行使国家职能从而实施法律的行为。

行政法是指调整行政关系的法律规范的总称。具体来说，它是调整国家行政机关在履行其职能的过程中所发生的各种社会关系的总称。

行政法的调整对象主要包括：（1）行政机关相互之间的关系，行政机关和公务员之间的关系。在这种行政关系中，行政主体之间的关系往往受到层级的制约，在上下级关系中，往往是命令与服务的关系；在同级关系中，行政主体的共同上级的协调作用往往必不可少；行政监督机关在自己的职权范围内对其他行政机关进行监督。（2）国家行政机关与其他组织之间的关系，行政机关与公民、外国人、无国籍人之间的关系。在这种行政关系中，行政机关处于管理和监督的地位，双方在法律地位上不平等。（3）行政机关与其他国家机关之间的关系，包括行政机关与权力机关、审判机关、检察机关等之间的关系。这类关系在一定范围内是监督与被监督的关系，行政机关处于被监督的地位。在上述行政机关之间、行政机关与非国家机关之间的关系中，只有因行政机关行使职权而发生的关系才是行政关系，受行政法的调整。

（二）行政法的渊源

行政法的渊源是按照制定行政法规范的国家机关不同，由此而决定其法律地位或法律效力不同的各种行政法规范的表现形式。行政法和行政法规是两个概念。行政法指的是一个法律部门，是规范和调整行政关系的法律的总称；行政法规指一种法的渊源，是国务院制定的规范性法律文件的总称。行政法的渊源主要包括：

1. 宪法。主要涉及行政权力的配置与监督等根本性问题的规定，是有关行政法律关系原则性的规定。

2. 法律。由全国人大及其常委会制定，内有大量涉及行政权力的设定、权限、行使、监督与实施的法律规范，且与行政相对人的权利和义务密切相关。主要包括某一项法律的全部法律规范以及某一项法律的一部分或者某一条款。

3. 行政法规和部分规章。由国务院及所属各部、委等制定，其涉及的行政法律规范的范围广、数量大、类型多。

4. 地方性法规、规章及自治条例和单行条例。这些法律规范主要涉及地方的经济、政治、文化等各个方面，其中很大一部分涉及地方国家行政机关的职权和活动方式等。

5. 法律解释。有权国家机关对法律、法规、规章所作的解释，包括立法解释、司法解释、行政解释和地方解释等，凡涉及行政法的，也是行政法的重要渊源。

6. 其他行政渊源。行政机关与政党、群众团体等联合发布的行政法规、规章；特别行政区的行政法渊源在名称上、适用上、效力上均具有特殊性；中央军事委员会制定的军事法规，中央军事委员会各总部、军兵种、军区制定的军事规章，在武装力量内部实施。

（三）行政法的分类

由于行政关系复杂，不能制定统一的法典。行政法是由许多个单行的法律、法规和规章以及其他规范性法律文件构成的。

1. 一般行政法和特别行政法

这是以行政法调整的对象的范围为标准来划分的。

一般行政法，是指对一般的行政关系加以调整的法律规范的总称。它规范和调整国家行政机关的组织、任务、职权范围和活动方式，国家管理活动的任务、原则、方式和方法，国家行政管理人员的地位、相互关系、职权和职责，社会组织和公民个人在行政关系中的地位、权利和义务等。如行政组织法、公务员法、行政处罚法、行政复议法、行政程序法等。

特别行政法，是指对特别的行政关系加以调整的法律规范的总称。它规范和调整各个行政职能部门的行政关系，其中包括公安行政法、体育行政法、教育行政法、民政行政法、卫生行政法、交通行政法、基建行政法、海关行政法和科技行政法等。

2. 实体行政法与程序行政法

这是以行政法规范的性质为标准划分的。

实体行政法是规范行政法主体权力、权利、义务等实体内容的行政法规范。程序行政法主要是规定实施实体行政法的方法和步骤的行政法规范。

3. 行政组织法、行政行为法及行政监督法

这是以行政法的作用为标准而进行划分的。

行政组织法，指有关规定行政机关的结构、组成、权限等的法律规范的总称。行政行为法，指调整行政机关执行法律的行为的法律规范的总称。行政监督法是指对行政机关的行政行为进行监督的法律规范的总称。

二 行政法的任务和作用

行政法通过对行政关系的法律调整，确认行政关系参加者的法律地位，保障行政机关及其工作员（公务员）正确、合法、有效地行使职权，履行职责，防止其越权和滥用权力的现象发生；通过行政法制监督，追究违法者的行政责任，保护行政管理相对人的合法权益，提高公务员和公民的行政法律意识，促进和完善我国社会主义民主法制建设。总之，行政法具有指导行政法律关系主体，统一行政管理活动，控制行政机关行为，维护行政机关权威，保障公民权利等作用。主要包括：

1. 维护社会秩序和公共利益。行政法是规范行政权力的法。它是通过规范行政权的来源、行使等方式达到维护行政管理秩序、保障社会公共利益的目的。

2. 监督行政权力主体，防止违法、滥用行政权力。行政权力客观上

存在易腐性、扩张性以及对个人权利的优越性，因此必须对行政权力加以监督和约束。

3. 保护公民、法人或其他组织的合法权益。有相当一部分的民事侵权行为，不仅损害另一方当事人的权益，而且也损害社会公共利益、社会秩序和经济秩序。制止这些民事侵权行为，也就是维护社会公共利益和社会公共秩序，这是行政机关当然也是行政法的重要任务之一。

三　行政法律关系的特征

行政法律关系除具备一般法律关系的共同特征外，还具有自己的特征。

1. 行政法律关系的主体必须有一个是国家行政机关，在少数情况下是行政机关内部的某些行政机构或法律授权的某些社会组织。

行政机关是指依照法律规定，运用国家权力，为实现国家目标和任务，组织和管理国家行政事务的机关，又称国家管理机关或政府。它是国家机关的执行机关，是行政法律关系的主体之一。

公务员是指代表国家或政府，从事公共事务管理，提供公共服务的人员。在我国，公务员指的是各级国家行政机关中除工勤人员以外的工作人员。国家公务员由于产生方式、法律地位、承担责任、任职期限等方面的区别，可分为政务类公务员和业务类公务员。

政务类公务员是指中央和地方人民政府的组成人员。业务类公务员是指中央和地方国家行政机关中除政府组成人员以外的行政在编人员。

2. 行政法律关系主体在行政管理活动过程中的地位是不平等的。

这主要是表现为：一方面，行政法律关系的产生不以法律关系主体双方的合意或者符合双方的意志为必要条件；另一方面，行政机关以国家的名义行使职权、参加法律关系的，当行政相对人不履行行政法规定的义务时，行政机关可以强制其履行；而当行政机关不履行职责时，相对人只能请求其履行或通过国家机关申请履行或按行政诉讼法规定的程序向人民法院提起诉讼。

3. 行政法律关系主体的权利和义务都是由行政法律规范预先规定的，行政法律关系主体没有自由选择的余地。

第一，行政行为。是指国家机关在其职权范围内依法对行政管理相对人实施的具有法律效力的行为。行政机关活动的领域是很广泛的，但这里不包括行政组织系统内部基于行政隶属关系、按照行政组织原则处理内部事务的行为，即内部行为；也不包括行政机关以民事法律关系主体身份和与当事人处于平等地位所进行的行为，即民事行为；也不包括行政机关与权力机关以及以政府的名义与其他国家机关之间的行为，即政治行为。行政行为，必须是国家行政机关对其外部行使公共权力并产生法律效果的行为。

第二，行政行为的分类。其一，行政机关依法制定规范性法律文件的行为是抽象行政行为，又称行政立法。其二，行政机关必须严格依照法律规定的范围、方式、程序、手段等实施的行为是羁束行为；按照法律规定对行为的范围、方式等留有一定幅度和余地，可以斟酌、选择的行为是自由裁量行为。其三，行政机关必须按照法定方式进行或者必须具有一定的法定形式才能产生法律效力和后果的行为是要式行为；不要求某种必需的方式，只需口头表示就可以生效的行为是非要式行为。其四，行政机关依照法律赋予的职权，无须行政相对人的请求而主动为之的行为是依职权的行为，又称主动行政行为；根据行政相对人的申请而实施的行为是应申请的行为，又称被动或者受动行政行为。

第三，行政行为的内容和效力。行政行为的内容主要指行政行为作用于行政相对人所产生的影响或效果。行政的内容主要有：设定权利和义务，撤销权利和免除义务，赋予能力和剥夺能力，变更法律地位，确认行政相对人的法律地位或行为的合法，赋予特定物以法律性质。

行政行为的成立必须具备一定的条件，各种行政行为成立的共同要件主要有：行为的主体合法，即行政机关的产生和存在都有合法依据，具备行政主体资格；行为必须在行政机关的权限内，越权无效是行政法的基本原则；行为的内容合法，即内容要有可能、明确、符合公共利益和法律规定，行为符合法定程序；行为符合法定形式。

行政行为的效力有确定力，拘束力和执行力。行政行为的终结包括：行政行为因行政越权、行政侵权、滥用权力或不合法定程序而予以撤销；已发生效力的行政行为，如果发现其不当或根据实际情况的变化，改变其行为的内容或使行政行为部分地失去效力并作出新的规定，称为行政行为的变更；行政行为由于不适应新的情况并非违法或不当，由行政机关宣布废止；行政行为或者因制定新法规而使具体行为失去效力，或者所针对的对象不复存在而消失，或者对行政相对人设定的义务被充分履行完毕而消灭。

4. 行政法律关系是在国家行政机关行使管理职能过程中产生的，或者与国家行政机关行使管理职能有关。

在行政法律关系中所发生的纠纷和争议，包括我国在内的多数国家法律规定，在一般情况下行政相对人可以先向上一级行政机关或者法律、法规规定的机关申请复议，如果对复议决定不服，再向法院提起诉讼；也可以直接向法院提起诉讼。

四　行政法的基本原则

行政法的基本原则是指贯穿行政领域法律关系始终，调整和决定行政法主体的行为，指导行政法实践的原理和准则，具有保证行政法制统一、协调和稳定的重要作用。

（一）行政合法性原则

又称依法行政原则或行政法治原则，指政活动必须以法律为依据，严格遵守法律的规定。行政合法性原则是行政法治的核心内容。具体是指行政权力的设立、行使必须依据法律，符合法律要求，不能与宪法和法律相抵触；行政主体必须严格遵循行政法律规范的要求，超越法定权限的行为无效；行政主体应对其行政违法行为承担相应的法律责任。行政合法原则包括实体合法和程序合法两个方面。

（二）行政合理性原则

行政合理性指的是行政法律关系当事人的行为，特别是行政机关的行为，不仅要合法而且要合理，也就是行政机关的自由裁量行为要做到合情、合理、恰当和适度。因为要求法律对所有的行政行为都予以具体的详细的规定是不可能的，也是不现实的。这样，行政机关就被赋予了一定的自由裁量权，使其视具体情况作出相应的行为。但仅以行政合法性原则限制自由裁量权是不够的，还必须以行政合理性原则加以限制。行政合理性原则的具体要求包括以下三方面：第一，行政行为的动因应符合行政目的。凡有悖于法律目的的行为都是不合理的行为。第二，行政行为应建立在正当考虑的基础上，要有正当的动机。行政行为不得违背社会公平观念或法律精神，不得存在法律动机以外的目的或追求。行政机关在实施行政活动时必须出于公心，平等地对待行政相对方。第三，行政行为的内容应合乎情理，即应符合事情的常规或规律。

行政合法性原则和行政合理性原则共同构成行政法治原则。合法性原则主要解决行政合法与非法问题，合理性原则解决行政是否适当的问题。

（三）行政应急性原则

是指在某些特殊紧急情况下，出于国家安全、社会稳定和公共利益的特别需要，行政机关可以在限制条件下，采取没有法律依据的或者同法律相抵触的措施。但是，应急性措施一般要符合下列条件：（1）确实存在明确无误的紧急危险；（2）非法定机关行使了紧急措施权力，事后应由有权机关予以确认；（3）行政机关作出应急措施的行为应受有权机关的监督；（4）应急措施权力的行使应该适当，应将其负面损害控制在最小程度和范围之内。

第二节　行政主体

行政法的主体是指行政法律关系中权利的享有者和义务的承担者，主要包括行政主体和行政相对人。行政相对人是指行政管理法律关系中与行政主体相对应的另一方当事人，即行政主体的行政行为影响其权益的个人或组织。行政主体作为行政法律关系中起主导作用的一方，在此将专门进行介绍。

一　行政主体概述

所谓行政主体，是指享有国家行政权力、以自己的名义从事行政管理活动，并独立承担由此产生的法律责任的组织。具有以下特征：

1. 行政主体是享有国家行政权力、实施行政活动的组织，这一特征将行政主体与其他国家机关组织区别开来。

2. 行政主体是能以自己的名义实施行政管理活动的组织，这一特征将行政主体与行政机关的内部管理机构和受行政机关委托执行某些行政管理任务的组织区别开来。

3. 行政主体是能够承担其行为所产生的法律责任的组织。这一特征将行政主体与行政委托的组织区别开来。在行政委托中，被委托人的行为所产生的责任不是由其自身承担，而是由委托的行政机关承担。

二　行政职权和行政职责

（一）行政职权

行政职权是国家行政权的表现形式，是行政主体实施国家行政管理活动的权力。行政职权一般分为两大类：一类是因有职权，即依法设立而产生，并随着行政主体撤销而消灭。另一类是授予职权，即来源于法律、法规的授权，可以因授权的收回而消灭，也可以因行政主体的撤销而消灭。主要包括行政立法权、行政许可权、行政命令权、行政处置权、行政确认权、行政强制执行权、行政检查权、行政奖励权、行政救济权等。

行政主体在行使行政职权时，还享有行政优先权和行政受益权。行政优先权是指行政主体在行使行政职权时所享有的各种职务上和行为上的优先条件。行政优先权虽然不属于行政职权，但它与行政职权密切相关，是行政主体行使行政职权的保障。行政优先权主要包括先行处置权、获得社会协助权、推定有效权等。行政受权益是指行政主体从国家所享受到的各种物质优益条件，如财政经费、办公条件、交通工具等。

（二）行政职责

行政职责是指行政主体在行使行政职权过程中，必须承担的法定义务。任何行政主体在享有或行使行政职权的同时，必须履行职责。行政职责的核心是依法行政，主要指：必须在法定权限范围内履行职务，不得失职、越权或滥用权力；必须严格遵守法定程序，避免程序违法；必须遵循合理、适当的原则，避免行政失当。

三　行政主体的类别

（一）行政机关

1. 行政机关的概念和特征

行政机关是指国家为行使其职能，实现其目标和任务，实施和执行法律，管理国家内政、外交各项行政事务，独立承担相应法律责任的国家机关。行政机关又称国家管理机关，是国家机构的重要组成部分。行政机关具有以下特征：

（1）行政机关行使国家行政权，管理国家行政事务。

（2）行政机关在组织体系上实行领导从属制。

（3）行政机关在决策体制上一般实行首长负责制。

（4）行政机关的主要职能是实施法律、执行法律。

2. 行政机关的设置

我国行政机关的组织体系是：（1）中央国家行政机关，包括国务院、国务院组成部门、国务院直属机构、国务院各部、委管理的国家局、国务院办事机构。（2）地方各级国家行政机关，包括地方各级人民政府、地方各级人民政府的职能部门、地方各级人民政府的派出机关、民族自治地方行政机关、特别行政区行政机关。

（二）行政公务人员

1. 行政公务人员的概念及范围

行政公务人员是基于行政公务身份而代表行政主体行使行政职权，实施行政管理的人员，也称为行政人。行政公务人员具有如下特征：第一，是直接或间接代表行政主体实施行政职务的个人；第二，在实施行政职务过程中与行政主体之间的权利、义务关系属于行政职务关系；第三，实施行政职务行为的法律后果归属于他所代表的行政主体。

行政公务人员的范围大致分为两类：第一，公务员。公务员是指国家依法定方式和程序任用，在中央和地方国家行政机关中行使行政职权、执行行政职务的工作人员。按照任期与任用方式的不同，分为：（1）各级政府的组成人员，通常由同级国家权力机关选举或者决定产生，有一定的任期限制，也称为政务类公务员；（2）各级人民政府组成人员以外的公务员，是国家公务员中的主要部分，主要通过考试或考核以委任形式产生，还有一部分通过聘任产生，一般没有任期限制，也称为业务类公务员。第二，其他行政公务人员。包括代表被授权组织实施行政公务的人员；受行政主体委托实施行政公务的人员；代表受委托组织实施行政公务的人员；行政机关中除国家公务员以外代表行政主体实施行政公务的人员。

2. 行政公务人员的权利和义务

行政公务人员的权利包括：（1）获得履行职责应当具有的工作条件；（2）非因法定事由、非经法定程序，不被免职、降职、辞退或者处分；（3）获得工作报酬，享受福利、保险待遇；（4）参加培训；（5）对机关工作和领导人员提出批评和建议；（6）提出申诉和控告；（7）申请辞职；（8）法律规定的其他权利。

行政公务人员的义务主要包括：（1）遵守宪法和法律；（2）按照规

定的权限和程序认真履行职责，努力提高工作效率；（3）全心全意为人民服务，接受人民监督；（4）维护国家的安全、荣誉和利益；（5）忠于职守，勤勉尽责，服从和执行上级依法作出的决定和命令；（6）保守国家秘密和工作秘密；（7）遵守纪律，恪守职业道德，遵守社会公德；（8）清正廉洁，公道正派；（9）法律规定的其他义务。

3. 行政职务关系

行政职务关系是指行政公务人员基于其行政职务而与行政机关之间构成的权利义务关系。

行政职务关系始于公民担任行政公职。构成行政职务关系主要基于四种程序：（1）选任，即由权力机关通过选举产生行政职务。（2）委任，即有权机关任命公民担任行政公职。（3）调任，即政府部门的一般工作人员由人事部门直接调任。（4）聘任，即行政机关通过招聘渠道吸收工作人员。

行政职务关系会因某种法律事实发生变化：（1）罢免，依照法律规定，有罢免权的机关（一般是国家权力机关）对因违法失职、不宜继续担任原行政工作人员所实行的一种措施。（2）撤职，即有权机关依法对违法失职的行政公务人员所作的一种行政处分。（3）辞去领导职务。（4）免职，即有任免权的机关依照法律程序免去当事人的职务。（5）降职，即行政公务人员从较高的职务调整到较低的职务。（6）转职，即原职务不变，但变更职务关系的性质。（7）调职，即把行政公务人员调整另一种相同的岗位。（8）升职，即行政公务人员依法从低职位被调整到高职位担任职务。

行政职务关系也会因某些法律事实导致消灭，如死亡、辞退、开除公职、离休、退休等。

（三）被授权的组织和被委托的组织

1. 被授权的组织

被授权的组织是指在行政管理活动中，获得法律、法规的授权，能够以自己的名义行使行政管理权，并由自己承担相应的法律责任的组织。主要有企事业单位、社会团体和群众性自治组织。

被授权的组织在行政法上具有独立的行政主体的法律地位。它们享有法律、法规所明确授予的行政职权，并能以自己的名义实施行政行为，独立承担行政责任。

2. 被委托的组织

被委托的组织是指受行政机关的委托，以行政机关的名义行使一定的行政职权，其法律后果由委托的行政机关承担的组织。一般而言，由于行使行政权的特殊性，能够接受委托的组织只能是事业单位。

被委托的组织是基于行政机关的委托而拥有行政管理权的。行政委托必须具备以下条件：（1）委托者必须是国家行政机关；（2）国家行政机关必须是在自己的职权范围内进行委托；（3）国家行政机关进行委托必须依据法律、法规和规章的明确规定；（4）有关公共性、社会性的行政管理事务可以进行委托，而专业性较强的行政管理事务不能进行委托。

受委托的组织在委托范围内以委托行政机关的名义实施行政行为，其不属于行政主体，不能独立作为行政诉讼的被告。

第三节　几项行政法律概述

一　《高等教育法》

《高等教育法》是为了发展高等教育事业，实施科教兴国战略，促进社会主义物质文明和精神文明建设，根据《宪法》和《教育法》制定的法律。由中华人民共和国第九届全国人民代表大会常务委员会第四次会议于1998年8月29日通过，自1999年1月1日起施行。这也是我国第一部关于规范和调整整个高等教育关系的法律。

（一）高等教育的任务和基本制度

《高等教育法》规定，高等教育的任务是培养具有创新精神和实践能力的高级专门人才，发展科学技术文化，促进社会主义现代化建设。

《高等教育法》规定的基本制度包括：

1. 高等教育的形式

高等教育包括学历教育和非学历教育。高等教育采用全日制和非全日制教育形式。国家支持采用广播、电视、函授及其他远程教育方式实施高等教育。高等学历教育分为专科教育、本科教育和研究生教育。

高等学历教育应当符合下列学业标准。

（1）专科教育应当使学生掌握本专业必备的基础理论、专门知识，具有从事本专业实际工作的基本技能和初步能力；

（2）本科教育应当使学生比较系统地掌握本学科、专业必需的基础理论、基本知识，掌握本专业必要的基本技能、方法和相关知识，具有从事本专业实际工作和研究工作的初步能力；

（3）硕士研究生教育应当使学生掌握本学科坚实的基础理论、系统的专业知识，掌握相应的技能、方法和相关知识，具有从事本专业实际工作和科学研究工作的能力。博士研究生教育应当使学生掌握本学科坚实宽广的基础理论、系统深入的专业知识、相应的技能和方法，具有独立从事本学科创造性科学研究工作和实际工作的能力。

2. 高等教育的修业年限

专科教育的基本修业年限为 2—3 年，本科教育的基本修业年限为 4—5 年，硕士研究生教育的基本修业年限为 2—3 年，博士研究生教育的基本修业年限为 3—4 年。非全日制高等学历教育的修业年限应当适当延长。高等学校根据实际需要，报主管的教育行政部门批准，可以对本学校的修业年限作出调整。

3. 高等教育的实施主体

高等教育由高等学校和其他高等教育机构实施。大学、独立设置的学院主要实施本科及本科以上教育。高等专科学校实施专科教育。经国务院教育行政部门批准，科学研究机构可以承担研究生教育的任务。其他高等教育机构实施非学历高等教育。

4. 高等教育的入学资格

高级中等教育毕业或者具有同等学力的，经考试合格，由实施相应学历教育的高等学校录取，取得专科生或者本科生入学资格。

本科毕业或者具有同等学力的，经考试合格，由实施相应学历教育的高等学校或者经批准承担研究生教育任务的科学研究机构录取，取得硕士研究生入学资格。

硕士研究生毕业或者具有同等学力的，经考试合格，由实施相应学历教育的高等学校或者经批准承担研究生教育任务的科学研究机构录取，取得博士研究生入学资格。

允许特定学科和专业的本科毕业生直接取得博士研究生入学资格，具体办法由国务院教育行政部门规定。

5. 高等教育的学历和学业制度

接受高等学历教育的学生，由所在高等学校或者经批准承担研究生教育任务的科学研究机构根据其修业年限、学业成绩等，按照国家有关规定，发给相应的学历证书或者其他学业证书。接受非学历高等教育的学生，由所在高等学校或者其他高等教育机构发给相应的结业证书。结业证书应当载明修业年限和学业内容。国家实行高等教育自学考试制度，经考试合格的，发给相应的学历证书或者其他学业证书。

6. 高等教育的学位制度

国家实行学位制度。学位分为学士、硕士和博士。

公民通过接受高等教育或者自学，其学业水平达到国家规定的学位标准，可以向学位授予单位申请授予相应的学位。

7. 继续教育的制度

高等学校和其他高等教育机构应当根据社会需要和自身办学条件，承担实施继续教育的工作。

此外，《高等教育法》中还规定了高等学校实行中国共产党高等学校基层委员会领导下的校长负责制；规定了学术委员会、教职工代表大会的任务等内容。

（二）高等学校学生的权利和义务

高等学校学生的权利包括：学生的合法权益受法律保护。家庭经济困难的学生，可以申请补助或者减免学费，学生在业余时间可以参加社会服务和勤工助学活动，但不得影响学业任务的完成。学生可以在校内组织学生团体，学生团体在法律、法规规定的范围内活动，服从学校的领导和管理。学生思想品德合格，在规定的修业年限内学完规定的课程，成绩合格或者修满相应的学分，准予毕业。

高等学校学生的义务包括：学生应当遵守法律、法规，遵守学生行为规范和学校的各项管理制度。尊敬师长，刻苦学习，增强体质，树立爱国主义、集体主义和社会主义思想，努力学习马克思列宁主义、毛泽东思想、邓小平理论，具有良好的思想道德，掌握较高的科学文化知识和专业技能。应当按照国家规定缴纳学费。

二 《国家安全法》

为了维护国家安全，保卫我国人民民主专政的国家政权和社会主义制度，保障改革开放和社会主义现代化建设的顺利进行，1993 年通过并实施了《国家安全法》，国务院于 1994 年颁布了《国家安全法实施细则》。

（一）危害国家安全的行为

是指境外机构、组织、个人实施或者指使、资助他人实施的，或者境内组织、个人与境外机构、组织、个人相勾结实施的下列危害中华人民共和国国家安全的行为，具体包括：（1）阴谋颠覆政府，分裂国家，推翻社会主义制度的；（2）参加间谍组织或者接受间谍组织及其代理人任务的；（3）窃取、刺探、收买、非法提供国家机密的；（4）策动、勾引、收买国家工作人员叛变的；（5）进行危害国家安全的其他破坏活动的。

（二）国家安全机关在国家安全工作中的职权

主要包括：（1）国家安全机关在国家安全工作中依法行使侦查、拘留、预审和执行逮捕以及法律规定的其他职权。（2）国家安全机关的工作人员依法执行国家安全工作任务时，经出示相应证件，有权查验中国公民或者境外人员的身份证明；向有关组织和人员调查、询问有关情况。（3）国家安全机关的工作人员依法执行国家安全工作任务时，经出示相应证件，可以进入有关场所；根据国家有关规定，经过批准，出示相应证件，可以进入限制进入的有关地区、场所、单位；查看或者调阅有关的档案、资料、物品。（4）国家安全机关的工作人员在依法执行紧急任务的情况下，经出示相应证件，可以优先乘坐公共交通工具，遇交通阻碍时，优先通行。国家安全机关为维护国家安全的需要，必要时，按照国家有关规定，可以优先使用机关、团体、企业事业组织和个人的交通工具、通信工具、场地和建筑物，用后应当及时归还，并支付适当费用；造成损失的，应当赔偿。（5）国家安全机关因侦察危害国家安全行为的需要，根据国家有关规定，经过严格的批准手续，可以采取技术侦察措施。（6）国家安全机关为维护国家安全的需要，可以查验组织和个人的电子通信工具、器材等设备、设施。（7）国家安全机关因国家安全工作的需要，根据国家有关规定，可以提请海关、边防等检查机关对有关人员和资料、器材免检。有关检查机关应当予以协助。（8）国家安全机关及其工作人员在国家安全工作中，应当严格依法办事，不得超越职权、滥用职权，不得侵犯组织和个人的合法权益。（9）国家安全机关工作人员依法执行职务受法律保护。

（三）公民和组织维护国家安全的义务和权利

1. 公民和组织的义务

第一，机关团体及其他组织应当对本单位的人员进行维护国家安全的教育，动员、组织本单位的人员防范、制止危害国家安全的行为。

第二，公民和组织应当对国家安全工作提供便利条件或其他协助，发现危害国家安全的行为，应当直接或者通过所在组织及时向国家安全机关或公安机关报告；公民和有关组织应当如实向国家安全机关提供有关证据，不得拒绝。

第三，任何公民和组织都应当保守所知悉的国家安全工作的国家秘密，都不得非法持有属于国家秘密的文件、资料和其他物品；不得非法持有、使用窃听、窃照等专用间谍器材。

2. 公民和组织的权利

任何公民和组织对国家安全工作及其工作人员超越职权、滥用职权和其他违法行为，都有权向上级国家机关或有关部门检举、控告。上级机关或有关部门应当及时查清事实，负责处理。对协助国家安全机关工作或者依法检举控告的公民和组织，任何人不得压制和打击报复。

三 《集会游行示威法》

为了保障公民依法行使集会、游行、示威的权利，维护公共秩序和社会安定，根据宪法，1989 年 10 月 31 日第七届全国人民代表大会常务委员会第十次会议通过，1989 年 10 月 31 日中华人民共和国主席令第 20 号公布施行《集会游行示威法》。国务院于 1992 年颁布的《集会游行示威法实施条例》，是我国关于集会、游行和示威问题的主要规范性法律文件。

（一）《集会游行示威法》的基本精神

《集会游行示威法》的立法目的是：在维护社会安定和公共秩序的前提下，充分保障宪法赋予公民的集会、游行、示威的权利和自由。其基本原则主要有：一是政府依法保障原则。对公民行使集会、游行、示威的权利，各级人民政府应当依法予以保障。二是权利义务一致原则。公民行使集会、游行、示威权利的时候，必须遵守宪法和法律，不得反对宪法所确定的基本原则，不得损害国家、社会、集体的利益和其他公民的合法的自由和权利。三是和平进行原则。集会、游行、示威应当和平进行，不得携带武器、管制刀具和爆炸物，不得使用暴力或煽动使用暴力。

（二）《集会游行示威法》的主要内容

1. 《集会游行示威法》的适用范围：在中华人民共和国境内举行集

会、游行、示威，均适用《集会游行示威法》。该法所称集会，是指聚集于露天公共场所，发表意见、表达意愿的活动；所称游行，是指在公共道路、露天公共场所列队行进、表达共同意愿的活动；所称示威，是指在露天公共场所或者公共道路上以集会、游行、静坐等方式，表达要求、抗议或者支持、声援等共同意愿的活动。露天公共场所是指公众可以自由出入的或者凭票可以进入的室外公共场所，不包括机关、团体、企业事业组织管理的内部露天场所；公共道路是指除机关、团体、企业事业组织内部专用道路以外的道路和水路。

文娱、体育活动，正常的宗教活动，传统的民间习俗活动，不适用《集会游行示威法》。

2. 集会游行示威的申请和许可：举行集会、游行、示威，必须依照《集会游行示威法》的规定向主管机关提出申请并获得许可。集会、游行、示威的主管机关，是集会、游行、示威举行地的市、县公安局，城市公安分局；游行、示威路线经过两个以上区、县的，主管机关为所经过区、县的公安机关的共同上一级公安机关。

举行集会、游行、示威，必须有负责人。依照《集会游行示威法》需要申请的集会、游行、示威，其负责人必须在举行日期的5日前向主管机关递交书面申请。公民不得在其居住地以外的城市发动、组织、参加当地公民的集会、游行、示威。这里的居住地，是指公民常住户口所在地或者向暂住地户口登记机关办理了暂住登记并持续居住半年以上的地方。

确因突然发生的事件临时要求举行集会、游行、示威的，必须立即报告主管机关；主管机关接到报告后，应当立即审查决定许可或者不许可。

3. 申请举行的集会、游行、示威，有下列情形之一的，不予许可：第一，反对宪法所确定的基本原则的；第二，危害国家统一、主权和领土完整的；第三，煽动民族分裂的；第四，有充分根据认定申请举行的集会、游行、示威，将直接危害公共安全或者严重破坏社会秩序的。

4. 集会游行示威的举行。对于依法举行的集会、游行、示威，主管机关应当派出人民警察维持交通秩序和社会秩序，保障集会、游行、示威的顺利进行。依法举行的集会、游行、示威，任何人不得以暴力、胁迫或者其他非法手段进行扰乱、冲击和破坏。集会、游行、示威应当按照许可的目的、方式、标语、口号、起止时间、地点、路线及其他事项进行。

四 《治安管理处罚法》

为维护社会治安秩序，保障公共安全，保护公民、法人和其他组织的合法权益，规范和保障公安机关及其人民警察依法履行治安管理职责，经 2005 年 8 月 28 日第十届全国人民代表大会常务委员会第 17 次会议通过，2005 年 8 月 28 日中华人民共和国主席令第 38 号公布，自 2006 年 3 月 1 日起施行的《治安管理处罚法》是我国规范社会治安管理行为的主要法律。2012 年 10 月 26 日中华人民共和国主席令第 67 号公布的《全国人民代表大会常务委员会关于修改〈中华人民共和国治安管理处罚法〉的决定》又对该法进行了修正。

（一）《治安管理处罚法》适用的范围

扰乱公共秩序，妨害公共安全，侵犯人身权利、财产权利，妨害社会管理，具有社会危害性，依照《刑法》的规定构成犯罪的，依法追究刑事责任；尚不够刑事处罚的，由公安机关依照该法给予治安管理处罚。

治安管理处罚的程序，适用该法的规定；该法没有规定的，适用《行政处罚法》的有关规定。

在中华人民共和国领域内发生的违反治安管理行为，除法律有特别规定的以外，适用该法。

在中华人民共和国船舶和航空器内发生的违反治安管理行为，除法律有特别规定的以外，适用该法。

（二）治安管理处罚的种类

包括：（1）警告，是国家对行政违法行为人的谴责和告诫，是国家对行为人违法行为所作的正式否定评价。从国家方面说，警告是国家行政机关的正式意思表示，会对相对一方产生不利影响，应当纳入法律约束的范围；对被处罚人来说，警告的制裁作用，主要是对当事人形成心理压力、不利的社会舆论环境。适用警告处罚的重要目的，是使被处罚人认识其行为的违法性和对社会的危害，纠正违法行为并不再继续违法。（2）罚款，是行政机关对行政违法行为人强制收取一定数量的金钱，剥夺一定财产权利的制裁方法。适用于对多种行政违法行为的制裁。（3）行政拘留，即公安机关对违反治安管理的人在短期内剥夺其人身自由的一种强制性惩罚措施。（4）吊销公安机关发放的许可证，是公安机关永久地撤销行政违法行为人拥有的国家准许其享有某些权利或从事某些活动资格的文件，使其丧失权利和活动资格的制裁方法。（5）对违反治安管理的外国人，可以附加适用限期出境或者驱逐出境。限期出境是指给被处罚人一个明确的出境最后期限，限其在规定的最后期限到来之前离开，并不对违法行为人采取强制措施；而驱逐出境则可以对当事人采取强制带离等强制措施。

（三）违反治安管理行为的种类

主要有四类：（1）扰乱公共秩序的行为；（2）妨害公共安全的行为；（3）侵犯人身权利、财产权利的行为；（4）妨害社会管理的行为。对每一类行为《治安管理处罚法》又规定了详细情形，并就具体处罚措施进行了明确规定。

（四）治安管理处罚的程序

包括：（1）调查。（2）决定。（3）执行。

五　《行政处罚法》

1996 年通过并于 1996 年 10 月 1 日起实施的《行政处罚法》，是为规范行政处罚的设定和实施，保障和监督行政机关有效实施行政管理，维护公共利益和社会秩序，保护公民、法人或者其他组织的合法利益而制定的。2009 年 8 月 27 日第十一届全国人民代表大会常务委员会第十次会议修改，于 2009 年 8 月 27 日起施行。

（一）行政处罚的种类和设定

行政处罚共设有七类：（1）警告；（2）罚款；（3）没收违法所得，没收非法财物；（4）责令停产停业；（5）暂扣或者吊销许可证；（6）行政拘留；（7）法律、行政法规规定的其他行政处罚。限制人身自由的行政处罚，只能由法律设定。行政法规可以设定除限制人身自由以外的行政处罚。对于行政法规和地方性法规设定行政处罚的范围和内容，《行政处罚法》均有明确的规定。

（二）行政处罚的实施机关

行政处罚由具有行政处罚权的行政机关在法定职权范围内实施。行政机关依照法律、法规或者规章的规定，可以在其法定权限内委托有关组织实施行政处罚权。

《行政处罚法》规定，被委托组织必须具备：（1）是依法成立的管理公共事务的事业组织；（2）具有熟悉有关法律、法规、规章和业务的工作人员；（3）对违法行为需要进行技术检查或者技术鉴定的，应当有条件组织进行相应的技术检查或者技术鉴定。

（三）行政处罚的管辖和适用

行政处罚由违法行为发生地的县级以上地方人民政府中具有行政处罚的行政机关管辖，法律、行政法规另有规定的除外。对管辖发生争议的，报请共同上一级行政机关指定管辖。行政机关实施行政处罚时，应当责令当事人改正或者限期改正违法行为。对当事人的同一个违法行为，不得给予两次以上罚款的行政处罚。不满 14 周岁的人有违法行为的，不予行政处罚，责令监护人加以管教，已满 14 周岁不满 18 周岁的人有违法行为的，应从轻或减轻行政处罚。

当事人具有下列情形之一的，应当从轻或者减轻行政处罚：（1）主动消除或者减轻违法行为危害后果的；（2）受他人胁迫有违法行为的；（3）配合行政机关查处违法行为有立功表现的。

违法行为轻微并及时纠正，没有造成危害后果的，不予行政处罚。违法行为在 2 年内未被发现的，不再给予行政处罚。法律另有规定的除外。

（四）行政处罚的决定

公民、法人和其他组织违反行政管理秩序的行为，依法应当给予行政处罚的，行政机关必须查明事实；违法事实不清的，不得给予行政处罚。行政机关在作出行政处罚决定之前，应当告知当事人作出行政处罚的事实、理由及依据，并告知当事人依法享有的权利。当事人有权进行陈述和申辩。行政机关必须充分听取当事人的意见，对当事人提出的事实、理由和证据，应当进行复核；当事人提出的事实、理由或者证据成立的，行政机关应当采纳，不得因当事人申辩而加重处罚。

（五）行政处罚的执行

行政处罚决定作出后，当事人应当在行政处罚决定规定的期限内，予以履行。当事人对行政处罚不服申请行政复议或者提起行政诉讼的，行政处罚不停止执行，法律另有规定的除外。

（六）法律责任

行政机关实施行政处罚，有下列情况之一的，由上级行政机关或者有关部门责令改正，可以对直接负责的主管人员和其他直接责任人员给予行政处分：（1）没有法定的行政处罚依据的；（2）擅自改变行政处罚种类、幅度的;(3)违反关于委托处罚的规定的。

六 《行政复议法》

行政复议是指公民、法人或者其他组织不服行政主体作出的具体行政行为,认为行政主体的具体行政行为侵犯了其合法权益,依法向法定的行政复议机关提出复议申请,行政复议机关依法对该具体行政行为进行合法性、适当性审查,并作出行政复议决定的行政行为。是公民、法人或其他组织通过行政救济途径解决行政争议的一种方法。

《行政复议法》于1999年4月29日第九届全国人民代表大会常务委员会第九次会议通过,1999年4月29日中华人民共和国主席令第16号公布,于1999年10月1日起施行。其目的是防止和纠正违法的或者不当的具体行政行为,保护公民、法人和其他组织的合法权益,保障和监督行政机关依法行使职权。

(一)行政复议的受理范围

有下列情形之一的,公民、法人或者其他组织可以依照本法申请行政复议:

(1)对行政机关作出的警告、罚款、没收违法所得、没收非法财物、责令停产停业、暂扣或者吊销许可证、暂扣或者吊销执照、行政拘留等行政处罚决定不服的;

(2)对行政机关作出的限制人身自由或者查封、扣押、冻结财产等行政强制措施决定不服的;

(3)对行政机关作出的有关许可证、执照、资质证、资格证等证书变更、中止、撤销的决定不服的;

(4)对行政机关作出的关于确认土地、矿藏、水流、森林、山岭、草原、荒地、滩涂、海域等自然资源的所有权或者使用权的决定不服的;

(5)认为行政机关侵犯合法的经营自主权的;

(6)认为行政机关变更或者废止农业承包合同,侵犯其合法权益的;

(7)认为行政机关违法集资、征收财物、摊派费用或者违法要求履行其他义务的;

(8)认为符合法定条件,申请行政机关颁发许可证、执照、资质证、资格证等证书,或者申请行政机关审批、登记有关事项,行政机关没有依法办理的;

（9）申请行政机关履行保护人身权利、财产权利、受教育权利的法定职责，行政机关没有依法履行的；

（10）申请行政机关依法发放抚恤金、社会保险金或者最低生活保障费，行政机关没有依法发放的；

（11）认为行政机关的其他具体行政行为侵犯其合法权益的。

公民、法人或者其他组织认为行政机关的具体行政行为所依据的下列规定不合法，在对具体行政行为申请行政复议时，可以一并向行政复议机关提出对该规定进行审查申请：

（1）国务院部门的规定；

（2）县级以上地方各级人民政府及其工作部门的规定；

（3）乡、镇人民政府的规定。

上述所列规定不含国务院部、委员会规章和地方人民政府规章。规章的审查依照法律、行政法规办理。

不服行政机关作出的行政处分或者其他人事处理决定的，依照有关法律、行政法规的规定提出申诉。

不服行政机关对民事纠纷作出的调解或者其他处理，依法申请仲裁或者向人民法院提起诉讼。

（二）行政复议申请

公民、法人或者其他组织认为具体行政行为侵犯其合法权益的，可以自知道该具体行政行为之日起 60 日内提出行政复议申请；但是法律规定的申请期限超过 60 日的除外。

因不可抗力或者其他正当理由耽误法定申请期限的，申请期限自障碍消除之日起继续计算。

依照本法申请行政复议的公民、法人或者其他组织是申请人。有权申请行政复议的公民死亡的，其近亲属可以申请行政复议。有权申请行政复议的公民为无民事行为能力人或者限制民事行为能力人的，其法定代理人可以代为申请行政复议。有权申请行政复议的法人或者其他组织终止的，承受其权利的法人或者其他组织可以申请行政复议。同申请行政复议的具体行政行为有利害关系的其他公民、法人或者其他组织，可以作为第三人参加行政复议。

公民、法人或者其他组织对行政机关的具体行政行为不服申请行政复议的，作出具体行政行为的行政机关是被申请人。申请人、第三人可以委托代理人代为参加行政复议。

申请人申请行政复议，可以书面申请，也可以口头申请；口头申请的，行政复议机关应当当场记录申请人的基本情况、行政复议请求、申请行政复议的主要事实、理由和时间。

（三）行政复议受理

行政复议机关收到行政复议申请后，应当在 5 日内进行审查，对不符合《行政复议法》规定的行政复议申请，决定不予受理，并书面告知申请人；对符合规定，但是不属于本机关受理的行政复议申请，应当告知申请人向有关行政复议机关提出。

除上述规定之外，行政复议申请自行政复议机关负责法制工作的机构收到之日起即为受理。

依照规定接受行政复议申请的县级地方人民政府，对属于其他行政复议机关受理的行政复议申请，应当自接到该行政复议申请之日起 7 日内，转送有关行政复议机关，并告知申请人。接受转送的行政复议机关应当依照相应规定办理。

法律、法规规定应当先向行政复议机关申请行政复议、对行政复议决定不服再向人民法院提起行政诉讼的，行政复议机关决定不予受理或者受理后超过行政复议期限不作答复的，公民、法人或者其他组织可以自收到不予受理决定书之日起或者行政复议期满之日起 15 日内，依法向人民法院提起行政诉讼。

公民、法人或者其他组织依法提出行政复议申请，行政复议机关无正当理由不予受理的，上级行政机关应当责令其受理；必要时，上级行政机关也可以直接受理。

行政复议期间具体行政行为不停止执行；但是，有下列情形之一的，可以停止执行：

（1）被申请人认为需要停止执行的；

（2）行政复议机关认为需要停止执行的；

（3）申请人申请停止执行，行政复议机关认为其要求合理，决定停止执行的；

（4）法律规定停止执行的。

第四节　诉讼法律制度综述

一　诉讼法的概念和种类

诉讼，是指国家司法机关依照法定程序，解决纠纷、处理案件的专门活动。鉴于各种诉讼所要解决的纠纷性质不同，适用实体法不同，采用法律制裁方法不同，因而在诉讼程序上分为刑事诉讼、民事诉讼和行政诉讼三类。

诉讼法是调整和规范国家司法机关和当事人以及其他诉讼参与人之间发生的诉讼活动关系的法律规范的总称。由于它是规定诉讼程序的法律，故而又称程序法。目前我国的诉讼法主要包括刑事诉讼法、民事诉讼法和行政诉讼法三种。

二　诉讼法的基本原则

（一）司法机关依法独立行使职权

该原则是指，国家的司法权，只能由国家各级审判机关和检察机关统一行使，其他机关、团体和个人都无权行使此项权利；人民法院、人民检察院依照法律规定独立行使自己的职权，不受行政机关、社会团体和个人的干涉；司法机关审理案件必须严格依照法律规定，正确适用法律。

贯彻这一原则，应注意处理好：（1）司法机关与党组织的关系；（2）司法工作与人民群众的关系；（3）司法机关与权力机关和上级部门的关系。

（二）以事实为根据，以法律为准绳

该原则是指进行诉讼必须以案件的客观事实作为基础，严格按照法律的规定办事。这项原则的目的是，使司法机关处理案件真正做到正确、合法，以保证准确地惩罚犯罪，保护人民；保障无罪的人不受刑事追究；确认民事权利义务关系，制裁民事违法行为，保护国家、集体和个人的权益。

（三）公民在适用法律上一律平等

该原则的基本含义是：专门机关在刑事诉讼中，不分民族、种族、性别、职业、社会出身、宗教信仰、教育程度、财产状况、居住期限等，对

一切犯罪行为都应当依法予以追究，对一切公民的合法权益都应当依法予以保护。既包括一切公民的法律地位平等，也包括平等适用法律。平等适用法律既包括平等地适用实体法，也包括平等地适用程序法。

（四）两审终审制

所谓两审终审制，是指一个案件经过两级人民法院审判即告终结的制度，对于第二审人民法院作出的终审判决、裁定，当事人等不得再提出上诉，人民检察院不得按照上诉审程序提出抗诉。

（五）公开审判

是指人民法院审理案件和宣告判决，公开进行，允许公民到法庭旁听，允许新闻记者采访报道，也就是把法庭的全过程，除了休庭评议之外都公之于众。具体而言其包括三个方面的内容：一是审理过程公开。法院审理案件的活动包括证据的提出、调查与认定等除法律规定的特殊情况以外，一律在公开的法庭上进行，允许公众旁听，允许新闻媒介采访、报导。二是审判结论公开即公开宣判。判决书及其事实和理由应以公开的形式宣布，允许新闻记者报导，法庭也应向社会公告。三是审判公开的对象既包括向当事人公开，也包括向社会公开。

（六）回避原则

回避原则是指承办案件的审判人员和其他有关人员遇有法律规定应当回避的情形时，应当经过法定程序退出诉讼活动。回避适用于审判人员、书记员、勘验人、鉴定人和翻译人员等，是保证司法独立公正的重要保障。

（七）合议制原则

审判合议制，是人民法院以集体审判的形式行使审判权的基本组织形式，是民主集中制在审判工作中的具体体现。按照这一原则，在民事诉讼中，人民法院审理第一审民事案件，除适用简易程序审理的简单的民事案件和依照特别程序审理的某些非讼案件，由审判员一人独任审理外，其他的案件均由审员、陪审员共同组成合议庭进行审理。

（八）诉讼以民族语言文字进行

其基本内容包括以下三项内容：一是使用本民族语言文字进行诉讼是当事人及其他诉讼参与人的重要诉讼权利，无论是当事人，还是作为证人、辩护人、鉴定人等，都同样享有这一权利，不容许限制或剥夺。二是保障当事人及其他诉讼参与人使用本民族语言文字进行诉讼的权利是专门机关应尽的义务。公检法机关要用当地通用的语言进行审讯，用当地通用的文字发布判决书、布告和其他文件。三是人民法院应当对不通晓当地民族通用的语言、文字的诉讼参与人提供翻译。

（九）人民检察机关对诉讼活动实行法律监督

是指检察机关依法对各种诉讼的进行，以及诉讼中国家专门机关和诉讼参与人的诉讼活动进行监督，其重点是对诉讼活动中国家机关及其工作人员的违法行为和违法事项进行监督。

（十）保障诉讼参与人诉讼权利的原则

保障诉讼参与人依法享有诉讼权利原则包括三方面内容：（1）人民法院、人民检察院和公安机关对所有诉讼参与人依法享有的各种诉讼权利，都应当给予保障。（2）对未成年犯罪嫌疑人、被告人的诉讼权利，应当依法给予特殊的保护。（3）诉讼参与人有权对侵犯公民权利的行为提出控告。实行保障诉讼参与人依法享有诉讼权利原则具有重要意义：（1）保障所有参加刑事诉讼活动的公民的诉讼权利和人格尊严免遭侵犯；（2）有助于公检法机关正确文明地进行刑事诉讼。

三 诉讼证据的概念和特征

诉讼证据是诉讼中用来证明案件真实情况（或者能够证明案件真实情况）的客观真实材料。《刑事诉讼法》第 48 条规定："可以用证明案件事实的材料，都是证据。"《刑事诉讼法》关于证据概念的规定具有代表性，对于民事诉讼和行政诉讼证据都是适用的。

关于诉讼证据的种类或者具体表现形式，中国三大诉讼法均有相应的规定。

《刑事诉讼法》第 48 条规定："证据有八种：（一）物证；（二）书证；（三）证人证言；（四）被害人陈述；（五）犯罪嫌疑人、被告人供述和辩解；（六）鉴定意见；（七）勘验、检查辨认、侦查实验等笔录；（八）视听资料、电子数据。"

《民事诉讼法》第 63 条规定："证据包括：（一）当事人的陈述；（二）书证；（三）物证；（四）视听资料；（五）电子数据；（六）证人证言；（七）鉴定结论；（八）勘验笔录。"

《行政诉讼法》第 31 条规定："证据包括：（一）书证；（二）物证；（三）视听资料；（四）电子数据；（五）证人证言；（六）当事人的陈

述；（七）鉴定意见；（八）勘验笔录、现场笔录。"

证据是证明案件事实的唯一根据或手段（即所谓的证据裁判原则），而案件事实又是裁判的根据（即所谓以事实为根据、以法律为准绳原则），因此为了保障裁判公正，证据必须真实可靠。三大诉讼法均规定"证据经法庭审查属实，才能作为定案的根据"。

诉讼证据有三个基本特征：（1）客观性，是指必须是客观存在的事实，任何臆断和虚假材料都不能成为诉讼证据。（2）关联性，是指必须与特定的案件存在内在的必然联系，与案件无关的事实不能作为证据。（3）合法性，是指必须符合法律要求的形式，并按法定程序收集、提供和运用证据。

第四章　经济法律制度和环境法律制度

本章内容摘要：本章介绍经济方面的法律制度，如主体法、调控法、市场秩序法等；还有环境方面的法律制度。

第一节　经济法概述

一　经济法的概念

"经济法"这个概念，最早是由 18 世纪法国空想共产主义的著名代表人物之一摩莱里（Morelly）在 1755 年出版的《自然法典》一书中提出来的，而 19 世纪三四十年代法国空想共产主义的著名代表人物之一德萨米（Dezamy）则在其 1842—1843 年分册出版的《公有法典》一书中也使用了"经济法"这个概念。[①] 但二位学者提出的所谓"经济法"都是指公平分配的规则，这与我们现在所说的"经济法"概念大相径庭。进入 20 世纪以后，德国学者莱特（Ritter）在 1906 年创刊的《世界经济年鉴》中第一次从法律角度使用了"经济法"这个概念，但并不具有权威性。随后，世界各国的法学家们都采用了这一概念。

目前，我国学界对经济法较为认同的定义为：经济法是国家在宏观调控和间接管理过程中发生的经济关系的法律规范的总称。

二　经济法的分类

（一）关于国家宏观调控方面的法律

市场的发展主要依靠自身的调节，但由于市场调节往往具有滞后性、盲目性，因此国家还应通过各种经济杠杆对经济进行宏观调控和间接管理

---

① 参见杨紫烜、徐杰《经济法学》，北京大学出版社 2003 年 1 月版，第 1—2 页。

才能弥补市场调节本身的不足。在此部分中，国家主要通过制定计划法、审计法、中央银行法、投资法、预算法、税法、商业银行法等法律从宏观的角度对市场加以管理。主要包括：

（1）关于国民经济和社会发展规划、计划和政策方面的法律法规。

（2）关于经济体制改革的原则、方针和政策方面的法律法规。

（3）预算法。

（4）审计法、会计法、统计法。

（5）农业法。

（6）税法。

（7）中央银行法。

（二）关于规范市场主体方面的法律

在各种市场主体中，企业无疑是最重要的主体，因此，国家对企业设立、变更、终止各个环节，以及企业内部管理过程中的机构设置、财务会计制度等方面进行管理是非常有必要的。通过经济法律的调整，使得企业的各项权利义务得以明确，从而提高企业的效率，并进而维护市场安全。主要包括国有企业法、集体企业法、私营企业法、个人独资企业法、外商投资企业法、公司法等。

（三）关于规范市场秩序方面的法律

市场存在竞争，竞争也是市场运行的动力和市场经济存在的前提。正当的竞争有利于市场自身的发展，但过度竞争有可能导致垄断的产生或竞争者损害商业道德等行为，而市场本身是无法克服这些缺陷的，因此，只有通过国家干预、协调，才能创造平等的竞争环境，保护和促进公平竞争，有效地制止垄断和各种不正当竞争行为，以维护市场运行秩序。

主要包括：关于合同、广告、产品质量、食品卫生、证券交易、票据管理方面的法律，反不正当竞争、反垄断、消费者权益保护等方面的法律。

（四）关于劳动、社会保障的法律

主要包括劳动就业保障、劳动安全卫生、社会保险、社会福利、社会救济等方面的法律。

第二节　企业法

一　国有企业法

（一）国有企业和国有企业法概念

国有企业，又称全民所有制企业，是财产属于国家所有，依法自主经营、自负盈亏、独立核算的社会主义商品生产和经营单位。

从以上概念我们可以看出国有工业企业具有以下特征：

1. 生产资料全民所有。这是它同其他所有制企业最大的区别。

2. 具有独立的法人资格。国有工业企业具有独立的法人资格，不仅能自主经营，更重要的是自负盈亏、自主核算，成为独立的经济组织。

3. 经营范围主要为工业活动。从名称可知，国有工业企业主要从事工业活动，这与其他国有企业有所不同。

4. 国有企业是商品经济组织。它主要从事市场经营活动，特别是商品经营活动。

国有企业法是调整国有企业组织、管理以及国有企业内部组织管理活动所产生的经济关系的法律规范的总称。为保障全民所有制经济的巩固和发展，明确全民所有制工业企业的权利和义务，保障其合法权益，增强其活力，促进社会主义现代化建设，根据《宪法》，第七届全国人民代表大会第一次会议于 1988 年 4 月 13 日通过了《全民所有制工业企业法》（以下简称《工业企业法》），并自同年 8 月 1 日起正式施行。该法分为 8 章，共 69 条。除适用于全民所有制工业企业以外，其原则也适用于全民所有制交通运输、邮电、地质勘探、建筑安装、商业、外贸、物资、农林、水利企业。除此以外，国务院还于 1992 年 7 月 23 日发布并施行了《全民所有制工业企业转换经营机制条例》（下称《转换经营机制条例》）等一系列法规。

（二）国有企业的经营权

国有企业经营权，是指按照所有权和经营权分享的原则，国有企业依照法律规定和国家授权，在生产、经营方面享有的权利。主要包括：

1. 生产经营决策权

（1）有权自主作出生产经营决策。

（2）有权调整生产经营范围。

（3）有权要求与需方签订合同。

（4）有权要求调整指令性计划。

（5）有权不执行非国家规定的部门下达的指令性计划。

（6）有权接受或者拒绝指令性计划外的生产任务。

2. 物资选购权

（1）有权要求与供方签订合同。

（2）有权自主采购和调剂物资。

（3）有权拒绝执行为企业指定的供货单位和渠道。

3. 产品销售权

（1）有权自主销售指令性计划外产品。

（2）有权销售指令性计划外超产的产品，并可以按照指令性计划规定的范围销售计划内产品。

（3）有权要求与指定的收购单位签订合同。

4. 产品、劳务定价权

（1）有权对日用工业消费品定价（除有关部门规定的少数产品外）。

（2）有权对产品和资料定价（除有关部门规定的少数产品外）。

（3）有权对劳务定价。

5. 人事管理权

（1）有权决定企业内部机构设置和人员编制。

（2）有权自主进行人事管理。

（3）有权录用、辞退职工，决定用工形式，实行合理劳动组合。

6. 留用资金使用权

（1）有权自主确定有关基金的比例和用途。

（2）有权支配使用生产发展基金。

（3）有权拒绝任何部门和单位无偿调拨企业留用资金或者强令企业以折旧费、大修理费补交上缴利润。国务院有特殊规定的，从其规定。

7. 资产依法处置权

企业根据生产经营的需要，对一般固定资产，可以自主决定出租、抵押或者有偿转让；对关键设备、成套设备或者重要建筑物可以出租，经政府主管部门批准也可以抵押、有偿转让。法律和行政法规另有规定的除外。

8. 联营兼并权

（1）有权依照法律和国务院规定与其他企业、事业单位联营。

（2）有权按照自愿、有偿的原则，兼并其他企业，报政府主管部门备案。

9. 工资、奖金分配权

有权自主进行工资、奖金分配。

10. 进出口权

（1）有权选择外贸代理企业，参与同外商谈判。

（2）有权在境外提供劳务。

（3）有权根据国家规定进口自用的设备和其他物资。

（4）有权依法享有进出口经营权。

（5）有权根据开展对外业务的实际需要，自主使用自有外汇安排业务人员出境。

11. 拒绝摊派权

企业有权拒绝任何部门和单位向企业摊派人力、物力、财力。企业可以向审计部门或者其他政府有关部门控告、检举、揭发摊派行为，要求作出处理。

12. 投资决策权

（1）有权依法向国内外投资。

（2）有权从事生产性建设。

（3）有权增提新产品开发基金和选择折旧办法。

13. 劳动用工权

有权按照劳动法等相关法律法规的规定，自由决定劳动用工的权利。

14. 机构设置权

有权按照法律法规及本企业的实际需要，设置相应内部机构。

（三）国有企业组织体制

1. 厂长（经理）负责制

厂长负责制是指在企业中建立以厂长为首的生产经营管理系统，厂长对企业统一领导和全面负责的内部领导制度。

根据《工业企业法》第43条规定，厂长的产生，除国务院另有规定外，由政府主管部门根据企业的情况决定采取政府主管部门委任或者招聘或者企业职工代表大会选举方式。政府主管部门委任或者招聘的厂长人选，须征求职工代表的意见；企业职工代表大会选举的厂长，须报政府主管部门批准。政府主管部门委任或者招聘的厂长，由政府主管部门免职或者解聘，并须征求职工代表的意见；企业职工代表大会选举的厂长，由职工代表大会罢免，并须报政府主管部门批准。

《工业企业法》第 44 条规定，厂长是企业的法定代表人。厂长领导企业的生产经营管理工作，行使下列职权：

（1）依照法律和国务院规定，决定或者报请审查批准企业的各项计划。

（2）决定企业行政机构的设置。

（3）提请政府主管部门任免或者聘任、解聘副厂级行政领导干部。法律和国务院另有规定的除外。

（4）任免或者聘任、解聘企业中层行政领导干部。法律另有规定的除外。

（5）提出工资调整方案、资金分配方案和重要的规章制度，提请职工代表大会审查同意。提出福利基金使用方案和其他有关职工生活福利的重大事项的建议，提请职工代表大会审议决定。

（6）依法奖惩职工；提请政府主管部门奖惩副厂级行政领导干部。

2. 职工代表大会

企业职工有参加企业民主管理的权利，有对企业的生产和工作提出意见和建议的权利；有依法享受劳动保护、劳动保险、休息、休假的权利；有向国家机关反映真实情况，对企业领导干部提出批评和控告的权利。女职工有依照国家规定享受特殊劳动保护和劳动保险的权利。职工应当以国家主人翁的态度从事劳动，遵守劳动纪律和规章制度，完成生产和工作任务。

职工代表大会是企业实行民主管理的基本形式，是职工行使民主管理权力的机构。职工代表大会的工作机构是企业工会委员会。职工代表大会行使下列职权：

（1）听取和审议厂长关于企业的经营方针、长远规划、年度计划、基本建设方案、重大技术改造方案、职工培训计划、留用资金分配和使用方案、承包和租赁经营责任制方案的报告，提出意见和建议。

（2）审查同意或者否决企业的工资调整方案、奖金分配方案、劳动保护措施、奖惩办法以及其他重要的规章制度。

（3）审议决定职工福利基金使用方案、职工住宅分配方案和其他有关职工生活福利的重大事项。

（4）评议、监督企业各级行政领导干部，提出奖惩和任免的建议。

（5）根据政府主管部门的决定选举厂长，报政府主管部门批准。

车间通过职工大会、职工代表组或者其他形式实行民主管理；工人直接参加班组的民主管理。

3. 国有企业的党组织

《转换经营机制条例》第3条规定：必须发挥中国共产党的基层组织在企业中的政治核心作用。

党在企业中的政治核心作用主要体现在：保证、监督党和国家方针政策在本企业的贯彻执行；参与企业重大问题决策，支持股东会、董事会、监事会和经理（厂长）依法行使职权；全心全意依靠工人群众；领导和支持工会、共青团等群众组织及职工代表大会依照法律和各自章程独立自主地开展工作；领导企业思想政治工作和精神文明建设，努力建设有理想、有道德、有文化、有纪律的职工队伍；加强党组织自身建设，搞好党性党风教育，发挥党支部的战斗堡垒作用和党员的先锋模范作用。

（四）政府与国有企业的关系

政府兼有国有资产所有者和经济管理者的双重身份。政府有关部门按照国家调节市场、市场引导企业的目标，为企业提供服务，并根据各自的职责，依照法律、法规的规定，对企业实行管理和监督。（1）制定、调整产业政策，指导企业制订发展规划。（2）为企业的经营决策提供咨询、信息。（3）协调企业与其他单位之间的关系。（4）维护企业正常的生产秩序，保护企业经营管理的国家财产不受侵犯。（5）逐步完善与企业有关的公共设施。

具体而言，政府应当采取下列措施，加强宏观调控和行业管理，建立既有利于增强企业活动，又有利于经济有序运行的调控体系：（1）通过制定和调整产业政策，引导企业的发展。（2）运用价格、税收、利率等经济杠杆对企业生产经营进行调控。（3）依法任免、奖惩厂长，并根据厂长提议，任免、奖惩副厂级领导干部。（4）对企业国有财产实施监督管理。（5）通过财政、审计、物价、劳动工资等部门，对企业有关生产、经营行为实施监督。

（五）国有企业财产监督管理制度

国有经济在国民经济中起主导地位，直接关系到我国经济的社会主义的前途和方向；国有企业的财产是国有资产的主要组成部分，加强国有企业资产管理至关重要，它是整个国有资产监督管理中的重点。

二 城镇集体企业法与乡镇企业法

（一）城镇集体企业法

1991 年国务院颁行的，2011 年 1 月 8 日根据《国务院关于废止和修改部分行政法规的决定》修订的《城镇集体所有制企业条例》，是调整城镇集体企业的主要规范性文件。

城镇集体所有制经济是我国社会主义公有制经济的一个基本组成部分，国家鼓励和扶持城镇集体所有制经济的发展。城镇集体所有制企业是指在城镇区域内设立的财产属于劳动群众集体所有、实行共同劳动、在分配方式上以按劳分配为主体的社会主义经济组织。对投资主体为两个或两个以上的集体企业，其中劳动群众集体所有的财产占企业全部财产的比例一般不低于51%。

城镇集体企业应当遵循的原则是：自愿联合、自筹资金、独立核算、自负盈亏、自主经营、民主管理、集体积累、自主支配、按劳分配、入股分红。

集体企业的职工是企业的主人，依照法律和企业章程行使管理企业的权利。

（二）乡镇企业法

1996 年通过的，2011 年 1 月 8 日《国务院关于废止和修改部分行政法规的决定》修订《乡镇企业法》是我国调整乡镇企业的主要规范性文件。

乡镇企业，是指以农村集体经济组织或者农民投资为主，在乡镇举办的承担支援农业义务的各类企业。乡镇企业符合企业法人条件的，依法取得企业法人资格。国家对乡镇企业积极扶持、合理规划、分类指导、依法管理。

乡镇企业生产经营，必须具有相应的财产权。乡镇企业的财产权归属原则是：（1）农村集体经济组织投资设立的乡镇企业，其企业财产权属于设立该企业的全体农民集体所有；（2）农村集体经济组织与其他企业、组织或者个人共同投资设立的乡镇企业，其企业财产权按照出资份额属于投资者所有；（3）农民合伙或者单独投资设立的乡镇企业，其企业财产权属于投资者所有。

三 私营企业法

（一）私营企业法的概念和我国的私营企业法

国务院 1988 年发布的《私营企业暂行条例》，是我国调整私营企业的主要规范性文件。

私营企业是指企业资产属于私人所有，雇工达到 8 人以上的营利性的经济组织。在我国私营企业主要包括独资企业、合伙企业和私营有限责任公司三种形式。

《私营企业条例》规定，农村村民，城镇待业人员，个体工商户经营者，辞职、退职人员，国家法律、法规和政策允许的离、退休人员和其他人员可以申办私营企业。申请开办私营企业应具备下列条件：（1）与生产经营和服务规模相适应的资金和从业人员；（2）固定的经营场所和必要的设施；（3）符合国家法律法规规定的经营范围。

四 合伙企业法

合伙企业是指由合伙人订立合伙协议，共同出资、合伙经营、共享收益、共担风险，并对合伙企业债务承担责任的营利性经济组织。

我国于 1997 年 2 月 23 日在第八届全国人民代表大会常务委员会第 24 次会议上通过了《合伙企业法》，自 1997 年 8 月 1 日起施行。这部法律对规范合伙企业制度，完善社会经济法律体系起到了重要作用。但由于该法规定的内容较为简单，为了规范合伙企业的行为，保护合伙企业及其合伙人、债权人的合法权益，维护社会经济秩序，促进社会主义市场经济的发展，建立现代企业制度，2006 年 8 月 27 日第十届全国人民代表大会常务委员会第 23 次会议上对该法进行了修订，新修订的《合伙企业法》自 2007 年 6 月 1 日起施行。

目前我国合伙企业分为普通合伙企业和有限合伙企业两种。普通合伙企业是指合伙人对企业债务承担无限连带责任的合伙企业。有限合伙企业中，有限合伙人承担有限责任，普通合伙人仍然承担无限连带责任。二者在设立、运作、退出机制以及责任承担上都有明显区别。

（一）普通合伙企业

1. 普通合伙企业的设立条件

设立普通合伙企业，应当具备下列条件：有 2 个以上合伙人；合伙人为自然人的，应当具有完全民事行为能力；有书面合伙协议；有合伙人认缴或者实际缴付的出资；有合伙企业的名称和生产经营场所；法律、行政法规规定的其他条件。

普通合伙企业名称中应当标明"普通合伙"字样。

2. 合伙人出资

合伙人可以用货币、实物、知识产权、土地使用权或者其他财产权利出资，也可以用劳务出资。

合伙人以实物、知识产权、土地使用权或者其他财产权利出资，需要评估作价的，可以由全体合伙人协商确定，也可以由全体合伙人委托法定评估机构评估。

合伙人以劳务出资的，其评估办法由全体合伙人协商确定，并在合伙协议中载明。

合伙人应当按照合伙协议约定的出资方式、数额和缴付期限，履行出资义务。

以非货币财产出资的，依照法律、行政法规的规定，需要办理财产权转移手续的，应当依法办理。

3. 合伙协议

合伙协议应当载明下列事项：

（1）合伙企业的名称和主要经营场所的地点；

（2）合伙目的和合伙经营范围；

（3）合伙人的姓名或者名称、住所；

（4）合伙人的出资方式、数额和缴付期限；

（5）利润分配、亏损分担方式；

（6）合伙事务的执行；

（7）入伙与退伙；

（8）争议解决办法；

（9）合伙企业的解散与清算；

（10）违约责任。

合伙协议经全体合伙人签名、盖章后生效。合伙人按照合伙协议享有权利，履行义务。修改或者补充合伙协议，应当经全体合伙人一致同意；但是，合伙协议另有约定的除外。合伙协议未约定或者约定不明确的事项，由合伙人协商决定；协商不成的，依照合伙企业法和其他有关法律、行政法规的规定处理。

4. 普通合伙企业的财产

合伙人的出资、以合伙企业名义取得的收益和依法取得的其他财产，共同组成合伙企业的财产。由于合伙企业的财产是相对独立的，因此合伙人在合伙企业清算前，除非法律另有规定，不得请求分割合伙企业的财产。

合伙人在合伙企业清算前私自转移或者处分合伙企业财产的，合伙企业不得以此对抗善意第三人。这是对善意取得制度的确定。所谓善意第三人，指的是不知情的第三人，即合伙人转移或处分合伙企业财产的相对人不知合伙人未经其他合伙人同意或合伙协议无约定。但要特别注意的是，此处的善意第三人还应为支付了对价的第三人，如未支付对价，即使是善意的也不受保护。

合伙人以其在合伙企业中的财产份额出质的，须经其他合伙人一致同意；未经其他合伙人一致同意，其行为无效，由此给善意第三人造成损失的，由行为人依法承担赔偿责任。

5. 合伙人转让出资

（1）对外转让：除合伙协议另有约定外，合伙人向合伙人以外的人转让其在合伙企业中的全部或者部分财产份额时，须经其他合伙人一致同意。合伙人向合伙人以外的人转让其在合伙企业中的财产份额的，在同等条件下，其他合伙人有优先购买权；但是，合伙协议另有约定的除外。合伙人以外的人依法受让合伙人在合伙企业中的财产份额的，经修改合伙协议即成为合伙企业的合伙人，依照《合伙企业法》和修改后的合伙协议享有权利，履行义务。

（2）对内转让：合伙人之间转让在合伙企业中的全部或者部分财产份额时，应当通知其他合伙人。

6. 合伙事务执行

由于合伙企业不是法人组织，不需要有固定的组织机构，因此，合伙企业事务的执行也灵活多样，有不同的方式和要求。主要包括：

（1）全体合伙人共同执行企业事务。全体合伙人共同执行企业事务的，所有事项由全体合伙人共同决定，除法律规定必须经全体合伙人一致同意的以外，其他事项需经全体合伙人过半数同意才能通过。

（2）委托一个或者数个合伙人执行合伙事务。委托一个或者数个合伙人执行合伙事务的，其他合伙人不再执行合伙事务。不执行合伙事务的合伙人有权监督执行事务合伙人执行合伙事务的情况。执行事务合伙人应当定期向其他合伙人报告事务执行情况以及合伙企业的经营和财务状况，其执行合伙事务所产生的收益归合伙企业，所产生的费用和亏损由合伙企业承担。合伙人为了解合伙企业的经营状况和财务状况，有权查阅合伙企业会计账簿等财务资料。

受委托执行合伙事务的合伙人不按照合伙协议或者全体合伙人的决定执行事务的，其他合伙人可以决定撤销该委托。

（3）合伙人分别执行合伙事务。合伙人分别执行合伙事务的，执行事务合伙人可以对其他合伙人执行的事务提出异议。提出异议时，应当暂停该项事务的执行。如果发生争议，依照第一种方式处理。

（4）合伙企业委托第三人执行合伙事务。合伙企业还可以聘请合伙人以外的第三人执行合伙事务，被聘任的合伙企业的经营管理人员应当在合伙企业授权范围内履行职务。

7. 合伙人表决

合伙人对合伙企业有关事项作出决议，按照合伙协议约定的表决办法办理。合伙协议未约定或者约定不明确的，实行合伙人一人一票并经全体合伙人过半数通过的表决办法。

以下事项由于对企业的影响重大，因此必须经全体合伙人一致同意才能获得通过。同时还应注意，这些事项是绝对无效事项，即不存在对善意第三人的保护。

（1）改变合伙企业的名称；

（2）改变合伙企业的经营范围、主要经营场所的地点；

（3）处分合伙企业的不动产；

（4）转让或者处分合伙企业的知识产权和其他财产权利；

（5）以合伙企业名义为他人提供担保；

（6）聘任合伙人以外的人担任合伙企业的经营管理人员。

8. 合伙人的义务和利润分配、亏损分担的方法

（1）合伙人不得自营或者同他人合作经营与本合伙企业相竞争的业务。

（2）除合伙协议另有约定或者经全体合伙人一致同意外，合伙人不得同本合伙企业进行交易。

（3）合伙人不得从事损害本合伙企业利益的活动。

（4）合伙企业的利润分配、亏损分担，按照合伙协议的约定办理；合伙协议未约定或者约定不明确的，由合伙人协商决定；协商不成的，由合伙人按照实缴出资比例分配、分担；无法确定出资比例的，由合伙人平均分配、分担。

（5）合伙协议不得约定将全部利润分配给部分合伙人或者由部分合伙人承担全部亏损。

（6）合伙人按照合伙协议的约定或者经全体合伙人决定，可以增加或者减少对合伙企业的出资。

9. 入伙、退伙

（1）入伙

入伙是指合伙关系存续期间，又有新的合伙人加入合伙企业中。

新合伙人入伙，除合伙协议另有约定外，应当经全体合伙人一致同意，并依法订立书面入伙协议。订立入伙协议时，原合伙人应当向新合伙人如实告知原合伙企业的经营状况和财务状况。

入伙的新合伙人与原合伙人享有同等权利，承担同等责任。入伙协议另有约定的，从其约定。

新合伙人对入伙前合伙企业的债务承担无限连带责任。

（2）退伙

退伙是指合伙关系存续期间，原有的合伙人因不同原因退出合伙企业，丧失合伙人资格。按照退伙的不同情形可分为以下三类退伙。

第一，约定退伙。

约定退伙一般是由于合伙人自己的意愿发生的退伙。

包括两种情况：其一，合伙协议约定合伙期限的，在合伙企业存续期间，有下列情形之一的，合伙人可以退伙：合伙协议约定的退伙事由出现；经全体合伙人一致同意；发生合伙人难以继续参加合伙的事由；其他合伙人严重违反合伙协议约定的义务。其二，合伙协议未约定合伙期限的，合伙人在不给合伙企业事务执行造成不利影响的情况下，可以退伙，但应当提前 30 日通知其他合伙人。

第二，法定退伙。

法定退伙是由于出现了客观事实导致合伙人不能够再担任合伙人而导致的退伙。主要包括以下情形：作为合伙人的自然人死亡或者被依法宣告死亡；个人丧失偿债能力；作为合伙人的法人或者其他组织依法被吊销营业执照、责令关闭撤销，或者被宣告破产；法律规定或者合伙协议约定合伙人必须具有相关资格而丧失该资格；合伙人在合伙企业中的全部财产份额被人民法院强制执行。

合伙人被依法认定为无民事行为能力人或者限制民事行为能力人的，经其他合伙人一致同意，可以依法转为有限合伙人，普通合伙企业依法转为有限合伙企业。其他合伙人未能一致同意的，该无民事行为能力或者限制民事行为能力的合伙人退伙。

退伙事由实际发生之日为退伙生效日。

第三，除名退伙。

除名退伙是指由于合伙人出现了严重违反自己义务或给企业带来损失的行为而导致的退伙。

合伙人有下列情形之一的，经其他合伙人一致同意，可以决议将其除名：未履行出资义务；因故意或者重大过失给合伙企业造成损失；执行合伙事务时有不正当行为；发生合伙协议约定的事由。

对合伙人的除名决议应当书面通知被除名人。被除名人接到除名通知之日，除名生效，被除名人退伙。

被除名人对除名决议有异议的，可以自接到除名通知之日起30日内，向人民法院起诉。

合伙人死亡或者被依法宣告死亡的，对该合伙人在合伙企业中的财产份额享有合法继承权的继承人，按照合伙协议的约定或者经全体合伙人一致同意，从继承开始之日起，取得该合伙企业的合伙人资格。

10. 特殊的普通合伙企业

特殊的普通合伙企业在国外被称为"有限责任合伙"，主要适用于专业服务机构，如律师事务所、注册会计师事务所等。特殊的普通合伙企业名称中应当标明"特殊普通合伙"字样。这种合伙企业与其他普通合伙企业相比，最大的不同在于，虽然合伙人也是合伙，但并不共同经营，其业务是相对独立的，因此仍然要求这些合伙人共享收益，共担风险有失公平。《合伙企业法》对责任部分作了详细规定，区别了不同合伙人的责任承担。

一个合伙人或者数个合伙人在执业活动中因故意或者重大过失造成合伙企业债务的，应当承担无限责任或者无限连带责任，其他合伙人以其在合伙企业中的财产份额为限承担责任。合伙人在执业活动中非因故意或者重大过失造成的合伙企业债务以及合伙企业的其他债务，由全体合伙人承担无限连带责任。合伙人执业活动中因故意或者重大过失造成的合伙企业债务，以合伙企业财产对外承担责任后，该合伙人应当按照合伙协议的约定对给合伙企业造成的损失承担赔偿责任。

也正是由于合伙人承担责任的特殊性，特殊的普通合伙企业应当建立执业风险基金、办理职业保险。执业风险基金用于偿付合伙人执业活动造成的债务。执业风险基金应当单独立户管理。具体管理办法由国务院规定。

（二）有限合伙企业

1. 有限合伙的设立

有限合伙企业名称中应当标明"有限合伙"字样。除符合普通合伙企业设立的一般条件外，有限合伙企业设立还应当具备以下条件：

（1）合伙人人数限制

有限合伙企业由 2 个以上、50 个以下合伙人设立；但是，法律另有规定的除外。有限合伙企业至少应当有一个普通合伙人。

（2）合伙协议中特别记载事项

主要有：普通合伙人和有限合伙人的姓名或者名称、住所；执行事务合伙人应具备的条件和选择程序；执行事务合伙人权限与违约处理办法；执行事务合伙人的除名条件和更换程序；有限合伙人入伙、退伙的条件、程序以及相关责任；有限合伙人和普通合伙人相互转变程序。

（3）有限合伙人出资

有限合伙人可以用货币、实物、知识产权、土地使用权或者其他财产权利作价出资。有限合伙人不得以劳务出资。

有限合伙人应当按照合伙协议的约定按期足额缴纳出资；未按期足额缴纳的，应当承担补缴义务，并对其他合伙人承担违约责任。

有限合伙企业登记事项中应当载明有限合伙人的姓名或者名称及认缴的出资数额。

（4）企业事务执行限制

有限合伙企业由普通合伙人执行合伙事务。执行事务合伙人可以要求在合伙协议中确定执行事务的报酬及报酬提取方式。

有限合伙人不执行合伙事务，不得对外代表有限合伙企业。

有限合伙人的下列行为，不视为执行合伙事务：参与决定普通合伙人入伙、退伙；对企业的经营管理提出建议；参与选择承办有限合伙企业审计业务的会计师事务所；获取经审计的有限合伙企业财务会计报告；对涉及自身利益的情况，查阅有限合伙企业财务会计账簿等财务资料；在有限合伙企业中的利益受到侵害时，向有责任的合伙人主张权利或者提起诉讼；执行事务合伙人怠于行使权利时，督促其行使权利或者为了本企业的利益以自己的名义提起诉讼；依法为本企业提供担保。

（5）其他特殊规定

有限合伙企业不得将全部利润分配给部分合伙人；但是，合伙协议另有约定的除外。

有限合伙人可以同本有限合伙企业进行交易；但是，合伙协议另有约定的除外。

有限合伙人可以自营或者同他人合作经营与本有限合伙企业相竞争的业务；但是，合伙协议另有约定的除外。

有限合伙人可以将其在有限合伙企业中的财产份额出质；但是，合伙协议另有约定的除外。

有限合伙人可以按照合伙协议的约定向合伙人以外的人转让其在有限合伙企业中的财产份额，但应当提前30日通知其他合伙人。

有限合伙人的自有财产不足清偿其与合伙企业无关的债务的，该合伙人可以以其从有限合伙企业中分取的收益用于清偿；债权人也可以依法请求人民法院强制执行该合伙人在有限合伙企业中的财产份额用于清偿。人民法院强制执行有限合伙人的财产份额时，应当通知全体合伙人。在同等条件下，其他合伙人有优先购买权。

有限合伙企业仅剩有限合伙人的，应当解散；有限合伙企业仅剩普通合伙人的，转为普通合伙企业。

第三人有理由相信有限合伙人为普通合伙人并与其交易的，该有限合伙人对该笔交易承担与普通合伙人同样的责任。

有限合伙人未经授权以有限合伙企业名义与他人进行交易，给有限合伙企业或者其他合伙人造成损失的，该有限合伙人应当承担赔偿责任。

新入伙的有限合伙人对入伙前有限合伙企业的债务，以其认缴的出资额为限承担责任。

有限合伙人有法定退伙的第（1）、（3）、（4）、（5）种情形之一的，当然退伙。

作为有限合伙人的自然人在有限合伙企业存续期间丧失民事行为能力的，其他合伙人不得因此要求其退伙。

作为有限合伙人的自然人死亡、被依法宣告死亡或者作为有限合伙人的法人及其他组织终止时，其继承人或者权利承受人可以依法取得该有限合伙人在有限合伙企业中的资格。

有限合伙人退伙后，对基于其退伙前的原因发生的有限合伙企业债务，以其退伙时从有限合伙企业中取回的财产承担责任。

除合伙协议另有约定外，普通合伙人转变为有限合伙人，或者有限合伙人转变为普通合伙人，应当经全体合伙人一致同意。

有限合伙人转变为普通合伙人的，对其作为有限合伙人期间有限合伙企业发生的债务承担无限连带责任。

普通合伙人转变为有限合伙人的，对其作为普通合伙人期间合伙企业发生的债务承担无限连带责任。

（三）合伙企业解散与清算

1. 合伙企业解散

合伙企业有下列情形之一的，应当解散：

（1）合伙期限届满，合伙人决定不再经营；

（2）合伙协议约定的解散事由出现；

（3）全体合伙人决定解散；

（4）合伙人已不具备法定人数满30天；

（5）合伙协议约定的合伙目的已经实现或者无法实现；

（6）依法被吊销营业执照、责令关闭或者被撤销；

（7）法律、行政法规规定的其他原因。

2. 合伙企业清算

（1）清算人组成

合伙企业解散，应当由清算人进行清算。

清算人由全体合伙人担任；经全体合伙人过半数同意，可以自合伙企业解散事由出现后15日内指定一个或者数个合伙人，或者委托第三人，担任清算人。

自合伙企业解散事由出现之日起15日内未确定清算人的，合伙人或者其他利害关系人可以申请人民法院指定清算人。

（2）清算人职权

清算人在清算期间执行下列事务：清理合伙企业财产，分别编制资产负债表和财产清单；处理与清算有关的合伙企业未了结事务；清缴所欠税款；清理债权、债务；处理合伙企业清偿债务后的剩余财产；代表合伙企业参加诉讼或者仲裁活动。

（3）清算程序

清算人自被确定之日起 10 日内将合伙企业解散事项通知债权人，并于 60 日内在报纸上公告。债权人应当自接到通知书之日起 30 日内，未接到通知书的自公告之日起 45 日内，向清算人申报债权。

债权人申报债权，应当说明债权的有关事项，并提供证明材料。清算人应当对债权进行登记。

清算期间，合伙企业存续，但不得开展与清算无关的经营活动。

合伙企业财产在支付清算费用和职工工资、社会保险费用、法定补偿金以及缴纳所欠税款、清偿债务后的剩余财产，再由合伙人分配。

清算结束，清算人应当编制清算报告，经全体合伙人签名、盖章后，在 15 日内向企业登记机关报送清算报告，申请办理合伙企业注销登记。

（4）企业终止后的责任承担

合伙企业注销后，原普通合伙人对合伙企业存续期间的债务仍应承担无限连带责任。

合伙企业不能清偿到期债务的，债权人可以依法向人民法院提出破产清算申请，也可以要求普通合伙人清偿。

合伙企业依法被宣告破产的，普通合伙人对合伙企业债务仍应承担无限连带责任。

五 个人独资企业法

（一）个人独资企业的概念和特征

1. 个人独资企业的概念

个人独资企业，是指依照《个人独资企业法》在中国境内设立，由一个自然人投资，财产为投资人个人所有，投资人以其个人财产对企业债务承担无限责任的经营实体。

2. 个人独资企业的特征

根据个人独资企业的概念我们可以看出，个人独资企业具有以下几个特征：

（1）投资人仅有一人，且只能为自然人。个人独资企业是由一个自然人投资设立的，这使得个人独资企业不仅有别于合伙企业、公司，也与有限责任公司中的一人有限责任公司相区别。

（2）企业财产不独立。个人独资企业的财产为投资人个人所有，企业无独立的财产。这个特点也显示出个人独资企业具有强烈的人身依附性。投资人对企业拥有绝对控制权。

（3）企业不是法人，而是一个经营实体。个人独资企业与其他企业一样，以追求利润最大化为目标，因此，是一个经营实体。但由于企业无法人资格，完全依附于投资人，因此，投资人也必须以其个人财产对企业债务承担无限责任。

（二）个人独资企业法概述

为了规范个人独资企业的行为，保护个人独资企业投资人和债权人的合法权益，维护社会经济秩序，促进社会主义市场经济的发展，根据宪法的原则规定，第九届全国人民代表大会常务委员会第十一次会议于1999年8月30日通过了《个人独资企业法》，自2000年1月1日起施行。该法共6章48条，主要规范了个人独资企业的设立、投资人及事务管理、企业的解散和清算、法律责任等内容。

（三）个人独资企业设立

1. 个人独资企业设立的条件

设立个人独资企业应当具备下列条件：

（1）投资人为一个自然人；

（2）有合法的企业名称；

（3）有投资人申报的出资；

（4）有固定的生产经营场所和必要的生产经营条件；

（5）有必要的从业人员。

2. 个人独资企业设立的程序

申请设立个人独资企业，应当由投资人或者其委托的代理人向个人独资企业所在地的登记机关提交设立申请书、投资人身份证明、生产经营场所使用证明等文件，委托代理申请设立登记时，应当出具投资人的委托书和代理人的合法证明。

个人独资企业不得从事法律、行政法规禁止经营的业务；从事法律、行政法规规定须报经有关部门审批的业务，应当在申请设立登记时提交有关部门的批准文件。

个人独资企业设立申请书应当载明下列事项：

（1）企业的名称和住所；

（2）投资人的姓名和居所；

（3）投资人的出资额和出资方式；

（4）经营范围。

个人独资企业的名称应当与其责任形式及从事的营业相符合。

登记机关应当在收到设立申请文件之日起15日内，对符合《个人独资企业法》规定条件的，予以登记，发给营业执照；对不符合《个人独资企业法》规定条件的，不予登记，并应当给予书面答复，说明理由。个人独资企业的营业执照的签发日期，为个人独资企业成立日期。在领取个人独资企业营业执照前，投资人不得以个人独资企业名义从事经营活动。

个人独资企业设立分支机构，应当由投资人或者其委托的代理人向分支机构所在地的登记机关申请登记，领取营业执照。分支机构经核准登记后，应将登记情况报该分支机构隶属的个人独资企业的登记机关备案。分支机构的民事责任由设立该分支机构的个人独资企业承担。

个人独资企业存续期间登记事项发生变更的，应当在作出变更决定之日起的15日内依法向登记机关申请办理变更登记。

（四）个人独资企业投资人的相关规定

1. 主体资格的限制

自然人应当具有完全民事行为能力。同时，法律、行政法规禁止从事营利性活动的人，不得作为投资人申请设立个人独资企业，如国家公务员、现役军人、国有集体企事业单位在职管理人员等。

2. 财产所有权归属

个人独资企业投资人对本企业的财产依法享有所有权，其有关权利可以依法进行转让或继承。

3. 承担责任方式

个人独资企业投资人在申请企业设立登记时明确以其家庭共有财产作为个人出资的，应当依法以家庭共有财产对企业债务承担无限责任。

2. 事务管理

如前所述，个人独资企业具有强烈的人身依附性，故在决定企业事务管理方面也是由投资人自行决定。个人独资企业投资人可以自行管理企业事务，也可以委托或者聘用其他具有民事行为能力的人负责企业的事务管理。

投资人委托或者聘用他人管理个人独资企业事务，应当与委托人或者被聘用的人签订书面合同，明确委托的具体内容和授予的权利范围。

委托人或者被聘用的人员应当履行诚信、勤勉义务，按照与投资人签订的合同负责个人独资企业的事务管理。

投资人对委托人或者被聘用的人员职权的限制，不得对抗善意第三人。

投资人委托或者聘用的管理个人独资企业事务的人员不得有下列行为：

（1）利用职务上的便利，索取或者收受贿赂；

（2）利用职务或者工作上的便利侵占企业财产；

（3）挪用企业的资金归个人使用或者借贷给他人；

（4）擅自将企业资金以个人名义或者以他人名义开立账户储存；

（5）擅自以企业财产提供担保；

（6）未经投资人同意，从事与本企业相竞争的业务；

（7）未经投资人同意，同本企业订立合同或者进行交易；

（8）未经投资人同意，擅自将企业商标或者其他知识产权转让给他人使用；

（9）泄露本企业的商业秘密；

（10）法律、行政法规禁止的其他行为。

3. 个人独资企业的权利和义务

（1）个人独资企业的权利：个人独资企业可以依法申请贷款、取得土地使用权，并享有法律、行政法规规定的其他权利。任何单位和个人不得违反法律、行政法规的规定，以任何方式强制个人独资企业提供财力、物力、人力；对于违法强制提供财力、物力、人力的行为，个人独资企业有权拒绝。

（2）个人独资企业的义务：个人独资企业应当依法设置会计账簿，进行会计核算。个人独资企业招用职工的，应当依法与职工签订劳动合同，保障职工的劳动安全，按时、足额发放职工工资。个人独资企业应当按照国家规定参加社会保险，为职工缴纳社会保险费。

（五）个人独资企业的解散和清算

1. 个人独资企业的解散

个人独资企业有下列情形之一时，应当解散；

（1）投资人决定解散；

（2）投资人死亡或者被宣告死亡，无继承人或继承人决定放弃继承；

（3）被依法吊销营业执照；

（4）法律、行政法规规定的其他情形。

2. 个人独资企业的清算

（1）清算人的组成

个人独资企业解散，由投资人自行清算或者由债权人申请人民法院指定清算人进行清算。

（2）清算程序

投资人自行清算的，应当在清算前 15 日内书面通知债权人，无法通知的，应当予以公告。债权人应当在接到通知之日起 30 日内，未接到通知的应当在公告之日起 60 内，向投资人申报其债权。

个人独资企业解散后，原投资人对个人独资企业存续期间的债务仍应承担偿还责任，但债权人在 5 年内未向债务人提出偿债请求的，该责任消灭。

个人独资企业解散的，财产应当按照下列顺序清偿：所欠职工工资和社会保险费用；所欠税款；其他债务。

清算期间，个人独资企业不得开展与清算目的无关的经营活动。在按前条规定清偿债务前，投资人不得转移、隐匿财产。

个人独资企业财产不足以清偿债务的，投资人应当以其个人的其他财产予以清偿。

个人独资企业清算结束后，投资人或者人民法院指定的清算人应当编制清算报告，并于 15 日内到登记机关办理注销登记。

六　外商投资企业法

外商投资企业，是指外国企业和其他经济组织或个人依照我国法律，在我国境内以直接投资方式参与或独立设立的各类企业的总称。主要包括中外合资经营企业、中外合作经营企业和外资企业三类。

（一）中外合资经营企业法

中外合资经营企业是指中国的企业或其他经济组织同外国的企业和其

他经济组织或个人，依照中国法律，经中国政府批准，在中国境内举办的，双方共同投资、共同经营、共担风险、共负盈亏的企业。合营企业的形式为有限责任公司。

合营企业的注册资本中，外国合营者的出资比例一般不低于 25%。合营双方按注册资本比例分享利润和分担风险及亏损。董事会是合营企业的最高权力机构。

（二）中外合作经营企业法

中外合作经营企业，是指中国的企业或其他经济组织与外国的企业和其他经济组织或者个人，依法在中国境内共同举办的，按合作企业合同的约定，规范投资或合作条件、收益或产品分配、风险和亏损的分担，以及经营管理方式和合作企业终止时财产的归属等问题的企业。

对具有法人资格的合作企业，一般采用董事会制；对不具有法人资格的合作企业，一般采用联合管理制。

（三）外资企业法

外资企业是指依照中国法律在中国境内设立的全部资本由外国投资者投资的企业。外资企业的组织形式为有限责任公司，经批准也可以为其他责任形式。有以下情况的不予批准：（1）有损我国主权或社会公共利益；（2）危及中国国家安全；（3）违反中国法律、法规的；（4）不符合中国国民经济发展要求；（5）可能造成环境污染的。

七　公司法

1993 年 12 月 29 日，第八届全国人民代表大会常务委员会第五次会议审议通过了《公司法》，该法分为 11 章，共 230 条，自 1994 年 7 月 1 日起实施。作为建立社会主义市场经济主体制度的一部重要法律，它的制定对于规范公司的组织和行为，保护公司、股东和债权人的合法权益，维护社会经济秩序，促进社会主义市场经济的发展，均具有重要的意义。但随着我国市场经济的发展，公司自身的变化，该法也体现了一定的滞后性和缺陷，2005 年 10 月初，第十届全国人民代表大会常务委员会第十八次会议修订、通过了《公司法》，这是该法自 1994 年实施以来的一次重大修改，自 2006 年 1 月 1 日起施行。2013 年 12 月 28 日第十二届全国人民代表大会常务委员会第六次会议《关于修改〈中华人民共和国海洋环境保护法〉等七部法律的决定》中又对《公司法》进行了较大的修正。修订后的《公司法》分为 13 章，共 218 条。

按照《公司法》的规定，目前我国的公司包括有限责任公司和股份有限公司两种形式。

（一）有限责任公司

1. 有限责任公司的概念和特征

有限责任公司又称有限公司，是指依照《公司法》的有关规定设立的，股东以其认缴的出资额为限对公司承担责任，公司以其全部资产对公司的债务承担责任的企业法人。

有限责任公司具有以下特征：

（1）股东人数受法律限制。我国《公司法》第 24 条规定："有限责任公司由 50 个以下股东出资设立"，对有限责任公司的最高股东人数作了法律限制。

（2）股东对公司债务只负有限责任。所有有限责任公司的股东都以其认缴的出资额为限对公司承担责任，这也是有限责任公司与其他公司形式最主要的区别。

（3）有限责任公司的资本由全体股东的出资组成。有限责任公司由全体股东订立公司章程设立，股本由股东认足，不向社会募集。公司对股东的出资发给出资证明书，作为权利证明，而股份公司证明股东权利的证明则是股票。这也是此两种公司最主要的区别之一。

（4）股东出资额不得随意转让。有限责任公司的出现一定程度上是为了弥补股份公司的股东可随意转让股份，公司随时处于流动和开放状态的缺陷，因此，对股东转让股份作出一定限制，但公司毕竟强调资合，因此，与合伙企业中普通合伙人转让出资的严格限制相比，有限责任公司的相关规定仍然有所放松。

（5）公司为股东和实际控制人提供担保受到严格限制。《公司法》第 16 条规定：公司向其他企业投资或者为人他提供担保，依照公司章程的规定，由董事会或者股东会、股东大会决议；公司章程对投资或者担保的总额及单项投资或者担保的数额有限额规定的，不得超过规定的限额。公司为公司股东或者实际控制人提供担保的，必须经股东会或者股东大会决议，此时该股东或实际控制人不得参加表决，该项表决由出席会议的其他股东所持表决权的过半数通过（该项规定也适用于股份有限责任公司）。

控股股东，是指其出资额占有限责任公司资本总额 50% 以上或者其持有的股份占股份有限公司股本总额 50% 以上的股东；出资额或者持有股份的比例虽然不足 50%，但依其出资额或者持有的股份所享有的表决权已足以对股东会、股东大会的决议产生重大影响的股东。

实际控制人，是指虽不是公司的股东，但通过投资关系、协议或者其他安排，能够实际支配公司行为的人。

关联关系，是指公司控股股东、实际控制人、董事、监事、高级管理人员与其直接或者间接控制的企业之间的关系，以及可能导致公司利益转移的其他关系。但是，国家控股的企业之间不会因为同受国家控股而具有关联关系。

2. 有限责任公司的设立

（1）设立条件

根据我国《公司法》第 23 条的规定，设立有限责任公司应当具备下列条件：

第一，股东符合法定人数。《公司法》第 24 条规定："有限责任公司由 50 个以下股东出资设立。"这是从维护公司稳定，加强公司股东间相互信任和了解的角度出发而对股东最高人数加以限制。由于新《公司法》中规定了一人有限责任公司这种特殊的形式，因此在股东人数的限制上突破了原《公司法》中最低两人的限制。

第二，有符合公司章程规定的全体股东认缴的出资额。原《公司法》规定有限责任公司注册资本的最低限额为人民币 3 万元，如法律、行政法规对有限责任公司注册资本的最低限额有较高规定的，从其规定。而新修订的《公司法》第 26 条则对注册资本金进一步放宽：有限责任公司的注册资本为在公司登记机关登记的全体股东认缴的出资额。法律、行政法规以及国务院决定对有限责任公司注册资本实缴、注册资本最低限额另有规定的，从其规定。

第三，股东共同制订公司章程。公司章程是公司中最重要的宪法性文件。记载了有关公司组织与活动基本原则的所有重大事项。有限责任公司章程的订立要经过全体股东的同意，并要在公司章程上签名、盖章。

有限责任公司章程应载明以下事项：公司名称和住所；公司经营范围；公司注册资本；股东的姓名或者名称；股东的出资方式、出资额和出资时间；公司的机构及其产生办法、职权、议事规则；公司法定代表人（《公司法》规定公司的法定代表人可以由公司的董事长、执行董事或经理担任）；股东会会议认为需要规定的其他事项。股东应当在公司章程上签名、盖章。

第四，有公司名称，建立符合有限公司要求的组织机构。

第五，有公司住所。在我国，公司住所是指公司的主要办事机构所在地。

（2）股东的出资

股东出资可以分为货币出资和非货币出资两大类。后者包括实物、知识产权和土地使用权等可以用货币估价并可以依法转让的财产性权利，但是，法律、行政法规规定不得作为出资的财产除外。对作为出资的非货币财产应当经评估作价，不得高估或低估作价。

股东应当按期足额缴纳公司章程中规定的各自所认缴的出资额。股东以货币方式出资的，应当将货币出资足额存入有限责任公司在银行开设的账户；以非货币财产出资的，应当依法办理财产的转移手续。股东不按照规定缴纳出资的，除应当向公司足额缴纳出资外，还要向已按期足缴纳出资的股东承担违约责任。

股东缴纳出资后，必须经依法设立的验资机构验资并出具证明。

有限责任公司成立后，发现作为设立公司出资的非货币财产的实际价额显著低于公司章程所定价额的，应当由交付该出资的股东补足其差额；公司设立时的其他股东承担连带责任。

公司成立后，股东不得抽逃出资。

（3）公司的设立登记

股东的首次出资经依法设立的验资机构验资后，由全体股东指定的代表或者共同委托的代理人向公司登记机关报送公司登记申请书、公司章程、验资证明等文件，申请设立登记。

依法设立的公司，由公司登记机关发给公司营业执照。公司营业执照签发日期为公司成立日期。

3. 股东和股东出资的转让

（1）股东

股东是公司的出资者，可以是自然人、法人、国家等。法律、公司章程禁止成为股东的人是不能作为公司的股东的。股东的权利主要表现为自益权和共益权。自益权是股东基于自身出资专为自身利益而行使的享受经济利益的权利，包括获得股息、红利的权利、其他股东转让出资时的优先受让权等。共益权是股东基于自己的出资为公司利益，同时为自己的利益而行使的参与公司事务的经营管理权利，包括表决权、监督权、请求股东会召开的权利、查阅公司账簿权、请求诉讼权等。

我国《公司法》中规定的股东权利有：出席股东会；参与公司重大决策和选择管理者；被选举为董事会成员和监事会成员；查阅股东会会议记录和公司财务会计报告，按比例获取红利；公司新增资本时，股东可以优先认缴出资；经股东同意转让的出资，其他股东对该出资有优先购买权；为公司及股东利益起诉董事、高级管理人员的权利。此外，《公司法》中规定的股东会权利也属于股东权利。

股东在享受权利的同时要履行相应的义务。根据我国《公司法》的规定，股东应履行以下义务：缴纳所认缴的出资；遵守公司章程；以其缴纳的出资为限对公司承担责任；在公司核准登记后，不得抽回出资；出资填补；对公司及其他股东诚实的义务；竞业禁止的义务等。

（2）股东出资的转让

有限责任公司的股东之间可以相互转让其全部或者部分股权。股东向股东以外的人转让股权，应当经其他股东过半数同意。股东应就其股权转让事项书面通知其他股东征求同意，其他股东自接到书面通知之日起满30日未作答复的，视为同意转让。其他股东半数以上不同意转让的，不同意的股东应当购买该转让的股权；不购买的，视为同意转让。经股东同意转让的股权，在同等条件下，其他股东有优先购买权。两个以上股东主张行使优先购买权的，协商确定各自的购买比例；协商不成的，按照转让时各自的出资比例行使优先购买权。公司章程对股权转让另有规定的，从其规定。

人民法院依照强制执行程序转让股东的股权时，应当通知公司及全体股东，其他股东在同等条件下具有优先购买权。其他股东自人民法院通知之日起满20日不行使优先购买权的，视为放弃优先购买权。

股东转让股权后，公司应当注销原股东的出资证明书，向新股东签发出资证明书，并相应修改公司章程和股东名册中有关股东及其出资额的记载。对公司章程的该项修改不需再由股东会表决。这一变更应向公司登记机关办理变更登记，未经变更登记的，不得对抗第三人。

有下列情形之一的，对股东会该项决议投反对票的股东可以请求公司按照合理的价格收购其股权：（1）公司连续5年不向股东分配利润，而公司该 5 年连续盈利，并且符合规定的分配利润条件的；（2）公司合并、分立、转让主要财产的；（3）公司章程规定的营业期限届满或者章程规定的其他解散事由出现，股东会会议通过决议修改使公司存续的。自股东会会议决议通过之日起 60 日内，股东与公司不能达成股权收购协议的，股东可以自股东会会议决议通过之日起 90 日内向人民法院提起诉讼。

自然人股东死亡后，其合法继承人可以继承股东资格，但公司章程另有规定的除外。

4. 有限公司的组织机构

公司的主要组织机构有股东会、董事会和监事会。其中股东会是公司的权力机构，行使对公司重大事项的决策权；董事会是公司的执行机构，负责执行公司股东会所作出的各项决议；监事会负责对公司运行及相关管理人员进行监督。

（1）股东会

有限责任公司的股东会由全体股东组成，股东会是公司的权力机构，依照《公司法》行使下列职权：决定公司的经营方针和投资计划；选举和更换非由职工代表担任的董事、监事，决定有关董事、监事的报酬事项；审议批准董事会的报告；审议批准监事会或者监事的报告；审议批准公司的年度财务预算方案、决算方案；审议批准公司的利润分配方案和弥补亏损方案；对公司增加或者减少注册资本作出决议；对发行公司债券作出决议；对公司合并、分立、解散、清算或者变更公司形式作出决议；修改公司章程；公司章程规定的其他职权。

对以上事项股东以书面形式一致表示同意的，可以不召开股东会会议，直接作出决定，并由全体股东在决定文件上签名、盖章。

（2）董事会

董事会是有限责任公司的经营决策和业务的执行机构，是公司的常设机构。它对外代表公司，对内执行业务。根据《公司法》的规定，董事会由 3—13 名董事组成。规模较小的有限责任公司可以不设董事会，只设 1 名执行董事。

董事的产生方式有三种；一是由股东会选任；二是由章程确定；三是由法律直接规定。董事会设董事长一人，可以设副董事长。董事长、副董事长的产生办法由公司章程规定。

我国《公司法》第 46 条规定：董事会对股东会负责，行使下列职

权：召集股东会会议，并向股东会报告工作；执行股东会的决议；决定
公司的经营计划和投资方案；制订公司的年度财务预算方案、决算方
案；制订公司的利润分配方案和弥补亏损方案；制订公司增加或者减少
注册资本以及发行公司债券的方案；制订公司合并、分立、解散或者变
更公司形式的方案；决定公司内部管理机构的设置；决定聘任或者解聘
公司经理及其报酬事项，并根据经理的提名决定聘任或者解聘公司副经
理、财务负责人及其报酬事项；制定公司的基本管理制度；公司章程规
定的其他职权。

（3）经理

有限责任公司的经理，是负责公司日常经营管理事务的高级管理人
员，由董事会决定聘任或者解聘。经理对董事会负责，行使下列职权：主
持公司的生产经营管理工作，组织实施董事会决议；组织实施公司年度经
营计划和投资方案；拟订公司内部管理机构设置方案；拟订公司的基本管
理制度；制定公司的具体规章；提请聘任或者解聘公司副经理、财务负责
人；决定聘任或者解聘除应由董事会决定聘任或者解聘以外的负责管理人
员；董事会授予的其他职权。

公司章程对经理职权另有规定的，从其规定。经理列席董事会。股东
人数较少或者规模较小的有限责任公司，可只设1名执行董事，执行董事
可以兼任公司经理。

（4）监事会

监事会是公司的监督机构。根据我国《公司法》第51条的规定，有
限责任公司设立监事会，其成员不得少于3人。股东数较少或者规模较小
的有限责任公司可设1—2名监事，不设监事会。监事会应当包括股东代
表和适当比例的公司职工代表，其中职工代表的比例不得低于1/3，具体
比例由公司章程规定。董事、高级管理人员不得兼任监事。

监事会的职权：检查公司财务；对董事、高级管理人员执行公司职务
的行为进行监督，对违反法律、行政法规、公司章程或者股东会决议的董
事、高级管理人员提出罢免的建议；当董事、高级管理人员的行为损害公
司的利益时，要求董事、高级管理人员予以纠正；提议召开临时股东会会
议，在董事会不履行召集和主持股东会会议职责时召集和主持股东会会
议；向股东会会议提出提案；依照规定，对董事、高级管理人员提起诉
讼；公司章程规定的其他职权。

5. 一人有限责任公司

一人有限责任公司,是指只有一个自然人股东或者一个法人股东的有限责任公司。与一般的有限责任公司相比,一人有限责任公司有其特别规定:

(1) 一个自然人只能投资设立一个一人有限责任公司。

(2) 该一人有限责任公司不能投资设立新的一人有限责任公司。

(3) 一人有限责任公司应当在公司登记中注明自然人独资或者法人独资,并在公司营业执照中载明。

(4) 一人有限责任公司章程由股东制订。一人有限责任公司不设股东会。

(5) 股东决定公司的经营方针和投资计划时,应当采用书面形式,并由股东签字后置备于公司。

(6) 一人有限责任公司应当在每一会计年度终了时编制财务会计报告,并经会计师事务所审计。

(6) 一人有限责任公司的股东不能证明公司财产独立于股东自己财产的,应当对公司债务承担连带责任。

(二) 股份有限公司

1. 股份有限公司的概念和特征

股份有限公司是指依法设立的,将公司全部资本分为等额股份,股东以其认购的股份为限对公司承担责任,而公司以其全部股份对公司债务承担责任的企业法人。

股份有限公司具有以下主要特征:

(1) 股份有限公司的全部资本为分等额部分,股份采取股票形式。当股东认购股份后,公司向股东交付股票以证明股东的权利,这与有限责任公司中证明股东权利的权利文件(出资证明书)不同。

(2) 股份有限公司的股东以其认购的股份为限对公司承担有限责任,而有限责任公司的股东虽然也承担有限责任,但是以认缴的出资额为限。

(3) 有限责任公司的股东人数有最高而无最低的限制,这是由公司相对封闭的性质决定,而股份有限公司是一种纯粹的"资合"公司,故《公司法》中仅对发起人有 2—200 人的限制,而对股东人数是没有最高限制的。

(4) 股份有限公司可以向社会公开募集股本。股份有限公司存在两种设立方式，其中以募集设立方式设立的公司可以向社会公司募集股本，这与有限责任公司和股份有限责任公司中以发起设立方式设立的公司有着较大区别。这也是股份有限公司中股东无最高人数限制的最主要原因。

（5）股东转让股份较为容易。由于股份有限公司的"资合"性，使得股东在转让出资时不像有限责任公司中股东转让出资一样受到一定限制，除特定主体（如发起人、董事、监事等）在一定条件和期限上受到限制外，一般股东转让时均可依法自由转让。

（二）股份有限责任公司的设立

股份有限公司有两种设立的方式：发起设立和募集设立。发起设立是指由发起人认购公司应发行的全部股份而设立公司。募集设立，是指由发起人认购公司应发行股份的一部分，其余股份向社会公开募集或者向特定对象募集而设立公司。

根据我国《公司法》第76条的规定，设立股份有限责任公司应当具备下列条件：

1. 发起人符合法定人数。设立股份有限公司，应当有2人以上200人以下为发起人，其中须有半数以上的发起人在中国境内有住所。股份有限公司的发起人承担公司筹办事务。发起人应当签订发起人协议，明确各自在公司设立过程中的权利和义务。

2. 有符合公司章程规定的全体发起人认购的股本总额或者募集的实收股本总额。股份有限公司采取发起设立方式设立的，注册资本为在公司登记机关登记的全体发起人认购的股本总额。在发起人认购的股份缴足前，不得向他人募集股份。

股份有限公司采取募集方式设立的，注册资本为在公司登记机关登记的实收股本总额。

法律、行政法规以及国务院决定对股份有限公司注册资本实缴、注册资本最低限额另有规定的，从其规定。

有限责任公司变更为股份有限公司时，折合的实收股本总额不得高于公司净资产额。有限责任公司变更为股份有限公司，为增加资本公开发行股份时，应当依法办理。

3. 股份发行、筹办事项符合法律规定。

4. 发起人制订公司章程，采用募集方式设立的经创立大会通过。

5. 有公司名称，建立符合股份有限公司要求的组织机构。

6. 有公司住所。

以发起设立方式设立股份有限公司的，发起人应当书面认足公司章程规定其认购的股份，并按照公司章程规定缴纳出资。以非货币财产出资的，应当依法办理其财产权的转移手续。发起人不依照前款规定缴纳出资的，应当按照发起人协议承担违约责任。发起人认足公司章程规定的出资后，应当选举董事会和监事会，由董事会向公司登记机关报送公司章程以及法律、行政法规规定的其他文件，申请设立登记。

以募集设立方式设立股份有限公司的，发起人认购的股份不得少于公司股份总数的35%，但是，法律、行政法规另有规定的，从其规定。发起人向社会公司募集股份，公告招股说明书，并制作认股书。招股说明书应当附有发起人制定的公司章程，并载明下列事项：发起人认购的股份数；每股的票面金额和发行价格；无记名股票的发行总数；募集资金的用途；认股人的权利、义务；本次募股的起止期限及逾期未募足时认股人可以撤回所认股份的说明。认股书应当载明招股说明书所列事项，由认股人填写认购股数、金额、住所，并签名、盖章。认股人按照所认购股数缴纳股款。

董事会应于创立大会结束后30日内，向公司登记机关报送下列文件，申请设立登记：公司登记申请书；创立大会的会议记录；公司章程；验资证明；法定代表人、董事、监事的任职文件及其身份证明；发起人的法人资格证明或者自然人身份证明；公司住所证明。

以募集方式设立股份有限公司公开发行股票的，还应当向公司登记机关报送国务院证券监督管理机构的核准文件。

（三）股份有限公司的组织机构

1. 股东大会

股东大会由全体股东组成，股东大会与有限责任公司中的股东会一样都是公司的权力机构，前述有关有限责任公司股东会职权的规定，适用于股份有限公司股东大会。

股东大会选举董事、监事，可以依照公司章程的规定或者股东大会的决议，实行累积投票制。累积投票制，是指股东大会选举董事或者监事时，每一股份拥有与应选董事或者监事人数相同的表决权，股东拥有的表决权可以集中使用。累计投票制是《公司法》为保护中小股东权益而新设的制度，通过允许中小股东集中使用自己的投票权，扩大他们的话语权，也在一定程度上限制大股东的垄断。

2. 董事会

股份有限公司设董事会，其成员为5—19人。董事会成员中可以有公司职工代表。董事会中的职工代表由公司职工通过职工代表大会、职工大会或者其他形式民主选举产生。有限责任公司董事任期的规定，适用于股份有限公司董事。有限责任公司董事会职权的规定，适用于股份有限公司董事会。董事会设董事长1人，可以设副董事长。董事长和副董事长由董事会以全体董事的过半数选举产生。

3. 经理

股份有限公司设经理，由董事会决定聘任或者解聘。有限责任公司经理职权的规定，适用于股份有限公司经理。公司董事会可以决定由董事会成员兼任经理。

4. 监事会

股份有限公司设监事会，其成员不得少于3人。监事会应当包括股东代表和适当比例的公司职工代表，其中职工代表的比例不得低于1/3，具体比例由公司章程规定。监事会中的职工代表由公司职工通过职工代表大会、职工大会或者其他形式民主选举产生。

（三）公司合并、分立、增资与减资

1. 公司合并、分立的概念

公司合并可以采取吸收合并或者新设合并。一个公司吸收其他公司为吸收合并，被吸收的公司解散。两个以上公司合并设立一个新的公司为新设合并，合并各方解散。

公司分立是指原有一个公司分立为两个以上的公司。

2. 公司合并、分立的程序

（1）公司合并程序

公司合并，应当由合并各方签订合并协议，并编制资产负债表及财产清单。公司应当自作出合并决议之日起10日内通知债权人，并于30日内在报纸上公告。债权人自接到通知书之日起30日内，未接到通知书的自公告之日起45日内，可以要求公司清偿债务或者提供相应的担保。公司合并时，合并各方的债权、债务，应当由合并后存续的公司或者新设的公司继承。

（2）公司分立程序

公司分立，其财产作相应的分割。公司分立，应当编制资产负债表及财产清单。公司应当自作出分立决议之日起 10 日内通知债权人，并于 30 日内在报纸上公告。公司分立前的债务由分立后的公司承担连带责任。但是，公司在分立前与债权人就债务清偿达成的书面协议另有约定的除外。

3. 公司增资、减资的规定

（1）公司减少注册资本的规定

公司需要减少注册资本时，必须编制资产负债表及财产清单。

公司应当自作出减少注册资本决议之日起 10 日内通知债权人，并于 30 日内在报纸上公告。债权人自接到通知书之日起 30 日内，未接到通知书的自公告之日起 45 日内，有权要求公司清偿债务或者提供相应的担保。

（2）公司增加注册资本的规定

有限责任公司增加注册资本时，股东认缴新增资本的出资，依照《公司法》设立有限责任公司缴纳出资的有关规定执行。

股份有限公司为增加注册资本发行新股时，股东认购新股，依照《公司法》设立股份有限公司缴纳股款的有关规定执行。

公司合并或者分立，登记事项发生变更的，应当依法向公司登记机关办理变更登记；公司解散的，应当依法办理公司注销登记；设立新公司的，应当依法办理公司设立登记。

（四）公司解散和清算

公司因下列原因解散：

（1）公司章程规定的营业期限届满或者公司章程规定的其他解散事由出现；

（2）股东会或者股东大会决议解散；

（3）因公司合并或者分立需要解散；

（4）依法被吊销营业执照、责令关闭或者被撤销；

（5）公司经营管理发生严重困难，继续存续会使股东利益受到重大损失，通过其他途径不能解决的，持有公司全部股东表决权 10% 以上的股东请求时，人民法院应当予以解散。

公司有第 1 项情形的，可以通过修改公司章程而存续。

因第 1 项、第 2 项、第 4 项、第 5 项规定而解散的，应当在解散事由出现之日起 15 日内成立清算组，开始清算。有限责任公司的清算组由股东组成，股份有限公司的清算组由董事或者股东大会确定的人员组成。逾期不成立清算组进行清算的，债权人可以申请人民法院指定有关人员组成清算组进行清算。人民法院应当受理该申请，并及时组织清算组进行清算。

清算组在清算期间行使下列职权：

（1）清理公司财产，分别编制资产负债表和财产清单；

（2）通知、公告债权人；

（3）处理与清算有关的公司未了结的业务；

（4）清缴所欠税款以及清算过程中产生的税款；

（5）清理债权、债务；

（6）处理公司清偿债务后的剩余财产；

（7）代表公司参与民事诉讼活动。

清算组应当自成立之日起 10 日内通知债权人，并于 60 日内在报纸上公告。债权人应当自接到通知书之日起 30 日内，未接到通知书的自公告之日起 45 日内，向清算组申报其债权。

债权人申报债权，应当说明债权的有关事项，并提供证明材料。清算组应当对债权进行登记。

在申报债权期间，清算组不得对债权人进行清偿。

清算组在清理公司财产、编制资产负债表和财产清单后，应当制订清算方案，并报股东会、股东大会或者人民法院确认。

公司财产在分别支付清算费用、职工的工资、社会保险费用和法定补偿金，缴纳所欠税款，清偿公司债务后的剩余财产，有限责任公司按照股东的出资比例分配，股份有限公司按照股东持有的股份比例分配。

清算期间，公司存续，但不得开展与清算无关的经营活动。公司财产在未依照规定清偿前，不得分配给股东。

清算组在清理公司财产、编制资产负债表和财产清单后，发现公司财产不足清偿债务的，应当依法向人民法院申请宣告破产。公司经人民法院裁定宣告破产后，清算组应当将清算事务移交给人民法院。

公司清算结束后，清算组应当制作清算报告，报股东会、股东大会或者人民法院确认，并报送公司登记机关，申请注销公司登记，公告公司终止。

清算组成员应当忠于职守，依法履行清算义务。清算组成员不得利用职权收受贿赂或者其他非法收入，不得侵占公司财产。清算组成员因故意或者重大过失给公司或者债权人造成损失的，应当承担赔偿责任。

第三节　规范市场秩序的主要法律

一　反不正当竞争法

（一）反不正当竞争与《反不正当竞争法》

《反不正当竞争法》规定，不正当竞争，是指经营者违反法律规定，损害其他经营者的合法权益，扰乱社会经济秩序的行为。经营者是指从事商品经营或者营利性服务的法人、其他经济组织和个人。

我国现行《反不正当竞争法》于1993年9月2日第八届全国人民代表大会常务委员会第三次会议通过。该法共5章，33条，自1993年12月1日起施行。

（二）不正当竞争的表现形式

1. 采用欺骗性标志从事交易的行为

包括：（1）假冒他人的注册商标：第一，未经注册商标所有人的许可，在同一种商品或者类似商品上使用与其注册商标相同或者近似的商标；第二，销售明知是假冒注册商标商品的行为；第三，伪造、擅自制造他人注册商标标识或者销售伪造、擅自制造注册商标标识的行为；第四，未经商标注册人同意，更换其注册商标并将其更换商标的商品又投入市场的；第五，给他人的注册商标专用权造成其他损害的。（2）擅自使用知名商品特有的名称、包装、装潢，或者使用与知名商品近似的名称、包装、装潢，造成和他人的知名商品相混淆，使购买者误认为是该知名商品。有下列情形之一的，人民法院不认定为知名商品特有的名称、包装、装潢：其一，商品的通用名称、图形、型号；其二，仅仅直接表示商品的质量、主要原料、功能、用途、重量、数量及其他特点的商品名称；其三，仅由商品自身的性质产生的形状，为获得技术效果而需有的商品形状以及使商品具有实质性价值的形状；其四，其他缺乏显著特征的商品名称、包装、装潢。上述一、二、四项规定的情形经过使用取得显著特征的，可以认定为特有的名称、包装、装潢。（3）擅自使用他人的企业名称或者姓名，引人误认为是他人的商品。（4）在商品上依靠或者冒用认证标志、名优标志等质量标志，伪造产地，对商品质量作引人误解的虚假表示。

2. 公用企业限制竞争行为

公用企业限制竞争行为，是指公用企业或者依法具有独占地位的经营者妨碍甚至完全阻止其他市场主体进行竞争的行为。主要有下面一些表现形式：（1）限定用户、消费者只能购买和使用其附带提供的相关商品，而不得购买和使用其他经营者提供的符合技术标准要求的同类商品。（2）限定用户、消费者只能购买和使用其指定的经营者生产或者经销的商品，而不得购买和使用其他经营者提供的符合技术标准要求的同类商品。（3）强制用户、消费者购买其提供的不必要的商品及服务，或其指定的经营者提供的不必要的商品。（4）以检验商品质量、性能为借口，阻碍用户、消费者购买、使用其他经营者提供的符合技术标准要求的其他商品。（5）对不接受其不合理条件的消费者、用户拒绝、中断或者削减供应相关商品，或者滥收费用，如断电、断气、断水等。

3. 滥用行政权力行为

滥用行政权力是指行政机关和法律、法规授权的具有管理公共事务职能的组织，不执行或违反法律，制定和发布行政法规，或超出法律授权的范围管理公共事务及解决行政问题的行为或做法，包括其中进行的各种组织、控制、协调、监督等活动。

4. 商业贿赂行为

经营者采用财物或者其他手段进行贿赂以销售或者购买商品，在账外暗中给予对方单位或者个人回扣，对方单位或者个人在账外暗中收受回扣。回扣具有以下特征：（1）回扣发生在市场交易的双方之间，是一方当事人向另一方当事人及其雇员、负责人等有决定权的个人支付；（2）回扣的形式包括提供金钱、有价证券或其他财物等；（3）回扣是在账外暗中进行的，给予回扣的不记账，收受回扣的不入账，违反了财经制度；（4）经营者利用回扣的目的在于排挤竞争对手，获取交易机会。

5. 虚假宣传行为

《反不正当竞争法》第9条第1款规定："经营者不得利用广告或者其他方法，对商品的质量、制作成分、性能、用途、生产者、有效期限、产地等作引人误解的虚假宣传。"最高人民法院《关于审理不正当竞争民事案件应用法律若干问题的解释》第8条规定经营者具有下列行为之一，足以造成相关公众误解的，可以认定为《反不正当竞争法》第9条第1

款规定的引人误解的虚假宣传行为：（1）对商品作片面的宣传或者对比的；（2）将科学上未定论的观点、现象等当作定论的事实用于商品宣传的；（3）以歧义性语言或者其他引人误解的方式进行商品宣传的。以明显的夸张方式宣传商品，不足以造成相关公众误解的，不属于引人误解的虚假宣传行为。人民法院应当根据日常生活经验、相关公众一般注意力、发生误解的事实和被宣传对象的实际情况等因素，对引人误解的虚假宣传行为进行认定。

6. 侵犯商业秘密的行为

主要表现有：（1）以盗窃、利诱、胁迫或者其他不正当手段获取的权利人的商业秘密；（2）披露、使用或者允许他人使用以前项手段获取的权利人的商业秘密；（3）违反约定或者违反权利人有关保守商业秘密的要求，披露、使用或者允许他人使用其所掌握的商业秘密；（4）第三人明知或应知前述所列违法行为，获取、使用或者披露他人的商业秘密。商业秘密是指不为公众所知悉、能为权利人带来经济利益、具有实用性并经权利人采取保密措施的技术信息和经营信息。

7. 低于成本价格销售商品的行为

但有下列情形之一的，不属于不正当竞争：（1）销售鲜活商品；（2）处理有效期限即将到期的商品或者其他积压的商品；（3）季节性降价；（4）因清偿债务、转产、歇业降价销售商品。

8. 搭售商品或者附加其他不合理条件销售产品的行为

搭售和附加不合理交易条件的行为，是指经营者利用其经济优势，违背交易相对人的意愿，在提供商品或服务时，搭售其他商品或附加其他不合理交易条件的行为。该种行为的主要表现形式有：（1）商品或服务直接搭配出售，即经营者在销售商品或提供服务时，要求购买必须接受另一种商品或接受另一种服务；（2）限定转售价格，即制造商向销售商提供商品时，要求销售必须按制造商限定的价格销售商品，不得自行变动；（3）限定销售地区，即供应商提供商品时，要求经销商只能向某一类顾客销售该商品；（4）独家经销限制，即供应商向经销商提供商品时，要求经销商只能销售其提供的商品，而不得销售其他竞争对手提供的同类商品；（5）其他搭售商品或者附加其他不合理条件的行为。

9. 不正当有奖销售行为

包括：（1）采用谎称有奖或者故意让内定人员中奖的欺骗方式进行

有奖销售；（2）利用有奖销售的手段推销质次价高的商品；（3）抽奖式的有奖销售，最高奖的金额超过人民币 5000 元。

10. 诋毁竞争对手商业信誉、商品声誉的行为

具体而言，是指经营者自己或利用他人，通过捏造、散布虚伪事实等不正当手段，对竞争对手的商业信誉、商品信誉进行恶意的诋毁、贬低，以削弱其市场竞争能力，并为自己谋取不正当利益的行为。恶意诋毁、贬低他人商誉的诽谤行为，不仅损害了竞争对手的合法权益，而且也欺骗了其他经营者和消费者，最终必然破坏市场公平竞争的正常秩序。因此，大多数国家都将规制商业诽谤行为作为保护商誉的重要手段在竞争法中进行规定。

11. 串通招标、投标行为

串通投标行为是指投标者之间串通投标，抬高或压低标价，以及投标者为排挤竞争对手而与投标者相互勾结的行为。串标直接伤害了其他投标人的合法权益。实质上是一种无序竞争、恶意竞争行为，它扰乱了正常的招投标秩序，妨碍了竞争机制应有功能的充分发挥，往往使中标结果在很大程度上操纵在少数几家企业手中，而将有优势、有实力中标的潜在中标人拒之门外。不仅破坏了建设市场的正常管理和诚信环境，严重影响到招标投标的公正性和严肃性，而且也伤害了大多数投标人的利益。

（三）违反《反不正当竞争法》的法律责任。

1. 民事责任

《反不正当竞争法》第 20 条第 1 款规定："经营者违反本法规定，给被侵害的经营者造成损害的，应当承担损害赔偿责任，被侵害的经营者的损失难以计算的，赔偿额为侵权人在侵权期间因侵权所获得的利润；并应当承担被侵害的经营者因调查该经营者侵害其合法权益的不正当竞争行为所支付的合理费用。"可见，《反不正当竞争法》将违法经营者的民事责任主要定位于侵权责任。被侵害的经营者的合法权益受到不正当竞争行为损害的，可以向人民法院提起诉讼。

2. 行政责任

不正当竞争行为发生在经济生活领域，扰乱了市场经济秩序，仅仅依靠民事经济手段是不能遏止其发生的，通过规定不正当竞争行为的行政责任，赋予国家行政机关主动干预的职权，有利于行政机关快速、简便地利用行政手段制止不正当竞争行为的发生。经营者所从事的不正当竞争行为

类型不同，其行政责任也不同。

3. 刑事责任

我国对不正当竞争行为的责任形式以民事责任和行政责任为主，刑事责任仅对少数严重危害国家、社会以及其他经营者的合法权益、情节恶劣的行为作了规定。如对假冒行为规定了"生产销售伪劣商品罪"，对侵犯他人商业秘密行为规定了"侵害商业秘密罪"，对以贿赂手段销售或者购买商品的行为规定了"商业贿赂罪"。

二　消费者权益保护法

（一）消费者、消费者权益、消费者权益保护法概念

1. 消费者的概念

何谓消费者，我国法律并无明确定义，只有《消费者权益保护法》第2条作了一个模糊的界定："消费者为生活消费需要购买、使用商品或者接受服务，其权益受本法保护；本法未作规定的，受其他有关法律、法规保护。"一般认为，消费者具有以下特性：

（1）消费者的消费性质属于生活消费。消费是社会再生产的一个重要环节，包括生产消费和生活消费。从各国的立法规定和司法实践来看，一般都将消费者限定于生活消费的主体，我国法律也作了同样规定。

（2）消费者一般是为满足生活需求而进行消费活动的自然人。《消费者权益保护法》对消费者是否包括法人和其他组织未作出明确规定。从该法的立法精神考察，消费者只能是自然人。消费者之所以受到法律的特别保护是因为其在社会中处于弱者地位，而法人和其他组织在从事交易活动中并不具有"弱者"地位，其与经营者发生利益冲突时有足够的经济实力或者团体力量与之抗衡，因此，法律上并无给予特别保护的必要。但值得注意的是，地方性规章中可能会有不同规定，如《云南省消费者权益保护条例》将单位也纳入消费者的范围。

（3）消费者的消费方式包括购买、使用商品和接受服务。在生活消费过程中，有时候商品的购买者不一定是商品的使用者，服务费用的支付者也不一定是服务的接受者。因此，消费者的范围较广，既包括自己购买商品或服务的人，也包括使用他人购买的商品或接受他人付费的服务的人。

综上所述，可以认为，"消费者是为了满足生活需求而购买、使用商品或接受服务的人"。

2. 消费者权益的概念

消费者权益，是指消费者依法享有的权利以及该权利受到保护时而给消费者带来的利益。消费者权益与消费者相伴而生，没有消费者及消费者权益，消费者权益保护法也就失去了其赖以存在的根基。消费者权益的核心是消费者权利，其有效实现是消费者权益从应然状态转化为实然状态的前提和基础。而消费者权益保护法为消费者权利的实现提供了直接的法律保障。我国《消费者权益保护法》中明确规定了消费者的九项权利。

3. 消费者权益保护法的概念

消费者权益保护法是调整消费者在购买、使用商品或接受服务过程中与经营者在提供其生产、销售的产品或者提供服务过程中发生的经济关系的法律规范的总称。消费者权益保护法有广义和狭义之分，广义的消费者权益保护法是指所有具有保护消费者权益功能的法律、法规；狭义的消费者权益保护法仅指全国人大常委会通过的《消费者权益保护法》。该法于1993年10月31日由第八届全国人大常委会第四次会议通过，自1994年1月1日起施行。2009年8月27日第十一届全国人民代表大会常务委员会第十次会议《关于修改部分法律的规定》进行第一次修正。2013年10月25日第十二届全国人大常委会第五次会议《关于修改〈中华人民共和国消费者权益保护法〉的决定》进行第二次修正。

2014年3月15日，由全国人大修订的新版《消费者权益保护法》（简称"新消法"）正式实施。《消费者权益保护法》分总则、消费者的权利、经营者的义务、国家对消费者合法权益的保护、消费者组织、争议的解决、法律责任、附则8章63条。

（二）消费者权利

1. 人身与财产安全权

是指消费者在购买、使用商品和接受的服务时享有人身、财产安全不受损害的权利。安全权是消费者最基本的权利。由于消费者购买的商品和服务是用于生活消费，因此，商品和服务必须绝对可靠，必须绝对保证商品和服务的质量不会损害消费者的生命与健康。消费者依法有权要求经营者提供的商品和服务必须符合保障人身、财产安全的条件。

2. 商品和服务真实情况知悉权

是指消费者享有知悉其购买、使用的商品或者接受服务的真实情况的权利。如商品的价格、产地、生产者、用途、主要成分、生产日期、使用方法说明书等有关情况。消费者只有了解了商品或服务的真实情况，才能作出是否交易的决定。消费者有权根据商品或者服务的不同情况要求经营者提供商品的价格、产地、生产者、用途、性能、规格、等级、主要成分、生产日期、有效期限、检验合格证明、使用方法说明书、售后服务，或者服务的内容、规格、费用等有关情况。

3. 选择商品和服务自主权

是指消费者享有自主选择商品或服务的权利，该权利是自愿原则的制度保障，凡是违反自愿原则，强迫消费者作出交易行为的，就谈不上消费者的自主交易和选择权的行使。根据法律规定，该权利包括以下内容：（1）自主选择提供商品或者服务的经营者的权利；（2）自主选择商品品种或者服务方式的权利；（3）自主决定购买或者不购买任何一种商品、接受或者不接受任何一项服务的权利；（4）在自主选择商品或服务时所享有的进行比较、鉴别和挑选的权利。

4. 公平交易权

是指消费者在购买商品或者接受服务时，有权获得质量保障和价格合理、计量正确等公平交易条件。为了保障消费者公平交易权的实现，必须以《反垄断法》和《反不正当竞争法》对劣质销售、价格不公、计量失度等不公平交易行为加以禁止。此外，消费者还有权拒绝经营者的强制交易行为。

5. 损害求偿权

是指消费者在因购买、使用商品或者接受服务而受到人身财产损害时，依法享有要求并获得赔偿的权利。求偿权是弥补消费者所受损失的必不可少的救济性权利。

6. 为维护自身合法权益的结社权

是指消费者享有依法成立维护自身合法权益的社会团体的权利。消费者作为弱者，单凭自身力量往往很难与经营者相抗衡，行使结社权能使消费者由分散、弱小变得集中、强大，从而拥有与实力雄厚的经营者相抗衡的力量。

7. 获得有关知识权

是指消费者享有获得有关消费和消费者权益保护方面的知识的权利。消费者可以通过接受教育和自我教育的方式获取有关消费商品和服务的基本知识，有关消费者权益保护的主要法律、保护的主要途径等相关知识。

知识的获取可以改变消费者与经营者在信息拥有量方面的差距，提高消费者自我保护的能力。

8. 人格尊严、民族风俗习惯受尊重权

是指消费者在购买、使用商品和接受服务时，享有人格尊严、民族风俗习惯得到尊重的权利。尊重消费者的人格尊严和民族风俗，是社会文明进步的表现，也是尊重和保障人权的重要内容。

9. 对经营者的监督权

是指消费者享有对商品或者服务以及保护消费者权益工作进行监督的权利。消费者的监督权包括：消费者有检举、控告侵害消费者权益的行为和国家机关及其工作人员在保护消费者权益工作中的违法失职行为，有权对保护消费者权益的工作提出批评和建议。

（三）经营者义务

经营者的义务是与消费者的权利相对应的，消费者的权利能否实现取决于经营者是否依法履行了其应尽的义务。因此，明确经营者的义务并使之履行对于保护消费者权益至关重要。我国《消费者权益保护法》第三章对经营者的义务作了明确规定。

1. 履行法定或约定义务

经营者向消费者提供商品或者服务，应当依照《产品质量法》和其他有关法律、法规的规定履行义务。经营者和消费者有约定的，应当按照约定履行义务，但双方的约定不得违反法律、法规的规定。

2. 听取意见和接受监督的义务

经营者应当听取消费者对其提供商品或者服务的意见，接受消费者的监督。该义务是与消费者的监督批评权相对应的，经营者不得以任何方式拒绝消费者的监督。

3. 保障人身和财产安全的义务

经营者应当保证其提供的商品或者服务符合保障人身、财产安全的要求。首先，对可能危及人身、财产安全的商品或服务，经营者应当向消费者作出真实的说明和明确的警示，并说明和标明正确使用商品或者接受服务的方法以及防止危害发生的方法。其次，经营者发现其提供的商品或者服务存在严重缺陷，即使正确使用商品或者接受服务仍然可能对人身、财产安全造成危害的，应当立即向有关行政部门报告和告知消费者，并采取防止危害发生的措施。

4. 提供真实信息的义务

经营者应当向消费者提供有关商品或者服务的真实信息，不得作引人误解的虚假宣传，否则即构成侵犯消费者权益的行为和不正当竞争行为。经营者对消费者就其提供的商品或者服务的质量和使用方法等问题提出询问，应当作出真实、明确的答复。商店提供的商品应当明码标价，做到价签、价目齐全，标准准确，字迹清楚，货签到位，一货一签，标志醒目，价格变动时应当及时更换。

5. 出具凭证或单据的义务

经营者提供商品或者服务，应当按照国家有关规定或者商业惯例向消费者出具购货凭证或者服务单据；消费者索要购货凭证或者服务单据的，经营者必须出具。凭证或单据属于书面凭据，是经营者与消费者之间交易关系的证明，对于解决纠纷、明确权利义务范围具有重要的证据价值。规定经营者有出具凭证或单据的义务，有利于保护消费者的合法权益。

6. 提供符合要求的商品或服务的义务

经营者应当保证在正常使用商品或者接受服务的情况下其提供的商品或者服务应当具有的质量、性能、用途和有效期限；但消费者在购买该商品或者接受该服务前已经知道其存在瑕疵的除外。经营者以广告、产品说明、实物样品或者其他方式表明商品或者服务的质量状况的，应当保证其提供的商品或者服务的实际质量与表明的质量状况相符。

7. 售后服务的义务

经营者提供商品或者服务，按照国家规定或者与消费者的约定，承担包修、包换、包退或者其他责任的，应当按照国家规定或者约定履行，不得故意拖延或者无理拒绝。

8. 不得从事不公平、不合理交易的义务

为了保障消费者的公平交易权，经营者不得以格式合同、通知、声明、店堂告示等方式作出对消费者不公平、不合理的规定，或者减轻、免除其损害消费者合法权益应当承当的民事责任。格式合同、通知、声明、店堂告示等含有对消费者作出的不公平、不合理的规定或者减轻、免除其损害赔偿责任等内容的，其内容无效。

9. 尊重消费者人格尊严的义务

经营者应当尊重消费者的人格尊严，不得对消费者进行侮辱、诽谤，不得搜查消费者的身体及其携带的物品，不得侵犯消费者的人身自由。

（四）法律责任

经营者侵害了消费者的合法权益应当承担损害赔偿责任，如果消费者本身对损害的发生也有过错，应根据实际情况减轻或者免除经营者的责任。为了向消费者提供全方位的保护，《消费者权益保护法》还特别规定了经营者和其他赔偿主体之间的连带责任：

（1）消费者在购买、使用商品时，其合法权益受到损害的，可以向销售者要求赔偿，销售者赔偿后，属于生产者的责任或者属于向销售者提供商品的其他销售者的责任的，销售者有权向生产者或其他销售者追偿。

消费者或者其他受害人因商品缺陷造成人身、财产损害的，可以向销售者要求赔偿，也可以向生产者要求赔偿。属于生产者责任的，销售者赔偿后，有权向生产者追偿；属于经营者责任的，生产者赔偿后，有权向销售者追偿。

消费者在接受服务时其合法权益受到损害的，可以向服务者或其他责任者要求赔偿。

（2）消费者在购买、使用商品或者接受服务时，其合法权益受到损害，因原企业分立、合并的，可以向变更后承受其权利义务的企业要求赔偿。

（3）使用他人营业执照的违法经营者提供商品或者接受服务，损害消费者合法权益的，消费者可以向其要求赔偿，也可以向营业执照的持有人要求赔偿。

（4）消费者在展销会、租赁柜台购买商品或者接受服务，其合法权益受到损害的，可以向销售者或者服务者要求赔偿；展销会结束或者柜台租赁期满后，也可以向展销会的举办者、柜台的出租者要求赔偿。展销会的举办者、柜台出租者赔偿后，有权向销售者或者服务者追偿。

（5）消费者因经营者利用虚假广告提供商品或者服务，其合法权益受到损害的，可以向经营者要求赔偿。发布虚假广告的经营者如不能提供经营者的真实名称、地址的，应当承担赔偿责任。

1. 经营者承担民事责任的法定情形

经营者提供商品或者服务有下列情形之一的，除《消费者权益保护法》另有规定外，应当依照《产品质量法》和其他有关法律、法规的规定，承担民事责任：（1）商品存在缺陷的；（2）不具备商品应当具备的使用性能而出售时未作说明的；（3）不符合在商品或者其包装上注明采用的商品标准的；（4）不符合商品说明、实物样品等方式表明的质量状况的；（5）生产国家明令淘汰的商品或者销售失效、变质的商品的；（6）销售的商品数量不足的；（7）服务的内容和费用违反约定的；（8）对消费者提出的修理、重作、更换、退货、补足商品数量、退还货款和服务费用或者赔偿损失的要求，故意拖延或者无理拒绝的；（9）法律、法规规定的其他损害消费者权益的情形。

2. 经营者承担侵害消费者人身权的民事责任方式

人身权是一项重要的民事权利，经营者侵害了消费者的人身权，须承担下列责任：（1）致人伤害的民事责任。经营者提供商品或者服务，造成消费者或者其他受害人人身伤害的，应当支付医疗费、治疗期间的护理费、因误工减少的收入等费用，造成残疾的，还应当支付残疾者生活自助具费、生活补助费、残疾赔偿金以及由其扶养的人所必需的生活费等费用。（2）致人死亡的民事责任。经营者提供商品或者服务，造成消费者或者其他受害人死亡的，应当支付丧葬费、死亡赔偿金以及由死者生前扶养的人所必需的生活费等费用。（3）侵犯其他人身权的民事责任。侵害消费者的人格尊严或者侵犯消费者人身自由的，应当停止侵害、恢复名誉、消除影响、赔礼道歉，并赔偿损失。

3. 经营者侵害消费者财产权的民事责任方式

（1）经营者提供商品或者服务，造成消费者财产损害的，应当按照消费者的要求，以修理、重作、更换、退货、补足商品数量、退还货款和服务费用或者赔偿损失等方式承担民事责任。消费者与经营者另有约定的，按照约定履行。（2）对国家规定或者经营者与消费者约定包修、包换、包退的商品，经营者应当负责修理、更换或者退货。在保修期内两次修理仍不能正常使用的，经营者应当负责更换或者退货。对包修、包换、包退的大件商品，消费者要求经营者修理、更换、退货的，经营者应当承担运输等合理费用。（3）经营者以邮购方式提供商品的，应当按照约定提供。未按照约定提供的，应当按照消费者的要求履行约定或者退回货款；并应当承担消费者必须支付的合理费用。（4）经营者以预收款方式提供商品或者服务的，应当按照约定提供。未按照约定提供的，应当按照消费者的要求履行约定或者退回预付款；并应当承担预付款的利息、消费者必须支付的合理费用。（5）依法经有关行政部门认定为不合格的商品，消费者要求退货的，经营者应当负责退货。（6）经营者提供商品或者服务有欺诈行为的，应当按照消费者的要求增加赔偿其受到的损失，增加赔偿的金额为消费者购买商品的价款或者接受服务的费用的 3 倍。增加赔偿的金额不足五百元的，为五百元。经营者明知商品或者服务存在缺陷，仍然向消费者提供，造成消费者或者其他受害人死亡或者健康严重损害的，受害人有权要求经营者依照法律规定赔偿损失，并有权要求所受损失 2 倍以下的惩罚性赔偿。

除民事责任外，《消费者权益保护法》还明确规定了侵犯消费者消费权益的行政责任和刑事责任。

（五）争议解决途径

（1）与经营者协商和解；（2）请求消费者协会调解；（3）向有关行政部门申诉；（4）根据与经营者达成的仲裁协议提请仲裁机构仲裁；（5）向人民法院提起诉讼。在选择具体的争议解决途径时，消费者往往能作出理性的选择，尤其是要权衡争议的解决成本，考虑交易费用。因此，哪种途径在总体上对与当事人的利益较大，消费者就可能会选择哪种解决途径。

三　反垄断法

（一）垄断和反垄断法概念

1. 垄断的概念

垄断是与自由竞争相对的一个概念，是竞争发展的必然结果。我国《反垄断法》第 2 条的规定来看："中华人民共和国境内经济活动中的垄断行为，适用本法；中华人民共和国境外的垄断行为，对境内市场竞争产生排除、限制影响的，适用本法。"垄断的特征主要表现为以下几个方面。

（1）垄断是竞争的对立物。垄断是由于自由竞争中生产高度集中所必然引起的，这是自由竞争发展的一般规律，但垄断是对竞争的否定和破坏力量，是竞争的天敌。垄断者为了获取高额的垄断利润，往往采用排斥、限制竞争的各种手段，控制和支配部门内的中小企业，排斥其他部门的资本向该部门转移，从而扼制、削弱竞争，导致竞争机制作用失败。

（2）垄断的主要方式是独占或有组织的联合行动。垄断者凭借自己在市场中的独占地位，靠操纵市场来谋取非法利润；不具有独占地位的经营者则依靠有组织的联合行动，通过不合理的企业规模和减少竞争者数量以及对具有竞争性的企业实行控制等方法排挤竞争对手，控制市场。

（3）垄断是一种具有社会危害性的违法行为。法律上的垄断是对市场竞争构成实质性危害的行为，相应地，也是违反各国法律明文禁止规定的行为。但是，垄断的违法特性存在例外，有些垄断行为虽然也对市场竞争构成威胁，但由于关系到重大的国家利益和社会公共利益，往往得到法律的豁免。

2. 反垄断法的概念

反垄断法，是调整在国家规制垄断过程中所发生的社会关系的法律规范的总称。反垄断法有形式和实质意义之分，形式意义上的反垄断法指反垄断法典，实质意义上的反垄断法则是调整所有反垄断关系的法律规范的总称。现代反垄断法产生的标志是美国在 1890 年制定的《谢尔曼法》。

我国于 1993 年颁布的《反不正当竞争法》中，也着力对一些限制竞争行为，尤其是行政垄断行为的规制作出了规定。2007 年 8 月 30 日第十届全国人民代表大会常务委员会第二十九次会议通过了《反垄断法》，这是我国第一部实质意义上的反垄断法，标志着我国的反垄断工作进入了一个全新阶段。

（二）垄断行为

1. 垄断协议

（1）垄断协议的定义

垄断协议，是指两个或两个以上的经营者为限制或排斥市场竞争而达成的合意，包括协议、决定或者其他协同行为。就目前各国反垄断法的司法实践来看，垄断协议不仅是最传统的受禁止的垄断性行为类型，而且也是最经常发生的垄断性行为类型，因而是各国反垄断法重点规制的对象。

（2）垄断协议的表现形式

垄断协议形式多样，根据行为者之间是否存在竞争关系，可以将其划分为横向垄断协议和纵向垄断协议两个基本类型。

横向垄断协议，是指两个或两个以上的处于同一生产或销售环节的具有竞争关系的经营者为排斥、限制竞争达成的合意。横向垄断协议主要包括：固定或者变更商品价格；限制商品的生产数量或者销售数量；分割销售市场或者原材料采购市场；限制购买新技术、新设备或者限制开发新技术、新产品；联合抵制交易；国务院反垄断执法机构认定的其他垄断协议。横向垄断协议是由具有竞争关系的经营者达成的，往往对价格、产量作出限制或人为分割市场，具有十分明显的反竞争效果。因此，在各国反垄断法司法实践中，横向垄断协议往往受到严格的规制，一般适用当然本身违法规则，即不论行为人的主观动机或行为的客观效果如何，只要行为人实施了某一特定行为的事实本身就足以构成违法。

纵向垄断协议，是指两个或两个以上处于不同生产或销售环节上的不具有竞争关系的经营者为排斥、限制竞争达成的合意。纵向垄断协议主要包括：固定向第三人转售商品的价格；限定向第三人转售商品的最低价格；国务院反垄断执法机构认定的其他垄断协议。达成纵向垄断协议的经营者之间往往不存在直接的竞争关系，反竞争效果并不突出，因而，在各国反垄断法实践中，对该类行为的态度相对和缓，一般适用合理规则，即纵向垄断协议本身并不违法，只有该行为具有反竞争的弊害时，才予以禁止或限制。

（3）垄断协议的豁免

垄断协议的豁免，是指对于经营者之间的排斥、限制竞争合意，由于其具有某些有益的作用，并且足以抵消其排斥、限制竞争带来的危害，经审批机构批准给予豁免其违法责任的制度。一个国家的政策目标是多样的，除了维护市场秩序外，促进科学技术发展、扩大对外贸易、保护环境等都是不可忽视的政策目标。某些垄断协议虽然会给竞争带来一定的损害结果，但是它们在其他方面带来的有益效果却大大超过对竞争的损害。因此，不少国家的反垄断法都对某些垄断协议予以豁免。《反垄断法》第15条规定："经营者能够证明所达成的协议属于下列情形之一的，不适用本法第十三条、第十四条的规定：（一）为改进技术、研究开发新产品的；（二）为提高产品质量、降低成本、增进效率，统一产品规格、标准或者实行专业化分工的；（三）为提高中小经营者经营效率，增强中小经营者竞争力的；（四）为实现节约能源、保护环境、救灾救助等社会公共利益的；（五）因经济不景气，为缓解销售量严重下降或者生产明显过剩的；（六）为保障对外贸易和对外经济合作中的正当利益的；（七）法律和国务院规定的其他情形。"

2. 滥用市场支配地位

（1）滥用市场支配地位的定义

滥用市场支配地位，是指经营者获得一定的市场支配地位以后滥用这种地位，对市场的其他主体进行不公平的交易或者排斥竞争对手的行为。反垄断法对具有市场支配地位的经营者的规制经历了一个由结构主义向行为主义转变的过程。结构主义认为，不同的市场结构对市场行为和经济运作的影响不同，如果没有竞争性市场结构也就不存在竞争性市场行为，会导致经济运作效率低下。因此，政府应及时分割市场上的独占企业，消除它们的垄断力。行为主义认为，垄断性市场结构并不必然导致弊害发生，如果不区分垄断状态的生成方式，将所有的垄断状态都置于法律禁止之下，那么就会出现惩罚竞争的获胜者，进而从根本上否认竞争机制的恶果。因此，法律禁止的不应是市场支配状态，而应是市场支配力的滥用，即具有市场支配地位的经营者利用其市场控制能力，在相关市场领域内实施排斥、限制竞争的行为。目前，除极个别国家采取结构主义立法例外，绝大多数国家都采行为主义立法例。

（2）滥用市场支配地位的表现形式

我国《反垄断法》规制的滥用市场支配地位的行为，主要有以下几种：①以不公平的高价销售商品或者以不公平的低价购买商品；②没有正当理由，以低于成本的价格销售商品；③没有正当理由，拒绝与交易相对人进行交易；④没有正当理由，限定交易相对人只能与其进行交易或者只能与其指定经营者进行交易；⑤没有正当理由搭售商品，或者在交易时附加其他不合理的交易条件；⑥没有正当理由，对条件相同的交易相对人在交易价格等交易条件上实行差别待遇；⑦国务院反垄断执法机构认定的其他滥用市场支配地位的行为。

（3）市场支配地位的认定

取得市场支配地位是经营者滥用市场支配地位的前提。所谓市场支配地位，是指经营者在相关市场内具有能够控制商品价格、数量或者其他交易条件，或者能够阻碍、影响其他经营者进入相关市场能力的市场地位。根据《国务院反垄断委员会关于相关市场界定的指南》，相关市场是指经营者在一定时期内就特定商品或者服务进行竞争的商品范围和地域范围。在反垄断执法实践中，通常需要界定相关商品市场和相关地域市场。相关商品市场，是根据商品的特性、用途及价格等因素，由需求者认为具有较为紧密替代关系的一组或一类商品所构成的市场。这些商品表现出较强的竞争关系，在反垄断执法中可以作为经营者进行竞争的商品范围。相关地域市场，是指需求者获取具有较为紧密替代关系的商品的地理区域。这些地域表现出较强的竞争关系，在反垄断执法中可以作为经营者进行竞争的地域范围。科学合理地界定相关市场，对识别竞争者和潜在竞争者、判定经营者市场份额和市场集中度、认定经营者的市场地位、分析经营者的行为对市场竞争的影响、判断经营者行为是否违法以及在违法情况下需承担的法律责任等关键问题，具有重要的作用。根据法律规定，认定某企业是否具有市场支配地位，一般应考虑以下因素：①该经营者在相关市场的市场份额，以及相关市场的竞争状况；②该经营者控制销售市场或者原材料采购市场的能力；③该经营者的财力和技术条件；④其他经营者对该经营者在交易上的依赖程度；⑤其他经营者进入相关市场的难易程度；⑥与认定该经营者市场支配地位有关的其他因素。有下列情形之一的，可以推定经营者具有市场支配地位：一个经营者在相关市场的市场份额达到 1/2 的；两个经营者在相关市场的市场份额合计达到 2/3 的；三个经营者在相关市场的市场份额合计达到 3/4 的。在后两种情形中，其中有的经营者的市场份额不到 1/10 的，不应当推定该经营者具有市场支配地位。被推定具有市场支配地位的经营者，有证据证明不具有市场支配地位的，不应当认定其具有市场支配地位。

3. 经营者集中

（1）经营者集中的定义

经营者集中泛指一个经营者能对另一个经营者发生支配性影响的所有结合，包括企业合并、持有股份、取得资产、通过合同或者其他任何方式形成的对另一个经营者直接或间接、全部或部分的控制和支配。经营者集中能产生规模效益，是对利润最大化追求的内在要求和外部竞争压力的结果。但经营者过度集中，会导致市场竞争主体数量减少，市场结构发生变化，影响市场竞争机制作用的发挥。而且还可能使大量的经济资源流向在整个国民经济中居领先地位的少数企业，影响国民经济结构，动摇经济民主制度的核心基础。因此，经营者集中也成为各国反垄断法规制的重要对象。

（2）经营者集中的表现形式

根据《反垄断法》的规定，经营者集中是指：①经营者合并；②经营者通过取得股权或者资产的方式取得对其他经营者的控制权；③经营者通过合同等方式取得对其他经营者的控制权或者能够对其他经营者施加决定性影响。

（3）经营者集中的申报义务

经营者集中达到国务院规定的申报标准的，经营者应当事先向国务院反垄断执法机构申报，未申报的不得实施集中。经营者向国务院反垄断执法机构申报集中，应当提交下列文件、资料：申报书；集中对相关市场竞争状况影响的说明；集中协议；参与集中的经营者经会计师事务所审计的上一会计年度财务会计报告；国务院反垄断执法机构规定的其他文件、资料。申报书应当载明参与集中的经营者的名称、住所、经营范围、预定实施集中的日期和国务院反垄断执法机构规定的其他事项。

4. 滥用行政权力排除、限制竞争

滥用行政权力排除、限制竞争是一种行政垄断，是行政权力恶性膨胀的产物，是行政权力直接介入经济、破坏正常经济秩序的集中反映。行政垄断除具有经济垄断的危害之外，还具有自身的特殊危害性。行政垄断总是以某一地区或部门的利益为着眼点，将某地或某部门的经济封闭起来，直接破坏了全国市场的统一和开放；行政垄断往往用行政命令的方式限制市场主体的生产经营或者强迫市场主体从事（或不从事）某种交易，从而使市场主体的经营权受到严重侵犯；行政垄断的实质是行政权力的滥用，严重破坏了国家法制的统一和行政的权威，导致了一定程度的行政紊乱。

我国《反垄断法》对滥用行政权力排除、限制竞争作了明确规定：

（1）行政机关和法律、法规授权的具有管理公共事务职能的组织不得滥用行政权力，限定或者变相限定单位或者个人经营、购买、使用其指定的经营者提供的商品。

（2）行政机关和法律、法规授权的具有管理公共事务职能的组织不得滥用行政权力，实施下列行为，妨碍商品在地区之间的自由流通：对外地商品设定歧视性收费项目、实行歧视性收费标准，或者规定歧视性价格；对外地商品规定与本地同类商品不同的技术要求、检验标准，或者对外地商品采取重复检验、重复认证等歧视性技术措施，限制外地商品进入本地市场；采取专门针对外地商品的行政许可，限制外地商品进入本地市场；设置关卡或者采取其他手段，阻碍外地商品进入或者本地商品运出；妨碍商品在地区之间自由流通的其他行为。

（3）行政机关和法律、法规授权的具有管理公共事务职能的组织不得滥用行政权力，以设定歧视性资质要求、评审标准或者不依法发布信息等方式，排斥或者限制外地经营者参加本地的招标投标活动。

（4）行政机关和法律、法规授权的具有管理公共事务职能的组织不得滥用行政权力，采取与本地经营者不平等待遇等方式，排斥或者限制外地经营者在本地投资或者设立分支机构。

（5）行政机关和法律、法规授权的具有管理公共事务职能的组织不得滥用行政权力，强制经营者从事《反垄断法》规定的垄断行为。

（6）行政机关不得滥用行政权力，制定含有排除、限制竞争内容的规定。

四　产品质量法

（一）产品及产品质量法概念

1. 产品的界定

广义的产品是指自然物以外的一切劳动生产物，法律上的产品属于狭义产品，我国 2000 年修订的《产品质量法》第 2 条第 2 款规定："本法所称的产品是指经过加工、制作，用于销售的产品。"从该规定中可以看出，我国法律所称的产品必须具备两个条件：首先，必须经过加工、制作；其次，必须用于销售。这是确立法律意义上产品的重要特征。

2. 产品质量

产品质量是指产品所应具有的、符合人们需要的各种特性，如适用性、安全性、可靠性等。在我国，产品质量是指国家有关法律法规、质量标准以及合同规定的对产品适用、安全及其他特性的要求。使用、消费是生产的目的和归宿，因此产品的质量应摆在优先的位置予以考虑。

产品质量与产品的使用价值是一对既相联系又相区别的概念。产品的使用价值反映的是产品的效用，产品的质量揭示的则是产品发挥效用的程度。但二者又是互为依存的，没有使用价值，也就无所谓质量可言；产品缺乏一定的质量，又势必影响产品的使用价值，甚至会使产品成为无任何使用价值的东西。

3. 产品质量法概述

产品质量法是调整产品质量监督管理关系和产品质量责任关系的法律规范的总称。其调整对象有两种：一是产品质量监督管理关系——这是行政机关执行产品质量监督管理职能时与相对人发生的社会关系；二是产品质量责任关系——这是提供有质量问题产品的经营者与用户、消费者之间发生的社会关系。

产品质量法是国家为提高产品质量，保护消费者利益，维护合理有序的市场秩序而制定的法律。1993 年 2 月 22 日第七届全国人民代表大会常务委员会第三十次会议通过《产品质量法》，此后，根据 2000 年 7 月 8 日第九届全国人民代表大会常务委员会第十六次会议《关于修改〈中华人民共和国产品质量法〉的决定》进行了第一次修正，后根据 2009 年 8 月 27 日第十一届全国人民代表大会常务委员会第十次会议《关于修改部分法律的决定》又进行了第二次修正。其立法宗旨十分明确，正如《产品质量法》第 1 条规定了本法的立法宗旨是加强对产品质量的监督管理，提高产品质量水平，明确产品质量责任，以保护消费者的合法权益，维护社会经济秩序。

（二）产品质量的监督与管理

1. 产品质量监督管理体制

产品质量监督管理体制，是指产品质量监督管理机构的设置及其职权划分制度的统称。

《产品质量法》规定："国务院产品质量监督管理部门主管全国产品质量监督工作。国务院有关部门在各自的职责范围内负责产品质量监督工作。""县级以上地方产品质量监督部门主管本行政区域内的产品质量监督工作。县级以上地方人民政府有关部门在各自的职责范围内负责产品质量监督工作。"这就确定了我国产品质量监督体制的"统一领导、分工负责、分级管理"的原则。根据此规定，我国在中央一级设立了国家质量技术监督局，在县级以上地方设立了地方人民政府质量监督部门。除此之外，县级以上各级人民政府有关部门，即产品质量监督部门之外的其他依法对产品质量监督负有责任的县级以上政府有关部门，也属于产品质量监督管理机构的一个组成部分。

2. 产品质量监督管理的具体制度

（1）产品质量检验制度

产品质量检验是指有关检验机构依照特定的标准，对产品质量进行检测，以判断其质量合格与否的活动。经检验合格的产品应在产品上或包装上标明检验合格的证明，未经检验或检验不合格的产品不允许销售，不得以不合格产品冒充合格产品。

产品质量检验依检验主体的不同，可分为生产经营者的自行检验和第三方检验。自行检验是生产经营者为保障产品质量合格，适合并满足用户和消费者的要求，依法主动进行的检验，包括产品的出厂检验和进货检验。第三方检验是指由生产经营者和购买者以外的产品质量检验机构对产品质量进行的检验，其目的不在于建立生产经营者的质量保证体系，而在于获取特定产品的质量信息。

产品检验机构必须具备相应的检测条件和能力，经省级以上人民政府产品质量监督部门或者其授权的部门考核合格后，方可承担产品质量检验工作。法律、行政法规对产品质量检验机构另有规定的，依照有关法律、行政法规的规定执行。

（2）产品质量标准化制度

标准，是对重复性事物和概念所作的统一规定。标准化，是指在经济、技术、科学及管理等社会实践中，对重复性事物和概念通过制定、实施标准，达到统一，以获得最佳秩序和社会效益的过程。产品质量标准化制度是关于产品质量标准的制定、实施、监督检查的各项规定的总和。

产品质量标准化制度是实现产品质量管理专业化、社会化和现代化的前提，也是促进技术进步，改进产品质量，提高社会经济效益的基本保障。因此，产品质量的标准化管理已成为国际组织和各国立法共同追求的目标。

第一，产品质量标准的制定。对下列需要统一的技术要求，应当制定标准：①工业产品的品种、规格、质量、等级或者安全、卫生要求；②工业产品的设计、生产、检验、包装、储存、运输、使用的方法或者生产、储存、运输过程中的安全、卫生要求；③有关环境保护的各项技术要求和检验方法；④建设工程的设计、施工方法和安全要求；⑤有关工业生产、工程建设和环境保护的技术术语、符号、代号和制图方法等。根据中国现实技术水平和发展目标，《产品质量法》及相关法律确定了以国家标准、行业标准为中心，辅之以地方标准、企业标准的标准体系。

第二，产品质量标准的实施。《标准化法》根据标准是否具有强制性，将标准分为强制性标准和推荐性标准两类。其中，国家标准、行业标准中保障人体健康、人身财产安全的标准和法律、行政法规规定强制执行的标准是强制性标准，必须执行。其他标准为推荐性标准，不具有强制执行效力，由执行者自愿采用。国家对产品质量达到国际先进水平、成绩显著的单位和个人，给予奖励。同时对生产和销售不合格产品、伪劣产品和假冒产品的企业给予制裁，以保护各类强制性标准的实施，引导人们执行推荐性产品标准，从而确保标准化制度的贯彻执行。

（3）企业质量体系认证制度

企业质量体系也称企业质量保证体系，是指企业为保证产品质量符合国家标准、行业标准或国际标准，有计划、有系统地把产品质量形成过程中各环节的质量职能组织起来，形成一个有明确职责和权限，互相协调、互相促进的有机整体。企业质量体系认证是指通过认证机构的独立评审，对于符合条件的企业，颁发认证证书，从而证明该企业的质量体系达到相应标准。其认证的对象是企业的质量管理、质量保证能力的整体水平。质量体系认证是促进企业建立质量体系的重要措施。为使企业质量体系认证制度化、法制化，《产品质量法》规定，国家根据国际通用的质量管理标准，推行企业质量体系认证制度；企业根据自愿原则，可以向国务院产品质量监督部门认可的，或者国务院产品质量监督部门授权部门认可的认证机构申请企业质量体系认证，经认证合格的，由认证机构颁发企业质量体系认证证书。

（4）产品质量认证制度

产品质量认证制度是国际通行的一项质量监督制度，是指依据产品标准和相应技术要求，经认证机构确认并通过颁发认证证书和认证标志，来证明某一类产品符合相应标准和相应技术要求的活动。推行产品质量认证，引导企业向国际先进水平看齐，有利于促进企业提高产品质量，提高企业信誉，开拓国内外市场。

我国《产品质量法》对产品质量认证制度作了明确规定：在认证原则上，我国产品质量认证实行自愿认证制，即产品质量认证由企业自愿申请；在认证机构上，我国产品质量认证是由独立于生产者与购买者之外的第三方机构，即国务院产品质量监督部门认可的或国务院产品质量监督部门授权的部门认可的认证机构承担；在认证种类上，我国的产品质量认证分为安全认证和合格认证两种，实行安全认证的产品必须符合《标准化法》中有关强制性标准的要求，实行合格认证的产品，必须符合《标准化法》规定的国家标准和行业标准的要求；在认证的法律后果上，获准认证的产品，除接受国家法律和行政法规规定的检查外，免予其他检查，并享有实行优质优价、优先推荐评为国有产品等国家规定的优惠。

（5）产品质量监督抽查制度

产品质量监督抽查制度是国家对特定范围产品进行抽查，以便督促企业提高产品质量，处理企业违法行为的产品质量管理制度。抽查的产品主要有三类：一是可能危及人体健康和人身、财产安全的产品；二是影响国计民生的重要工业产品；三是消费者、有关组织反映有质量问题的产品。监督抽查工作由国务院产品质量监督管理部门规划和组织。

（6）产品质量的社会监督制度

产品质量的保证和提高，是一项全社会的系统性工程，是全民族、全社会的共同事业。为此，《产品质量法》明确规定了技术监督部门履行产品质量监督的职责，也规定了有关行业、企业主管部门和综合经济管理部门履行产品质量监督的职责，同时还明确规定了产品质量的社会监督问题。按照规定，消费者有权就产品质量问题，向生产者、销售者查询；有权向产品质量监督管理部门、工商行政管理部门及有关部门申诉，接受申诉的部门应当负责处理。保护消费者权益的社会组织可以就消费者反映的产品质量问题建议有关部门负责处理，支持消费者对因产品质量造成的损害向人民法院起诉。

（三）生产者、销售者的产品质量义务

1. 生产者的产品质量义务

实践证明，许多产品质量问题都是源于产品的设计、制造、指示，因此，我国立法加重了生产者的义务，以防患于未然。根据《产品质量法》的规定，生产者应采取积极的行为，保证其生产的产品质量符合以下要求：

（1）产品应当具有内在的质量要求

用户和消费者购买产品是因其能满足自己的需要，这就要求产品必须具有内在的质量要求。①产品不存在危及人身、财产安全的不合理危险，有保证人体健康，人身、财产安全的国家标准、行业标准的，应当符合该标准；②产品具备其应当具备的使用性能，但是，对产品存在使用性能的瑕疵作出说明的除外；③符合在产品或其包装上注明采用的产品标准，符合以产品说明、实物样品等方式表明的产品质量状况。

（2）产品或其包装上的标识应当符合要求

产品或其包装上的标识应当符合下列要求：①有产品质量检验合格证明；②有中文标明的产品名称、生产厂厂名和厂址；③根据产品的特点和使用要求，需要表明产品规格、等级、所含主要成分的名称和含量的，用中文相应予以标明；需要事先让消费者知晓的，应当在外包装上标明，或者事先向消费者提供有关资料；④限期使用的产品，应当在显著位置清晰地标明生产日期和安全使用期或者失效期；⑤使用不当，容易造成产品本身损坏或者可能危及人身、财产安全的产品，应当有警示标志或者中文警示说明。

（3）特殊产品的包装应当符合要求

易碎、易燃、易爆、有毒、有腐蚀性、有放射性等危险物品以及储运中不能倒置和有其他特殊要求的产品，其包装质量必须符合相应要求，依照国家有关规定作出警示标志或者中文警示说明，标明储运注意事项。

（4）生产者在生产产品时，不得为法律所禁止实施的行为

不得生产国家明令淘汰的产品；不得伪造产地，不得伪造或冒用他人的厂名、厂址；不得伪造或冒用认证标志等质量标志；产品不得掺杂、掺假、以假充真、以次充好，不得以不合格产品冒充合格产品。

2. 销售者的产品质量义务

销售者应对其销售的产品质量负责，其义务包括：

（1）建立并执行进货检查验收制度，验明产品合格证明和其他标识。

（2）采取措施，保持销售产品的质量。

（3）遵守产品质量的表示制度，其具体要求与生产者的质量表示义务相同。

（4）销售者在销售产品的过程中，不得为法律所禁止实施的行为。按照规定，销售者不得销售失效、变质的产品；不得伪造产地，不得伪造或冒用他人的厂名、厂址；不得伪造或冒用认证标志等质量标志；销售产品，不得掺杂、掺假、以假充真、以次充好，不得以不合格产品冒充合格产品。

（四）产品质量责任

1. 承担产品民事责任的基础

产品质量责任的发生，以该产品存在质量问题为基础。产品的质量问题可分为一般性的质量问题和严重的质量问题，反映在法律上，有两个基本概念：瑕疵、缺陷。

瑕疵泛指微小的缺点，狭义地讲仅指一般性的质量问题，如产品的包装、外观等方面存在的质量问题。缺陷则针对较大的质量问题而言，根据《产品质量法》的定义，缺陷是指"产品存在危及人身、他人财产安全的不合理危险；产品有保障人身、财产安全的国家标准、行业标准的，是指

不符合该标准"。产品的缺陷一般可分为设计缺陷、生产缺陷、指示缺陷和发展缺陷。

从狭义上理解瑕疵与缺陷，两者的共同之处在于：第一，都不符合产品质量的要求；第二，都应当承担质量责任，但对瑕疵，经营者作出了明确的说明或者用户、消费者在购买该产品前已经知道的除外。

瑕疵与缺陷两者的区别在于：第一，在程度上，一"小"一"大"，或一"轻"一"重"。第二，可否接受，对瑕疵，因尚未丧失产品原有的使用价值，用户、消费者已经知道的，可以自行决定是否接受；对缺陷，因存在不合理的危险，原则上不应接受。第三，索赔对象，对瑕疵，直接向销售者要求赔偿（该销售者赔偿后，其还可向负有责任的生产者或其他销售者追偿）；对缺陷，可以向销售者也可以向生产者要求赔偿（生产者、销售者之间可以根据实际责任情况向对方追偿）。第四，赔偿的方式和标准，对瑕疵，由销售者依照法律规定或者合同约定，负责修理、更换、退货以至赔偿损失。第五，诉讼时效，出售不合格的商品未声明的，诉讼时效期间为1年；因产品存在缺陷造成损害要求赔偿的，诉讼时效期间为2年。

2. 产品瑕疵担保责任

产品瑕疵担保责任，又称品质瑕疵担保责任，是指买卖合同的一方当事人违反产品质量担保所应承担的违约责任。

（1）承担瑕疵担保责任的前提

根据《产品质量法》的规定，售出的产品有下列情形之一的，销售者应当承担瑕疵担保责任：①不具备产品应当具备的使用性能而事先未作说明的；②不符合在产品或者其包装上所注明采用的产品标准的；③不符合以产品说明、实物样品等方式表明的质量状况的。

前一项为明示担保，后两项为默示担保。只要存在上述情形之一的，无论是否造成损害，销售者都应当承担责任。

（2）承担瑕疵担保责任的方式

销售的产品有上述情形之一的，销售者应当负责修理、更换、退货；给购买产品的消费者造成损失的，销售者应当赔偿损失。

销售者按规定负责修理、更换、退货、赔偿损失后，属于生产者的责任或者属于向销售者提供产品的其他供货者的责任的，销售者有权向生产者、供货者追偿。

3. 产品责任

产品责任，又称产品侵权责任，是指产品的生产者、销售者因其生产、销售的产品造成他人人身、该产品以外的其他财产损害而依法应承担的赔偿责任。

（1）生产者的产品责任

实践证明，许多产品责任的发生都是源于产品设计、制造缺陷或产品质量表示欠妥，生产者在其中负有不可推卸的重要责任。因此，现今世界各国对生产者的产品责任都以严格责任为原则。

生产者产品责任的构成要件：①产品有缺陷，即产品存在危及人身、他人财产安全的不合理危险，或不符合保障人体健康，人身、财产安全的国家标准、行业标准。②有损害事实存在，即产品因缺陷造成了人身、缺陷产品以外的其他财产的损害。如果没有损害发生，或只损害了该缺陷产品，相关责任人仅承担瑕疵担保责任，而免除产品责任的承担。③产品缺陷与损害事实之间要具有直接的现实的因果关系，即损害后果应是缺陷产品直接导致的。

产品质量事故发生后，生产者能够证明下列情形之一的，不承担赔偿责任：未将产品投入流通；产品投入流通时，引起损害的缺陷尚不存在；将产品投入流通时的科学技术水平尚不能发现缺陷的存在。

（2）销售者的产品责任

由于销售者的过错使产品存在缺陷，造成人身、他人财产损害的，销售者应当承担赔偿责任。不难看出，销售者在这种情况下，其责任的构成要件有四种：第一，存在损害事实；第二，销售缺陷产品；第三，缺陷产品与损害事实之间有因果关系；第四，主观上有过错。

销售者不能指明缺陷产品的生产者也不能指明缺陷产品的供货者的，销售者应当承担赔偿责任。为了保护消费者的合法权益，如果销售者售出的缺陷产品造成了人身、他人财产损害，而其又不能指明缺陷产品的生产者或供货者的，法律推定销售者主观上有过错，规定由其承担赔偿责任。

（3）诉讼时效

《产品质量法》对产品责任的诉讼时效作了明确规定，按照规定，因产品存在缺陷造成损害要求赔偿的诉讼时效期间为2年，自当事人知道或者应当知道其权益受到损害时起计算。同时，为了体现公平原则，《产品

《质量法》又规定：因产品存在缺陷造成损害要求赔偿的请求权，在造成损害的产品交付最初消费者满 10 年丧失；但是，尚未超过明示的安全使用期的除外。

第四节　税法

一　税收和税法的概念

税收是国家财政的主要来源，是国家为实现其职能，依法对经济组织和个人无偿征收货币或实物的经济活动。税收具有强制性、无偿性和固定性等特征。

我国税收，按征税对象可以分为五类：（1）流转税，是指对商品和劳务的流转额所征收的税，包括增值税、消费者、营业税、关税。（2）所得税，是对纳税人在一定时期的所得额所征收的各种税的总称，包括企业所得税、个人所得税。（3）财产税，是指以财产的价值额为纳税对象的税，包括房产税、车船税等。（4）资源税，是指对我国境内资源的开发所形成的级差收入征收的税，包括固定资产投资方向调节税、屠宰税、遗产和赠与税、印花税、证券交易税等。

税法是调整国家与纳税人之间在征纳税过程中和国家进行税收管理过程中形成的经济关系的法律规范的总称。根据税法调整的具体的经济关系的不同，可以把税法分为税收征收法和税收管理法。

二　税收征收法

（一）流转税

1. 增值税

增值税是以商品生产和劳务的各个环节的增值因素为征收对象的一种流转税。增值额是指纳税人在一定时期内销售产品或提供劳务所得收入超过其购进商品或劳务时所支出的差额部分。增值税的纳税主体，是在我国境内销售货物或提供加工、修理修配劳务以及进口货物的单位和个人。

2. 消费税

消费税是指对特定消费品和消费行为征收的一种流转税。消费税只对一部分消费品和消费行为征税。

3. 营业税

营业税是指以经营《营业税暂行条例》所规定的应税劳务、转让无形资产或者销售不动产的营业额征收的一种流转税。

4. 关税

关税是海关依照关税法律规定对进出关境的货物、物品征收的一种流转税。

（二）所得税

包括企业所得税和个人所得税。

三 税收征收管理法

税收征收管理，是指税务机关依据有关税法的规定，进行的税务登记、凭证管理、税款征收、税务检查等活动。

第五节 环境法律制度

一 环境法的概念和分类

环境法是指调整保护人类生存环境和自然资源、防治污染和其他公害方面关系的法律的总称。环境法主要包括自然资源法和环境保护法。

二 自然资源法

自然资源是指在一定的社会经济条件下，能够为人们所利用的天然因素的总称。它包括矿藏、水流、森林、山岭、草原、荒地、滩涂、野生动植物等资源。自然资源的范围极为广泛，按照不同的角度可以分为不同各类。按其属性不同，可以分为土地资源、水流资源、矿藏资源、生物资源和气候资源等；按其是否可以再生的性质，可分为可再生资源、不可再生资源及恒定性资源等。

自然资源法是指对各种自然资源的规划、开发、利用、治理和保护等方面关系调整的法律规范的总称。包括：《水法》、《土地管理法》、《森林法》、《矿产资源法》、《草原法》、《渔业法》。

三　环境保护法律制度

（一）环境保护法概述

环境保护法是指调整保护环境、防治污染和其他公害方面关系的法律规范的总称。主要包括对大气、水、噪声等的防治。

《环境保护法》于 1989 年 12 月 26 日第七届全国人民代表大会常务委员会第十一次会议通过，2014 年 4 月 24 日第十二届全国人民代表大会常务委员会第八次会议修订，2015 年 1 月 1 日起施行，是目前调整我国环境保护社会关系的重要法律依据。

（二）环境保护法的基本原则

1. 协调发展原则

经济建设与环境保护协调发展的原则，是指经济建设和环境保护必须同步规划、同步实施、同步发展，实现经济与环境的协调发展，从而保障经济、社会的可持续发展。经济建设与环境保护二者是对立统一的关系，保护好环境，维护生态平衡，促进生态系统的良性循环，有利于经济的发展；经济发展了又为保护和改善环境提供必要的条件。反之，环境污染了，资源破坏了，人体健康损害了，经济的发展就会受到很大的制约。

2. 预防原则

预防原则是"预防为主、防治结合、综合治理"原则的简称。贯彻预防原则的具体要求是：

（1）建立以预防为主的环境保护责任制度，对工业和农业，城市和乡村，生产和生活，经济发展与环境保护各方面的关系作通盘考虑，进行全面规划和合理布局；

（2）严格执行环境影响评价制度和"三同时"制度，加强对建设项目的环境管理；

（3）积极治理老污染源，实行城市环境综合整治。

3. 污染者负担原则

该原则内容包括：污染者付费、利用者补偿、开发者保护、破坏者恢复。环境保护法规定：（1）产生环境污染和其他公害的单位，必须把环境保护工作纳入计划，建立环境保护责任制度；（2）采取有效措施防治在生产建设或者其他活动中产生的对环境的污染和危害；（3）排放污染物超过国家或者地方规定的污染物排放标准的企事业单位，依照国家规定缴纳超标准排污费，并负责治理。

污染者负担原则要求落实环境保护目标责任制，地方政府切实对环境质量负责，建立健全单位环境保护责任制和考核制度，严格执行环境影响评价制度和"三同时"制度，运用征收排污费、资源费、资源税和生态环境补偿费等经济杠杆，促使污染者、破坏者积极治理污染和保护生态环境。

4. 公众参与原则

环境保护法规定：一切单位和个人都有保护环境的义务，并有权对污染和破坏环境的单位和个人进行检举和控告，对保护和改善环境有显著成绩的单位和个人，由人民政府给予奖励，国务院和省、自治区、直辖市人民政府环境保护行政主管部门定期发布环境状况公报。这都是公众参与原则的立法体现。

（三）我国环境保护法的基本制度

1. 环境监测制度

环境监测是环境保护工作的"哨兵"和"耳目"，是为管理决策提供科学依据，为监督执法提供有效证据，为环境科研提供详实数据，为社会公众提供准确信息的最为重要的基础性和前沿性工作。环境监测数据，是环境统计、排污申报核定、排污费征收、环境执法、目标责任考核的依据，也是提升执法效能的保障。只有依靠准确的环境质量监测，客观地反映环境质量状况和环境容量，才能落实环保目标责任制；也只有依靠准确的环境污染源监测，才能如实反映污染物减排情况和总量控制情况，才能落实污染物减排约束性指标。

《环境保护法》明确规定，国家建立、健全环境监测制度。国务院环境保护主管部门制定监测规范，会同有关部门组织监测网络，统一规划国家环境质量监测站（点）的设置，建立监测数据共享机制，加强对环境监测的管理。有关行业、专业等各类环境质量监测站（点）的设置应当符合法律法规规定和监测规范的要求。监测机构应当使用符合国家标准的监测设备，遵守监测规范。监测机构及其负责人对监测数据的真实性和准确性负责。

2. 环境影响评价制度，加大"未批先建"的责任

规定编制开发利用规划应当依法进行环境影响评价，明确未依法进行环境影响评价的开发利用规划不得组织实施；未依法进行环境影响评价的

建设项目，不得开工建设。建设单位未依法提交建设项目环境影响评价文件或者环境影响评价文件未经批准，擅自开工建设的，可以责令恢复原状；对建设项目未依法进行环境影响评价，被责令停止建设，拒不执行的，可以行政拘留。规定国务院有关部门和省、自治区、直辖市人民政府组织制定经济、技术政策，应当充分考虑对环境的影响，听取有关方面和专家的意见。

3. 跨行政区域联合防治机制

为了解决跨区域的大气和水污染问题，《环境保护法》第20条第1款明确规定，国家建立跨行政区域的重点区域、流域环境污染和生态破坏联合防治协调机制，实行统一规划、统一标准、统一监测、统一的防治措施。

4. 污染防治设施"三同时"制度

为落实行政审批制度改革精神，减少审批环节，新《环境保护法》删去了污染防治设施验收的规定，但同时规定污染防治设施应当符合经批准的环境影响评价文件的要求，不得擅自拆除或闲置。

5. 重点污染物排放总量控制和区域限批制度

《环境保护法》规定国家实行重点污染物排放总量控制制度。企事业单位在执行国家和地方污染物排放标准的同时，应当遵守分解落实到本单位的重点污染物排放总量控制指标。规定未完成国家确定的环境质量目标的地区，省级以上人民政府环境保护主管部门应当暂停审批其新增重点污染物排放总量的建设项目环境影响评价文件。

6. 排污许可制度

《环境保护法》规定，国家依照法律规定实行排污许可管理制度；实行排污许可管理的企事业单位和其他生产经营者应当按照排污许可证载明的要求排放污染物；未取得排污许可证的，不得排放污染物。违反法律规定，未取得排污许可证排放污染物，被责令停止排污，拒不执行的，除依照有关法律法规规定予以处罚外，案件移送公安机关，对其直接负责的主管人员和其他直接责任人员处以行政拘留。

7. 生态保护红线制度

划定生态保护红线，是我国为应对环境污染和生态破坏的严峻形势所提出的重要措施，《环境保护法》第29条规定：国家在重点生态功能区、生态环境敏感区和脆弱区等区域划定生态保护红线，实行严格保护。

第五章　劳动法和社会保障法律制度

本章内容摘要：本章主要介绍劳动法、劳动合同法的相关内容，如劳动者的权利和义务，劳动合同的订立，劳动关系的解除等；同时，还介绍了社会保障方面的相关法律制度。

第一节　劳动法的概念和适用范围

一　劳动法的概念和基本原则

（一）劳动法的概念

劳动法是指调整劳动关系以及与劳动关系有密切联系的其他社会关系的法律。

《劳动法》于 1994 年 7 月 5 日第八届全国人民代表大会常务委员会第八次会议通过，自 1995 年 1 月 1 日起施行。根据 2009 年 8 月 27 日第十一届全国人民代表大会常务委员会第十次会议通过的《全国人民代表大会常务委员会关于修改部分法律的决定》，《劳动法》进行了适当的修订。

《劳动合同法》由第十届全国人民代表大会常务委员会第二十八次会议于 2007 年 6 月 29 日修订通过，自 2008 年 1 月 1 日起施行。这部法是为了完善劳动合同制度，明确劳动合同双方当事人的权利和义务，保护劳动者的合法权益，构建和发展和谐稳定的劳动关系而制定的。与《劳动法》共同成为调整劳动法律关系的重要法律渊源。

（二）劳动关系

劳动法调整的劳动关系是指劳动者与用人单位在实现劳动过程中而发生的社会关系。除最主要的劳动关系外，劳动法还调整与劳动关系有着密切联系的其他关系，包括：（1）管理劳动力方面的关系；（2）社会保险方面的关系；（3）处理劳动争议所发生的关系；（4）因组织工会和工会活动而发生的关系；（5）因监督劳动法规的执行而发生的关系。

劳动关系的主要特征表现如下：

第一，劳动关系是社会劳动过程中发生的关系。劳动者提供劳动能力，包括体力劳动能力和智力劳动能力，劳动使用者提供劳动过程所需要的劳动条件和工作条件，双方在直接的劳动过程中发生的关系。

第二，劳动关系的主体双方，一方是劳动者，另一方是劳动使用者（或用人单位）。劳动关系的主体双方，各自具有独立的经济利益，劳动者提供劳动能力，要求获得相应的报酬和工作条件；经营者为获得经济利益，将要求包括降低人工成本的经济利益。

第三，劳动关系双方在维护各自经济利益的过程中，双方的地位是平等的。

第四，劳动关系主体双方在存在管理和被管理关系，即劳动关系建立后，劳动者依法服从经营者的管理，遵守规章、制度。这种双方之间的隶属关系是劳动关系的特点。

（三）劳动法的基本原则

1. 公民享有劳动权利、履行劳动义务的原则

我国《宪法》第 42 条第 1 款规定："中华人民共和国公民有劳动的权利和义务。"这为我国劳动法确立了公民有劳动的权利和义务的基本原则。公民有劳动的权利，即有劳动能力的公民都有参加社会活动、取得劳动报酬的权利。公民有劳动的义务，又意味着劳动是有劳动能力的公民的职责。这两部分内容反映了我国劳动的性质以及国家对待劳动的态度，即劳动权利和义务的一致性。

2. 按劳分配原则

按劳分配原则是指把劳动量作为个人消费品分配的主要标准和形式，按照劳动者的劳动数量和质量分配个人消费品，多劳多得，少劳少得。从我国实际情况出发贯彻按劳分配原则，是邓小平建设有中国特色社会主义理论的一个重要构成部分。《劳动法》第 46 条第 1 款明确规定，"工资分配应当遵循按劳分配原则，实行同工同酬"。

3. 男女平等原则

这个原则要求对劳动者不分男女，在劳动就业、劳动报酬等方面一律平等对待，不得歧视。因此，这个原则鼓舞了妇女的劳动热情，并促进了民族之间的团结，充分调动其建设社会主义的积极性。《宪法》第 48 条

规定："中华人民共和国妇女在政治的、经济的、文化的、社会的和家庭的生活等各方面享有同男子平等的权利。国家保护妇女的权利和利益，实行男女同工同酬，培养和选拔妇女干部。"

4. 劳动者民主管理原则

劳动者参加民主管理是为了行使管理国家的权利，这也体现了社会主义制度的优越性。因此，我国劳动法将劳动者参加民主管理确定为一项基本原则，反映了我国社会主义民主政治的要求，有利于提高劳动者当家作主的责任感，充分发挥他们的能动性。

二　劳动法的适用范围

《劳动法》第2条规定："在中华人民共和国境内的企业、个体经济组织（统称用人单位）和与之形成劳动关系的劳动者，适用本法。国家机关、事业单位、社会团体和与之建立劳动合同关系的劳动者，依照本法执行。"《劳动合同法》第2条规定："中华人民共和国境内的企业、个体经济组织、民办非企业单位等组织（以下称用人单位），与劳动者建立劳动关系，订立、履行、变更、解除或者终止劳动合同，适用本法。国家机关、事业单位、社会团体和与其建立劳动关系的劳动者，订立、履行、变更、解除或者终止劳动合同，依照本法执行。"

根据以上两条规定及相关司法解释，劳动法的适用范围具体为：（1）各类企业和与之形成劳动关系的劳动者；（2）个体经济组织和与之形成劳动关系的劳动者；（3）国家机关、事业组织、社会团体实行劳动合同制度的以及按规定应实行劳动合同制度的工勤人员；（4）实行企业化管理的事业组织的人员；（5）其他通过劳动合同与国家机关、事业组织、社会团体建立劳动关系的劳动者。

排除了公务员和比照实行公务员制度的事业组织和社会团体的工作人员，以及农村劳动者（乡镇企业职工和进城务工、经商的农民除外）、现役军人和家庭保姆等。

（一）企业、个体经济组织、民办非企业单位等组织

企业是以盈利为目的的经济性组织，包括法人企业和非法人企业，是用人单位的主要组成部分，是本法的主要调整对象。个体经济组织是指雇工7个人以下的个体工商户。民办非企业单位是指企业事业单位、社会团体和其他社会力量以及公民个人利用非国有资产举办的，从事非营利性社会

服务活动的组织。如民办学校、民办医院、民办图书馆、民办博物馆、民办科技馆等。

这三类组织以外的组织如会计师事务所、律师事务所等，它们的组织形式比较复杂，有的采取合伙制，有的采取合作制，它们不属于本条列举的任何一种组织形式，但他们招用助手、工勤人员等，也要签订劳动合同。因此，也需要适用本法。

（二）国家机关、事业单位和社会团体

根据规定，国家机关、事业单位、社会团体和与其建立劳动合同关系的劳动者，订立、履行、变更、解除或者终止劳动合同，依照劳动法执行。

1. 国家机关。这里的国家机关包括国家权力机关、国家行政机关、司法机关、国家军事机关、政协等，其录用公务员和聘任制公务员，适用公务员法，不适用本法，国家机关招用工勤人员，需要签订劳动合同，就要适用《劳动合同法》。

2. 事业单位。事业单位适用本法，可以分为三种情况：一种是具有管理公共事务职能的组织，如证券监督管理委员会、保险监督管理委员会、银行业监督管理委员会等，其录用工作人员是参照公务员法进行管理，不适用本法。一种是实行企业化管理的事业单位，这类事业单位与职工签订的是劳动合同，适用本条的规定。还有一种事业单位如医院、学校、科研机构等，有的劳动者与单位签订的是劳动合同，签订劳动合同的，就要按照本条的规定执行；有的劳动者与单位签订的是聘用合同，签订聘用合同的，就要按照《劳动合同法》第96条的规定，即法律、行政法规和国务院规定另有规定的，就按照法律、行政法规和国务院的规定执行；法律、行政法规和国务院没有特别规定的，也要按照《劳动合同法》执行。

3. 社会团体。按照《社会团体登记管理条例》的规定，社会团体是指中国公民自愿组成，为实现会员共同意愿，按照其章程开展活动的非营利性社会组织。社会团体的情况也比较复杂，有的社会团体如党派团体，除工勤人员外，其工作人员是公务员，按照公务员法管理；有的社会团体如工会、共青团、妇联、工商联等人民团体和群众团体，文学艺术联合会、足球协会等文化艺术体育团体，法学会、医学会等学术研究团体，各种行业协会等社会经济团体，这些社会团体虽然公务员法没有明确规定参照，但实践中对列入国家编制序列的社会团体，除工勤人员外，其工作人员是比照公务员法进行管理的。除此以外的多数社会团体，如果用人单位与劳动者订立的是劳动合同，就由劳动法进行调整。

第二节　我国劳动者的权利和义务

我国《劳动法》第 3 条明确规定了劳动者的权利和义务。

一　劳动者的权利

1. 平等就业的权利，即符合我国劳动法规定的劳动者享有获得职业的权利。

2. 选择职业的权利，劳动者可以根据自己意愿选择适合自己才能、爱好的职业。

3. 取得劳动报酬的权利，劳动者在与用人单位签订劳动合同时必须具备有约定劳动报酬的条款。

4. 休息休假的权利，我国劳动法规定的休息时间包括工作间歇、两个工作日之间的休息时间、公休日、法定节假日以及年休假、探亲假、婚丧假、事假、生育假、病假等，用人单位不得剥夺劳动者合法的休息休假权。

5. 获得安全卫生保护的权利，作为一个公民，生命安全与身体健康是公民依法享有的基本权利，用人单位在为劳动者安排工作的时候需要确保劳动者的安全问题得到保障。

6. 接受职业技能培训的权利，职业技能培训是指对准备就业的人员和已经就业的职工，以培养其基本的职业技能或提高其职业技能为目的而进行的技术业务知识和实际操作技能教育和训练，劳动者接受职业技能可以说是保障劳动者平等就业和选择职业的基础。

7. 享受社会保险和福利的权利，社会保险是国家和用人单位依照法律规定或合同的约定，对具有劳动关系的劳动者在暂时或永久丧失劳动能力以及暂时失业时，为保证其基本生活需要，给予物质帮助的一种社会保障制度。劳动者与用人关系建立劳动关系之后，用人单位有义务为用人单位办理缴纳社保。

8. 提请劳动争议的权利，在劳动者与用人单位发生劳动争议的时候，劳动者有权向劳动争议仲裁委员会依法申请调解或仲裁，提起诉讼。

二 劳动者的义务

权利和义务是密切联系的，任何权利的实现总是以义务的履行为条件，没有权利就无所谓义务。《劳动法》在保护劳动者基本权利的同时也规定劳动者具有以下基本义务：

1. 劳动者应当履行完成劳动任务义务，劳动者在与用人单位建立劳动关系后，完成劳动任务是劳动者强制性的义务。劳动者不能完成劳动义务，就意味着劳动者违反劳动合同的约定，用人单位可以解除劳动合同。

2. 劳动者具有提高自身职业技能的义务，劳动者享有接受职业技能培训的权利，同时也具有提高自身职业技能的义务，这也是对劳动者完成劳动任务的保障。

3. 执行劳动安全卫生规程，劳动者在从事劳动的时候享有生命安全和身体健康的权利，国家与用人单位为了保障劳动者获得安全卫生保护权利，而指定的劳动安全卫生规程劳动者需要执行。如果是因为劳动者自身未执行劳动安全卫生规程而导致的损害，劳动者自身需要负责。

4. 遵守劳动纪律，劳动纪律是劳动者在共同劳动中所必须遵守的劳动规则和秩序，宪法规定遵守劳动纪律是公民的基本义务。

5. 遵守职业道德，职业道德是从业人员在职业活动中应当遵循的道德，劳动者在从事劳动过程中需要终于职守，对社会负责。

第三节　劳动合同

劳动合同是指劳动者与用人单位确立劳动关系，明确双方权利和义务的协议。其目的是为了完善劳动制度，明确劳动合同双方当事人的权利和义务，保护劳动者的合法权益，构建和发展和谐稳定的劳动关系。

一 劳动合同的订立原则

（一）合法原则

合法是劳动合同有效的前提条件。所谓合法就是劳动合同的形式和内容必须符合法律、法规的规定。首先，劳动合同的形式要合法，如除非全日制用工外，劳动合同需要以书面形式订立，这是《劳动合同法》对劳动合同形式的要求。如果是口头合同，当双方发生争议，法律不承认其效力，用人单位要承担不订书面合同的法律后果，如《劳动合同法》第 82 条第 1 款规定："用人单位自用工之日起超过一个月但不满一年未与劳动者订立书面劳动合同的，应当支付劳动者二倍的应得劳动报酬。"其次，劳动合同的内容要合法。《劳动合同法》第 17 条规定了劳动合同的九项内容。有些内容，相关的法律、法规都有规定，用人单位和劳动者必须在法律规定的限度内作出具体约定，如关于劳动合同的期限，什么情况下应当订立固定期限，什么情况下应当订立无固定期限，应当符合《劳动合同法》的规定；关于工作时间，不得违反国家关于工作时间的规定；关于劳动报酬，不得低于当地最低工资标准；还有劳动保护，不得低于国家规定的劳动保护标准等。如果劳动合同的内容违法，劳动合同不仅不受法律保护，当事人还要承担相应的法律责任。

（二）公平原则

公平原则是指劳动合同的内容应当公平、合理。就是在符合法律规定的前提下，劳动合同双方公正、合理地确立双方的权利和义务。有些合同内容，相关劳动法律、法规往往只规定了一个最低标准，在此基础上双方自愿达成协议，就是合法的，但有时合法的未必公平、合理。如同一个岗位，两个资历、能力都相当的人，工资收入差别很大，或者能力强的收入比能力差的还低，就是不公平。再比如用人单位提供少量的培训费用培训劳动者，却要求劳动者订立较长的服务期，而且在服务期内不提高劳动者的工资或者不按照正常工资调整机制提高工资。这些都不违反法律的强制性规定，但不合理，不公平。此外，还要注意的是用人单位不能滥用优势地位，迫使劳动者订立不公平的合同。

公平原则是社会公德的体现，将公平原则作为劳动合同订立的原则，可以防止劳动合同当事人尤其是用人单位滥用优势地位，损害劳动者的权利，有利于平衡劳动合同双方当事人的利益，有利于建立和谐稳定的劳动关系。

（三）平等自愿原则

平等自愿原则包括两层含义，一是平等原则，一是自愿原则。所谓平等原则就是劳动者和用人单位在订立劳动合同时法律地位是平等的，没有高低、从属之分，不存在命令和服从、管理和被管理关系。只有地位平等，双方才能自由表达真实的意思。当然在订立劳动合同后，劳动者成为用人单位的一员，受用人单位的管理，处于被管理者的地位，用人单位和劳动者的地位是不平等的。这里讲的平等，是法律上的平等，形式上的平等，在我国劳动力供大于求的形势下，多数劳动者和用人单位的地位实际上做不到平等。但用人单位不得利用优势地位，在订立劳动合同时附加不平等的条件。

自愿原则是指订立劳动合同完全是出于劳动者和用人单位双方的真实意志，是双方协商一致达成的，任何一方不得把自己的意志强加给另一方。自愿原则包括订不订立劳动合同由双方自愿，与谁订立劳动合同由双方自愿，合同的内容双方自愿约定等。根据自愿原则，任何单位和个人不得强迫劳动者订立劳动合同。

（四）协商一致原则

协商一致就是用人单位和劳动者要对合同的内容达成一致意见。合同是双方意思表示一致的结果，劳动合同也是一种合同，也需要劳动者和用人单位双方协商一致，达成合意，一方不能凌驾于另一方之上，不得把自己的意志强加给对方，也不能强迫命令、胁迫对方订立劳动合同。在订立劳动合同时，用人单位和劳动者都要仔细研究合同的每项内容，进行充分的沟通和协商，解决分歧，达成一致意见。只有具备体现双方真实意志的劳动合同，双方才能忠实地按照合同约定履行。现实中劳动合同往往由用人单位提供格式合同文本，劳动者只需要签字就行了。格式合同文本对用人单位的权利规定得比较多，比较清楚，对劳动者的权利规定得少，规定得较模糊。这样的劳动合同就很难说是协商一致的结果。因此，在使用格式合同时，劳动者要认真研究合同条文，对自己不利的要据理力争。

（五）诚实信用原则

诚实信用原则就是在订立劳动合同时要诚实，讲信用。如在订立劳动合同时，双方都不得有欺诈行为。根据《劳动合同法》第8条的规定，用人单位招用劳动者时，应当如实告知劳动者工作内容、工作条件、工作地点、职业危害、安全生产状况、劳动报酬，以及劳动者要求了解的其他情况；用人单位有权了解劳动者与劳动合同直接相关的基本情况，劳动者应当如实说明。双方都不得隐瞒真实情况。现实中，有的用人单位不告诉劳动者职业危害，或者提供的工作条件与约定的不一样等；也有劳动者提供假文凭的情况，这些行为都违反了诚实信用原则。此外，现实中还有的劳动者与用人单位订立了劳动合同，劳动者找到别的工作后，就悔约，不到用人单位工作，这也违反了诚实信用原则。诚实信用是《合同法》的一项基本原则，也是《劳动合同法》的一项基本原则，它还是一项社会道德原则。

二　劳动合同的订立

（一）用人单位的义务

1. 用人单位自用工之日起即与劳动者建立劳动关系。用人单位应当建立职工名册备查。

2. 用人单位招用劳动者时，应当如实告知劳动者工作内容、工作条件、工作地点、职业危害、安全生产状况、劳动报酬，以及劳动者要求了解的其他情况；用人单位有权了解劳动者与劳动合同直接相关的基本情况，劳动者应当如实说明。

3. 用人单位招用劳动者，不得扣押劳动者的居民身份证和其他证件，不得要求劳动者提供担保或者以其他名义向劳动者收取财物。

（二）劳动合同的形式和劳动关系的建立

建立劳动关系，应当订立书面劳动合同。劳动合同由用人单位与劳动者协商一致，并经用人单位与劳动者在劳动合同文本上签字或者盖章生效。劳动合同文本由用人单位和劳动者各执一份。

已建立劳动关系，未同时订立书面劳动合同的，应当自用工之日起一个月内订立书面劳动合同。用人单位与劳动者在用工前订立劳动合同的，劳动关系自用工之日起建立。用人单位未在用工的同时订立书面劳动合同，与劳动者约定的劳动报酬不明确的，新招用的劳动者的劳动报酬按照集体合同规定的标准执行；没有集体合同或者集体合同未规定的，实行同工同酬。

（三）劳动合同的种类

劳动合同分为固定期限劳动合同、无固定期限劳动合同和以完成一定工作任务为期限的劳动合同。

1. 固定期限劳动合同，是指用人单位与劳动者约定合同终止时间的劳动合同。用人单位与劳动者协商一致，可以订立固定期限劳动合同。

2. 无固定期限劳动合同，是指用人单位与劳动者约定无确定终止时间的劳动合同。用人单位与劳动者协商一致，可以订立无固定期限劳动合同。有下列情形之一，劳动者提出或者同意续订、订立劳动合同的，除劳动者提出订立固定期限劳动合同外，应当订立无固定期限劳动合同：

①劳动者在该用人单位连续工作满 10 年的；

②用人单位初次实行劳动合同制度或者国有企业改制重新订立劳动合同时，劳动者在该用人单位连续工作满 10 年且距法定退休年龄不足 10 年的；

③连续订立二次固定期限劳动合同，且劳动者没有《劳动法》第 39 条和第 40 条第 1 项、第 2 项规定的情形，续订劳动合同的。

用人单位自用工之日起满 1 年不与劳动者订立书面劳动合同的，视为用人单位与劳动者已订立无固定期限劳动合同。

3. 以完成一定工作任务为期限的劳动合同，是指用人单位与劳动者约定以某项工作的完成为合同期限的劳动合同。用人单位与劳动者协商一致，可以订立以完成一定工作任务为期限的劳动合同。

4. 试用期。《劳动合同法》中还对试用期作了明确规定。劳动合同期限 3 个月以上不满 1 年的，试用期不得超过 1 个月；劳动合同期限 1 年以上不满 3 年的，试用期不得超过 2 个月；3 年以上固定期限和无固定期限的劳动合同，试用期不得超过 6 个月。同一用人单位与同一劳动者只能约定一次试用期。以完成一定工作任务为期限的劳动合同或者劳动合同期限不满 3 个月的，不得约定试用期。试用期包含在劳动合同期限内。劳动合同仅约定试用期的，试用期不成立，该期限为劳动合同期限。劳动者在试用期的工资不得低于本单位相同岗位最低档工资或者劳动合同约定工资的 80%，并不得低于用人单位所在地的最低工资标准。在试用期中，除劳动者有《劳动法》第 39 条和第 40 条第 1 项、第 2 项规定的情形外，用人单位不得解除劳动合同。用人单位在试用期解除劳动合同的，应当向劳动者说明理由。

5. 服务期。用人单位为劳动者提供专项培训费用，对其进行专业技术培训的，可以与该劳动者订立协议，约定服务期。劳动者违反服务期约定的，应当按照约定向用人单位支付违约金。违约金的数额不得超过用人单位提供的培训费用。用人单位要求劳动者支付的违约金不得超过服务期尚未履行部分所应分摊的培训费用。用人单位与劳动者约定服务期的，不影响按照正常的工资调整机制提高劳动者在服务期期间的劳动报酬。

（四）劳动合同的条款

劳动合同应当具备以下条款：

1. 用人单位的名称、住所和法定代表人或者主要负责人；

2. 劳动者的姓名、住址和居民身份证或者其他有效身份证件号码；

3. 劳动合同期限；

4. 工作内容和工作地点；

5. 工作时间和休息休假；

6. 劳动报酬；

7. 社会保险；

8. 劳动保护、劳动条件和职业危害防护；

9. 法律、法规规定应当纳入劳动合同的其他事项。

劳动合同除上述规定的必备条款外，用人单位与劳动者可以约定试用期、培训、保守秘密、补充保险和福利待遇等其他事项。

劳动合同对劳动报酬和劳动条件等标准约定不明确，引发争议的，用人单位与劳动者可以重新协商；协商不成的，适用集体合同规定；没有集体合同或者集体合同未规定劳动报酬的，实行同工同酬；没有集体合同或者集体合同未规定劳动条件等标准的，适用国家有关规定。

（五）劳动者竞业禁止的规定

用人单位与劳动者可以在劳动合同中约定保守用人单位的商业秘密和与知识产权相关的保密事项。

对负有保密义务的劳动者，用人单位可以在劳动合同或者保密协议中与劳动者约定竞业限制条款，并约定在解除或者终止劳动合同后，在竞业限制期限内按月给予劳动者经济补偿。劳动者违反竞业限制约定的，应当按照约定向用人单位支付违约金。

竞业限制的人员限于用人单位的高级管理人员、高级技术人员和其他负有保密义务的人员。竞业限制的范围、地域、期限由用人单位与劳动者约定，竞业限制的约定不得违反法律、法规的规定。

在解除或者终止劳动合同后，前款规定的人员到与本单位生产或者经营同类产品、从事同类业务的有竞争关系的其他用人单位，或者自己开业生产或者经营同类产品、从事同类业务的竞业限制期限，不得超过2年。

（六）劳动合同的无效者部分无效

1. 以欺诈、胁迫的手段或者乘人之危，使对方在违背真实意思的情况下订立或者变更劳动合同的；

2. 用人单位免除自己的法定责任、排除劳动者权利的；

3. 违反法律、行政法规强制性规定的。

对劳动合同的无效或者部分无效有争议的，由劳动争议仲裁机构或者人民法院确认。

劳动合同部分无效，不影响其他部分效力的，其他部分仍然有效。

劳动合同被确认无效，劳动者已付出劳动的，用人单位应当向劳动者支付劳动报酬。劳动报酬的数额，参照本单位相同或者相近岗位劳动者的劳动报酬确定。

（七）劳动合同的履行和变更

用人单位与劳动者应当按照劳动合同的约定，全面履行各自的义务。

用人单位应当按照劳动合同约定和国家规定，向劳动者及时足额支付劳动报酬。

用人单位拖欠或者未足额支付劳动报酬的，劳动者可以依法向当地人民法院申请支付令，人民法院应当依法发出支付令。

用人单位应当严格执行劳动定额标准，不得强迫或者变相强迫劳动者加班。用人单位安排加班的，应当按照国家有关规定向劳动者支付加班费。

劳动者拒绝用人单位管理人员违章指挥、强令冒险作业的，不视为违反劳动合同。

劳动者对危害生命安全和身体健康的劳动条件，有权对用人单位提出批评、检举和控告。

用人单位变更名称、法定代表人、主要负责人或者投资人等事项，不影响劳动合同的履行。

用人单位发生合并或者分立等情况，原劳动合同继续有效，劳动合同由承继其权利和义务的用人单位继续履行。

用人单位与劳动者协商一致，可以变更劳动合同约定的内容。变更劳动合同，应当采用书面形式。

变更后的劳动合同文本由用人单位和劳动者各执一份。

（八）劳动合同的解除和终止

1. 劳动合同的解除

劳动合同的解释是指在劳动合同尚未终止前，基于以下原因提前终止合同：

（1）协商解除

用人单位与劳动者协商一致，可以解除劳动合同。

（2）劳动者提出解除

①劳动者提前 30 日以书面形式通知用人单位，可以解除劳动合同。劳动者在试用期内提前 3 日通知用人单位，可以解除劳动合同。

②用人单位有下列情形之一的，劳动者可以解除劳动合同：未按照劳动合同约定提供劳动保护或者劳动条件的；未及时足额支付劳动报酬的；未依法为劳动者缴纳社会保险费的；用人单位的规章制度违反法律、法规的规定，损害劳动者权益的；因《劳动合同法》第 26 条第 1 款规定的情形致使劳动合同无效的；法律、行政法规规定劳动者可以解除劳动合同的其他情形。

用人单位以暴力、威胁或者非法限制人身自由的手段强迫劳动者劳动的，或者用人单位违章指挥、强令冒险作业危及劳动者人身安全的，劳动者可以立即解除劳动合同，不需事先告知用人单位。

（3）用人单位解除

①劳动者有下列情形之一的，用人单位可以解除劳动合同：在试用期间被证明不符合录用条件的；严重违反用人单位的规章制度的；严重失职，营私舞弊，给用人单位造成重大损害的；劳动者同时与其他用人单位建立劳动关系，对完成本单位的工作任务造成严重影响，或者经用人单位提出，拒不改正的；因《劳动合同法》第 26 条第 1 款第 1 项规定的情形致使劳动合同无效的；被依法追究刑事责任的。

②有下列情形之一的，用人单位需提前 30 日以书面形式通知劳动者本人或者额外支付劳动者一个月工资后，可以解除劳动合同：劳动者患病或者非因工负伤，在规定的医疗期满后不能从事原工作，也不能从事由用人单位另行安排的工作的；劳动者不能胜任工作，经过培训或者调整工作岗位，仍不能胜任工作的；劳动合同订立时所依据的客观情况发生重大变化，致使劳动合同无法履行，经用人单位与劳动者协商，未能就变更劳动合同内容达成协议的。

③有下列情形之一，需要裁减人员 20 人以上或者裁减不足 20 人但占企业职工总数 10% 以上的，用人单位需提前 30 日向工会或者全体职工说明情况，听取工会或者职工的意见后，裁减人员方案经向劳动行政部门报告，可以裁减人员：依照企业破产法规定进行重整的；生产经营发生严重困难的；企业转产、重大技术革新或者经营方式调整，经变更劳动合同

后，仍需裁减人员的；其他因劳动合同订立时所依据的客观经济情况发生重大变化，致使劳动合同无法履行的。

2. 劳动合同不得解除的情形

劳动者有下列情形之一的，用人单位不得依照《劳动合同法》第40条、第41条的规定解除劳动合同：

（1）从事接触职业病危害作业的劳动者未进行离岗前职业健康检查，或者疑似职业病病人在诊断或者医学观察期间的；

（2）在本单位患职业病或者因工负伤并被确认丧失或者部分丧失劳动能力的；

（3）患病或者非因工负伤，在规定的医疗期内的；

（4）女职工在孕期、产期、哺乳期的；

（5）在本单位连续工作满十五年，且距法定退休年龄不足五年的；

（6）法律、行政法规规定的其他情形。

用人单位单方解除劳动合同，应当事先将理由通知工会。用人单位违反法律、行政法规规定或者劳动合同约定的，工会有权要求用人单位纠正。用人单位应当研究工会的意见，并将处理结果书面通知工会。

3. 劳动合同的终止

有下列情形之一的，劳动合同终止：

（1）劳动合同期满的；

（2）劳动者开始依法享受基本养老保险待遇的；

（3）劳动者死亡，或者被人民法院宣告死亡或者宣告失踪的；

（4）用人单位被依法宣告破产的；

（5）用人单位被吊销营业执照、责令关闭、撤销或者用人单位决定提前解散的；

（6）法律、行政法规规定的其他情形。

4. 经济补偿

（1）经济补偿的情形

有下列情形之一的，用人单位应当向劳动者支付经济补偿：劳动者依照《劳动合同法》第38条规定解除劳动合同的；用人单位依照《劳动合同法》第36条规定向劳动者提出解除劳动合同并与劳动者协商一致解除劳动合同的；用人单位依照《劳动合同法》第40条规定解除劳动合同的；用人单位依照《劳动合同法》第41条第1款规定解除劳动合同的；

除用人单位维持或者提高劳动合同约定条件续订劳动合同，劳动者不同意续订的情形外，依照《劳动合同法》第41条第1款规定终止固定期限劳动合同的；依照《劳动合同法》第4条第4项、第5项规定终止劳动合同的；法律、行政法规规定的其他情形。

（2）经济补偿的计算

经济补偿按劳动者在本单位工作的年限，每满1年支付1个月工资的标准向劳动者支付。6个月以上不满1年的，按1年计算；不满6个月的，向劳动者支付半个月工资的经济补偿。

劳动者月工资高于用人单位所在直辖市、设区的市级人民政府公布的本地区上年度职工月平均工资3倍的，向其支付经济补偿的标准按职工月平均工资3倍的数额支付，向其支付经济补偿的年限最高不超过12年。

月工资是指劳动者在劳动合同解除或者终止前12个月的平均工资。

（3）经济赔偿

用人单位违反本法规定解除或者终止劳动合同，劳动者要求继续履行劳动合同的，用人单位应当继续履行；劳动者不要求继续履行劳动合同或者劳动合同已经不能继续履行的，用人单位应当依照《劳动合同法》第87条规定支付赔偿金。

（九）集体合同

企业职工一方与用人单位通过平等协商，可以就劳动报酬、工作时间、休息休假、劳动安全卫生、保险福利等事项订立集体合同。集体合同草案应当提交职工代表大会或者全体职工讨论通过。集体合同由工会代表企业职工一方与用人单位订立；尚未建立工会的用人单位，由上级工会指导劳动者推举的代表与用人单位订立。

企业职工一方与用人单位可以订立劳动安全卫生、女职工权益保护、工资调整机制等专项集体合同。

在县级以下区域内，建筑业、采矿业、餐饮服务业等行业可以由工会与企业方面代表订立行业性集体合同，或者订立区域性集体合同。

集体合同订立后，应当报送劳动行政部门；劳动行政部门自收到集体合同文本之日起15日内未提出异议的，集体合同即行生效。依法订立的集体合同对用人单位和劳动者具有约束力。行业性、区域性集体合同对当地本行业、本区域的用人单位和劳动者具有约束力。

集体合同中劳动报酬和劳动条件等标准不得低于当地人民政府规定的

最低标准；用人单位与劳动者订立的劳动合同中劳动报酬和劳动条件等标准不得低于集体合同规定的标准。

用人单位违反集体合同，侵犯职工劳动权益的，工会可以依法要求用人单位承担责任；因履行集体合同发生争议，经协商解决不成的，工会可以依法申请仲裁、提起诉讼。

第四节　工作时间和休息休假

一　工作时间的规定

1. 国家实行劳动者每日工作时间不超过 8 小时、平均每周工作时间不超过 44 小时的工时制度。

2. 对实行计件工作的劳动者，用人单位应当根据《劳动法》第 36 条规定的工时制度合理确定其劳动定额和计件报酬标准。

3. 用人单位应当保证劳动者每周至少休息 1 日。

4. 企业因生产特点不能实行《劳动法》第 36 条、第 38 条规定的，经劳动行政部门批准，可以实行其他工作和休息办法。

二　休假的规定

用人单位在下列节日期间应当依法安排劳动者休假：

1. 元旦；

2. 春节；

3. 国际劳动节；

4. 国庆节；

5. 法律、法规规定的其他休假节日。

三　延长工作时间的规定

1. 用人单位由于生产经营需要，经与工会和劳动者协商后可以延长工作时间，一般每日不得超过 1 小时；因特殊原因需要延长工作时间的，在保障劳动者身体健康的条件下延长工作时间每日不得超过 3 小时，但是每月不得超过 36 小时。

2. 有下列情形之一的，延长工作时间不受以上规定限制：

（1）发生自然灾害、事故或者因其他原因，威胁劳动者生命健康和财产安全，需要紧急处理的；

（2）生产设备、交通运输线路、公共设施发生故障，影响生产和公众利益，必须及时抢修的；

（3）法律、行政法规规定的其他情形。

3. 用人单位不得违反本法规定延长劳动者的工作时间。

4. 有下列情形之一的，用人单位应当按照下列标准支付高于劳动者正常工作时间工资的工资报酬：

（1）安排劳动者延长工作时间的，支付不低于工资的150%的工资报酬；

（2）休息日安排劳动者工作又不能安排补休的，支付不低于工资的200%的工资报酬；

（3）法定休假日安排劳动者工作的，支付不低于工资的300%的工资报酬。

5. 国家实行带薪年休假制度。劳动者连续工作1年以上的，享受带薪年休假。具体办法由国务院规定。

第五节　工资

工资分配应当遵循按劳分配原则，实行同工同酬。工资水平在经济发展的基础上逐步提高。国家对工资总量实行宏观调控。

用人单位根据本单位的生产经营特点和经济效益，依法自主确定本单位的工资分配方式和工资水平。

国家实行最低工资保障制度。最低工资的具体标准由省、自治区、直辖市人民政府规定，报国务院备案。用人单位支付劳动者的工资不得低于当地最低工资标准。

确定和调整最低工资标准应当综合参考下列因素：

（一）劳动者本人及平均赡养人口的最低生活费用；

（二）社会平均工资水平；

（三）劳动生产率；

（四）就业状况；

（五）地区之间经济发展水平的差异。

工资应当以货币形式按月支付给劳动者本人。不得克扣或者无故拖欠劳动者的工资。

劳动者在法定休假日和婚丧假期间以及依法参加社会活动期间，用人单位应当依法支付工资。

第六节　女职工和未成年工特殊保护

国家对女职工和未成年工实行特殊劳动保护。未成年工是指年满 16 周岁未满 18 周岁的劳动者。

（一）禁止安排女职工从事矿山井下、国家规定的第四级体力劳动强度的劳动和其他禁忌从事的劳动。

（二）不得安排女职工在经期从事高处、低温、冷水作业和国家规定的第三级体力劳动强度的劳动。

（三）不得安排女职工在怀孕期间从事国家规定的第三级体力劳动强度的劳动和孕期禁忌从事的劳动。对怀孕 7 个月以上的女职工，不得安排其延长工作时间和夜班劳动。

（四）女职工生育享受不少于 90 天的产假。不得安排女职工在哺乳未满 1 周岁的婴儿期间从事国家规定的第三级体力劳动强度的劳动和哺乳期禁忌从事的其他劳动，不得安排其延长工作时间和夜班劳动。

（五）不得安排未成年工从事矿山井下、有毒有害、国家规定的第四级体力劳动强度的劳动和其他禁忌从事的劳动。

（六）用人单位应当对未成年工定期进行健康检查。

第七节　劳动争议

劳动争议也称劳动纠纷，是指劳动关系双方当事人因执行劳动法或履行劳动合同对相互间的权利义务要求不一致的争议。主要包括因开除、辞退和辞职、自动离职发生的争议，以及因工作时间、工资、保险、福利、培训、劳动保护、劳动条件等发生的争议。

用人单位与劳动者发生劳动争议，当事人可以依法申请调解、仲裁、提起诉讼，也可以协商解决。调解原则适用于仲裁和诉讼程序。解决劳动争议，应当根据合法、公正、及时处理的原则，依法维护劳动争议当事人的合法权益。

劳动争议发生后，当事人可以向本单位劳动争议调解委员会申请调解；调解不成，当事人一方要求仲裁的，可以向劳动争议仲裁委员会申请仲裁。当事人一方也可以直接向劳动争议仲裁委员会申请仲裁。对仲裁裁决不服的，可以向人民法院提起诉讼。

在用人单位内，可以设立劳动争议调解委员会。劳动争议调解委员会由职工代表、用人单位代表和工会代表组成。劳动争议调解委员会主任由工会代表担任。劳动争议经调解达成协议的，当事人应当履行。

劳动争议仲裁委员会由劳动行政部门代表、同级工会代表、用人单位方面的代表组成。劳动争议仲裁委员会主任由劳动行政部门代表担任。提出仲裁要求的一方应当自劳动争议发生之日起 60 日内向劳动争议仲裁委员会提出书面申请。仲裁裁决一般应在收到仲裁申请 60 日内作出。对仲裁裁决无异议的，当事人必须履行。劳动争议当事人对仲裁裁决不服的，可以自收到仲裁裁决书之日起 15 日内向人民法院提起诉讼。一方当事人在法定期限内不起诉又不履行仲裁裁决的，另一方当事人可以申请人民法院强制执行。

签订集体合同发生争议，当事人协商解决不成的，当地人民政府劳动行政部门可以组织有关各方协调处理。因履行集体合同发生争议，当事人协商解决不成的，可以向劳动争议仲裁委员会申请仲裁；对仲裁裁决不服的，可以自收到仲裁裁决书之日起 15 日内向人民法院提起诉讼。

第八节　社会保障法

社会保障法是指调整关于社会保险和社会福利关系的法律规范的总称。它主要是对于年老、患病、残疾、待业等丧失劳动能力者的物质帮助的各种措施，包括劳动保险、职工行业保险、职业生活困难补助以及农村中的"五保"等社会保障措施对于社会成员福利的法律规定。

社会保障制度具有强制性、社会性、福利性、人道性和互济性等主要特征，建立健全同全国经济发展水平相适应的社会保障体系，是社会稳定和国家长治久安的重要保证。社会保障的依据是相应的法律规范。享受社会保障是公民的法定权利，提供社会保障是国家与社会的法定责任。目前，我国无统一的社会保障法，其主要内容体现于相关法律和行政法规中。

（一）社会保障的原则

社会保障制度建设关乎基本民生改善和社会公平正义，是实现基本公共服务均等化的重要体现，社会关注度高，利益诉求多样。特别是在我国人口老龄化加剧和城镇化进程加快的新形势下，深化社会保障制度改革的任务更加艰巨和紧迫。为确保改革稳步推进、取得实效，必须牢牢把握以下基本原则。

1. 坚持从基本国情出发，以实现社会保障全覆盖、保基本为优先目标

我国正处于并将长期处于社会主义初级阶段，生产力发展水平总体上还比较低，城乡和地区之间发展差距比较大，社会保障制度发展的经济基础仍然比较薄弱，统筹兼顾的难度依然很大。在社会保障制度改革进程中，要善于把我国基本国情与社会保障事业发展规律结合起来，巩固完善具有中国特色的社会保障制度模式，坚持与经济社会发展水平相适应，恰当把握改革的进度和力度；从我国人口结构、城乡二元结构正在发生显著变化的实际出发，积极应对人口老龄化加快给社会保障制度带来的严峻挑战，努力推进城乡社会保障统筹发展；以全覆盖、保基本为优先目标，尽力而为、量力而行，扩大社会保障覆盖范围，稳步提高各项社会保障待遇标准，既要让城乡居民更多分享改革发展成果，又要引导广大人民群众形成对社会保障的合理预期。

2. 加强顶层设计，增强制度的公平性和可持续性，增强改革的整体性和协调性

社会保障是由多项具体制度构成的制度体系，各项制度既相互独立又紧密联系，既关乎当前又涉及长远。社会保障制度改革必须充分考虑这些基本特点。要在坚持公平与效率、权利与义务、统一性与灵活性相结合的同时，更加注重增强制度的公平性和激励约束功能，实现人人享有基本社会保障；在着力解决现实突出问题的同时，更加注重增强制度的可持续性，实现社会保障制度长期稳定运行；在坚持不懈地推进单项社会保障制度改革完善的同时，更加注重从整体上进行制度的顶层设计，实现各项制度的有效整合和成熟定型；在合理确定和发挥各项制度的基本功能作用的同时，更加注重各项制度之间的相互协调，实现不同制度之间的顺利转换衔接。

3. 坚持试点先行，及时总结推广改革创新经验

社会保障制度改革关系广大人民群众的切身利益，必须积极稳妥地推进。30 多年来的实践表明，社会保障制度改革必须坚持试点先行，通过试点掌握规律、积累经验、探索途径，在总结试点经验的基础上逐步推进。要充分考虑各方面的承受能力，合理把握改革的节奏和力度，避免因局部利益调整带来社会不稳定；积极鼓励基层大胆创新，并及时把成功的经验做法上升为普遍性的政策和法规制度，使各项社会保障制度在创新实践中不断完善。

4. 坚持科学民主决策，加强对改革方案的研究论证和改革实施的社会监督

社会保障制度改革是一项涉及多领域、多学科的系统工程，复杂性、敏感性都很强，必须按照科学严谨、公开透明的程序进行决策。在设计制订改革方案前，要深入开展调查研究、反复进行理论研究，使方案更加符合客观实际、更好遵循客观规律；在研究形成改革方案时，要充分听取专家意见、广泛征求公众意见，使方案更加具有可行性、更好地体现社会意愿；在发布实施改革方案后，要深入细致地进行宣传解读、及时跟踪督导改革进程，实事求是地向社会通报改革成效和存在的矛盾，注重健全社会监督机制、畅通社会监督渠道，使广大人民群众对改革拥有更加充分的知情权，以更高的热情参与到社会保障制度改革进程中来。

（二）社会保障的作用

1. 弥补市场经济的不足

社会保障制度可为市场经济的正常运行提供良好的社会环境和保证条件。这是因为，市场经济遵循价值规律的要求运行。价值规律和市场机制作用的结果，一方面促进了经济效益的提高和生产的发展，另一方面又会导致在收入分配上存在较大差距，一部分人收入很高，生活富裕，一部分人收入很低，陷入贫困的境地；同时，由于优胜劣汰的竞争规律的作用，使部分企业破产，工人失业，一部分人陷于生活无着的困境。由此可见，市场经济自发向效率倾斜，不能自发地实现社会公平分配。而收入分配不公，是社会不稳定的隐患。在市场经济条件下建立和完善社会保障制度，通过收入再分配兼顾到社会公平，能起到维护社会稳定和安全的作用，为改革和发展提供保证。同时，社会保障制度可以分散劳动者可能遇到的各种风险，也是对市场经济缺陷的一种弥补。此外，在市场经济条件下，劳

动力作为主要的生产要素，需要在不同地区、不同所有制的企业合理流动，如果没有社会化的社会保障制度为劳动者提供养老、医疗、失业等保障，劳动力就无法流动，劳动力资源的合理配置就难以实现。建立和完善社会保障体系，有利于保证劳动力平等进入市场，参加竞争，使劳动力资源得到充分开发和合理利用，以维护经济更快更好地发展。

2. 为企业创造平等的竞争条件

我国原有的保障制度，是企业保障制度。在这种制度之下，一切保障费用均由企业自行筹措和负担，而各个企业发生风险的人数有多有少，退休人员与在职职工的比例有高有低，发生的风险的程度有大有小，因而在保障费用的负担上畸轻畸重。在这种情况下，企业不可能平等竞争。建立和完善社会保障制度，可以帮助企业卸掉包袱、轻装上阵，为企业创造平等的竞争条件。同时，实行社会保障制度，企业为职工交纳的社会保障费用的费率是统一的，这就均衡了各个企业社会保障费用的负担，为企业提供了平等竞争的条件。此外，竞争必然导致优胜劣汰，通过社会保障能使失业者的基本生活得到保障，从而为企业竞争和资源优化组合配置提供良好的外部环境，促进经济的发展。

3. 解除了劳动者的后顾之忧

劳动者在劳动中可能发生工伤风险、疾病风险和失业风险，女职工又要生育子女。这将使部分职工丧失劳动能力和劳动岗位，失去和减少维持生活的收入来源。此外，劳动者也必然会由青年走向壮年，最后步入老年而丧失劳动能力。如果这些人的基本生活得不到保障，他们就难以生存下去，必将影响社会的稳定和发展。建立和完善社会保障制度，就使劳动者在暂时或永久丧失劳动能力时，可以获得社会给予的物质帮助和保障，能够正常地继续生存下去。这就解除了劳动者的后顾之忧，有利于调动职工的劳动积极性，有利于社会的稳定。可见，社会保障制度是社会和经济发展的"稳定器"。

4. 促进社会和谐

建设一个民主法治、公平正义、诚信友爱、充满活力、安定有序、人与自然和谐相处的社会主义和谐社会，是我国各族人民的共同愿望。构建社会主义和谐社会，客观上要求我们更加注重解决困难群众的社会保障问题，使广大人民群众都能够分享到经济增长、社会进步和改革开放的成果。社会保障制度在调节收入分配、维护社会公平、保障社会成员的基本人权和社会权利、促进社会和谐等诸方面发挥着至关重要的作用，是其他制度难以替代的，尤其是在经济转轨时期，我国还存在不少影响社会和谐的矛盾和问题，如就业难、就医难、读书难、贫困等关系群众切身利益的问题，都是社会不和谐的因素。建立和完善社会保障制度，有利于化解社会矛盾，消除社会不和谐的因素，促进社会和谐。

（三）社会保障体系

1. 社会保险

社会保险是指国家通过法律强制实施，为工薪劳动者在年老、疾病、生育、失业以及遭受职业伤害的情况下，提供必要的物质帮助的制度。它是社会保障制度的核心内容。从社会保险的项目内容看，它是以经济保障为前提的。一切国家的社会保险制度，不论其是否完善，都具有强制性、社会性和福利性等特点。按照我国劳动法的规定，社会保险项目分为养老保险、失业保险、医疗保险、工伤保险和生育保险。社会保险的保障对象是全体劳动者，资金主要来源是用人单位和劳动者个人的缴费，政府给予资助。依法享受社会保险是劳动者的基本权利。改革开放以来，我国的社会保险制度逐渐完善。1997 年，国务院颁布《关于建立统一的城镇企业职工基本养老保险制度的决定》，2005 年 12 月，国务院颁布《关于完善企业职工基本养老保险制度的决定》，2009 年 9 月，国务院发布《关于开展新型农村社会养老保险试点的指导意见》，1998 年 12 月，国务院颁布《关于建立城镇职工基本医疗保险制度的决定》，1999 年 1 月，国务院颁布《失业保险条例》，1996 年 8 月，国家劳动部发布《企业职工工伤保险试行办法》；1994 年 12 月，国家劳动部发布《企业职工生育保险试行办法》。这些行政法规和规章的颁布，对于我国社会保险制度的建立和完善起了促进作用。

2. 社会救济

社会救济也称社会救助，是政府对生活在社会基本生活水平以下的贫困地区或贫困居民给予的基本生活保障。社会救济是基础的、最低层次的社会保障，其目的是保障公民享有最低生活水平，给付标准低于社会保险。社会救济主要包括自然灾害救济、失业救济、孤寡病残救济和城乡困难户救济等。国家和社会以多种形式对因自然灾害、意外事故和残疾等原因而无力维持基本生活的灾民、贫民提供救助。包括提供必要的生活资助、福利设施，急需的生产资料、劳务、技术、信息服务等。维持最低水平的基本生活是社会救济制度的基本特征。社会救济经费的主要来源是政府财政支出和社会捐赠。1999 年 9 月，国务院颁布了《城镇居民最低生活保障条例》，2007 年 7 月，国务院发布了《关于在全国建立农村最低生活保障制度的通知》。城镇居民最低生活保障制度和农村最低生活保障制度的建立，为城镇和农村生活困难的群众提供了基本的生活保障。

3. 社会福利

社会福利是政府为社会成员举办的各种公益性事业及为各类残疾人、生活无保障人员提供生活保障的事业。社会福利所包括的内容十分广泛，不仅包括生活、教育、医疗方面的福利待遇，而且包括交通、文娱、体育等方面的待遇。社会福利是一种服务政策和服务措施，其目的在于提高广大社会成员的物质和精神生活水平，使之得到更多的享受。同时，社会福利也是一种职责。我国颁布了《老年人权益保障法》、《残疾人保障法》、《农村五保供养工作条例》等法律法规，保障和促进了社会福利事业的发展。目前，我国有社会福利院、敬老院、疗养院、儿童福利院等福利机构。我国政府鼓励和支持社会兴办多种形式的福利企业，帮助适合参加劳动的残疾人获得就业机会。此外，我国政府还通过发行社会福利彩票募集资金支持社会福利事业。

4. 优抚安置

优抚安置，是指政府对军属、烈属、复员转业军人、残废军人予以优待抚恤的制度。在我国，优抚安置的对象主要是烈军属、复员退伍军人、残疾军人及其家属；优抚安置的内容主要包括提供抚恤金、优待金、补助金，举办军人疗养院、光荣院，安置复员退伍军人等。1988 年，国务院颁布了《军人抚恤优待条例》。2004 年 8 月，国务院总理温家宝、中央军委主席江泽民签署命令，批准公布新修订的《军人抚恤优待条例》。

5. 社会互助

社会互助是指在政府鼓励和支持下，社会团体和社会成员自愿组织和参与的扶弱济困活动。社会互助具有自愿、非营利性的特点，其主要形式有：工会、妇联等团体组织的群众性互助互济；民间公益事业团体组织的慈善救助；城乡居民自发组成的各种形式的互助组织等。社会互助的资金来源主要是社会捐赠和成员自愿交费、政府从税收方面给予的支持。1999 年 6 月 28 日，第九届全国人民代表大会常务委员会第十次会议通过了《公益事业捐赠法》，该法对社会捐赠活动的经常化、制度化进行了立法规范和鼓励。

第六章　民事法律制度

本章内容摘要：本章主要介绍民事方面的主要制度，如主体制度、物权、债权、侵权责任等。

第一节　民法概述

一　民法的概念和基本特征

（一）民法的概念

民法一词源于罗马法的市民法。在罗马法中，市民法是相对万民法的，它主要调整罗马公民之间的关系，而万民法是调整罗马公民与外国人之间的关系。我国清朝末年，清朝政府委任沈家本等人学习日本民法于1911年完成《大清民律草案》，民法一词遂为我国法律所采用。

民法的一词有着多种含义：

（1）民法可分为形式上的民法和实质上的民法。形式上的民法，专指系统编纂的民事立法，即民法典。实质上的民法是指所有调整平等主体财产关系和人身关系的民事法律规范总称。在我国，不存在形式意义上的民法典，但实质上的民法大量存在。

（2）民法还可分为广义的民法和狭义的民法。在我国，广义的民法是指所有调整民事关系的成文法和不成文法。狭义的民法仅指调整一定范围的财产关系和人身关系的法律，不包括婚姻法、继承法和属于传统商法内容的法律法规。本书所讲的民法取狭义之义。

（3）民法学。民法一词还可以指民法学。我国民法学的主要任务是：①研究民事法律规范的内在规律，不仅要把组成民法的法律规范作为一个完整的体系来研究，而且要研究各种民事法律关系，各项民事法律制度，各项民事法律制度之间的关系以及它们与其他部门法的联系，揭示其内在的规律。②总结民事法律规范在适用中的经验。③为民事立法提供理论依据。

我国《民法通则》第 2 条从民法的对象和任务的角度，给民法下了定义：民法是调整平等主体的公民之间、法人之间、公民和法人之间的财产关系和人身关系的法律规范的总称。

（二）民法的特征

民法作为我国法律体系中重要的法律部门之一，有以下特征。

1. 民法是权利法。民法以权利为中心建立规范体系，对于民事主体的民事权利的确认和保护是民法的基本职能。民法赋予民事主体广泛的民事权利，如人格权、物权、债权、继承权、知识产权等，同时民法为民事主体享有和行使民事权利提供了保障。

2. 民法是私法。关于公法和私法的划分标准主要有三种学说：一是利益说，二是意思说，三是主体说。在我国，强调公法与私法的划分，有助于弘扬私法自治的民法理念，以减少国家对私人生活领域不合理的干预。

3. 民法主要是实体法。民法既是民事主体从事民事活动的行为规则，又是司法机关处理民事案件的裁判规则。主要规定民事主体之间的实体性的权利和义务。民法中也有少数程序性的内容，如宣告失踪、宣告死亡制度，不动产登记制度等。这些程序性的规定服务于民事权利、义务的实现。

4. 民法规范大多为任意性规范，兼有强制性规范。民法主要通过任意性规范而不是强制性规范调整社会关系。任意性规范充分尊重主体的意志自由，允许主体依自己的意志和利益设立、变更和消灭民事法律关系。同时，民法利用强制性规范在合理的范围内对经济生活进行干预。民法规范中，任意性规范和强制性规范并存，体现了民事主体的意思自治与国家强制的结合。

二　民法的基本原则

原则，即观察问题、处理问题的准绳；民法的基本原则，即观察、处理民法问题的准绳。它是民事立法、民事司法与民事活动的基本准则，是民法的基本特征的集中体现，反映了市民社会和市场经济的根本要求，表达了民法的基本价值取向，是高度抽象的，是一般的民事行为规范和价值判断准则。

（一）民法基本原则的意义

民法原则在民法体系中具有如下重要意义。

1. 民法的基本原则是民事立法的准则

民法的基本原则，蕴含着民法调控社会生活所欲实现的目标，所欲达致的理想，是我国民法所调整的社会关系本质特征的集中反映，集中体现了民法区别于其他法律，尤其是行政法和经济法的特征。它贯穿整个民事立法，确定了民事立法的基本价值取向，是制定具体民法制度和规范的基础。

2. 民法的基本原则是民事主体进行民事活动的基本准则

民事主体所进行的各项民事活动，不仅要遵循具体的民法规范，还要遵循民法的基本原则。在现行法上对于民事主体的民事活动欠缺相应的民法规范进行调整时，民事主体应依民法基本原则的要求进行民事活动。

3. 民法的基本原则是法院解释法律、补充法律漏洞的基本依据

民法的基本原则是法院对民事法律、法规进行解释的基本依据。法院在审理民事案件时，须对所应适用的法律条文进行解释，以阐明法律规范的含义，确定特定法律规范的构成要件和法律效果。法院在对法律条文进行解释时，如有两种相反的含义，应采用其中符合民法基本原则的含义。无论采用何种解释方法，其解释结果均不能违反民法基本原则。如果法院在审理案件时，在现行法上未能获得据以作出裁判的依据，这就表明在现行法上存在法律漏洞。此时，法院应依据民法的基本原则来进行法律漏洞的补充。

4. 民法的基本原则是解释、研究民法的出发点

学者在对民法进行解释、研究时，应以民法的基本原则作为出发点，无论何种学说，违背了民法的基本原则，都不是妥当的学说。

（二）民法基本原则

1. 当事人法律地位平等的原则

民法中的平等，是指主体的身份平等。身份平等是特权的对立物，是指不论其自然条件和社会处境如何，其法律资格亦即权利能力一律平等。《民法通则》第 3 条规定：当事人在民事活动中的地位平等。任何自然人、法人在民事法律关系中平等地享有权利，其权利平等地受到保护。

所谓平等原则，也称为法律地位平等原则。平等原则集中反映了民事

法律关系的本质特征，是民事法律关系区别于其他法律关系的主要标志，它是指民事主体享有独立、平等的法律人格，其中平等以独立为前提，独立以平等为归宿。在具体的民事法律关系中，民事主体互不隶属，各自能独立地表达自己的意志，其合法权益平等地受到法律的保护。平等原则是市场经济的本质特征和内在要求在民法上的具体体现，是民法最基础、最根本的一项原则。现代社会，随着在生活、生产领域保护消费者和劳动者的呼声日高，平等原则的内涵正经历从单纯谋求民事主体抽象的法律人格的平等，到兼顾在特定类型的民事活动中，谋求当事人具体法律地位平等的转变。我国民法明文规定这一原则，强调在民事活动中一切当事人的法律地位平等，任何一方不得把自己的意志强加给对方，意在以我国特殊的历史条件为背景，突出强调民法应反映社会主义市场经济的本质要求。

2. 自愿、公平、等价有偿、诚实信用的原则

自愿原则的实质，就是在民事活动中当事人的意思自治。即当事人可以根据自己的判断，去从事民事活动，国家一般不干预当事人的自由意志，充分尊重当事人的选择。其内容应该包括自己行为和自己责任两个方面。自己行为，即当事人可以根据自己的意愿决定是否参与民事活动，以及参与的内容、行为方式等；自己责任，即民事主体要对自己参与民事活动所导致的结果负担责任。自愿原则，是法律确认民事主体得以自由地基于其意志去进行民事活动的基本准则。我国《民法通则》第4条规定，民事活动应当遵循自愿原则。自愿原则的存在和实现，以平等原则的存在和实现为前提。只有在地位独立、平等的基础上，才能保障当事人从事民事活动时的意志自由。自愿原则同样也是市场经济对法律所提出的要求。在市场上，准入的当事人被假定为自身利益的最佳判断者，因此，民事主体自愿进行的各项自由选择，应当受到法律的保障，并排除国家和他人的非法干预。

公平原则是指在民事活动中以利益均衡作为价值判断标准，在民事主体之间发生利益关系摩擦时，以权利和义务是否均衡来平衡双方的利益。因此，公平原则是一条法律适用的原则，即当民法规范缺乏规定时，可以根据公平原则来变动当事人之间的权利义务。公平原则又是一条司法原则，即法官的司法判决要做到公平合理，当法律缺乏规定时，应根据公平原则作出合理的判决。也就是说，公平原则是指民事主体应依据社会公认的公平观念从事民事活动，以维持当事人之间的利益均衡。我国《民法

通则》第 4 条规定，民事活动应当遵循公平的原则。

等价有偿原则是公平原则在财产性质的民事活动中的体现，是指民事主体在实施转移财产等民事活动中要实行等价交换，取得一项权利应当向对方履行相应的义务，不得无偿占有、剥夺他方的财产，不得非法侵害他方的利益；在造成他方损害的时候，应当等价有偿。现代民法对等价有偿提出挑战，认为很多民事活动，比如赠予和赡养、继承等并不是等价有偿进行的，因而等价有偿原则只是一个相对的原则，不能绝对化。主要体现在：（1）在合同关系中，当事人的权利和义务常常具有相对性。（2）在从事转移财产的民事活动中，一方取得的财产与其履行的义务，在价值上大致是相等的。（3）在共同从事某种民事活动时，禁止非法无偿地占有他人的财产。（4）一方给另一方造成损害，应以得到同等价值的补偿为原则，使加害人与受害人的损失额相等。

所谓诚实信用，其本意是要求按照市场制度的互惠性行事。在民法上，诚实信用原则是指民事主体进行民事活动必须诚实、善意，行使权利不侵害他人与社会的利益，履行义务，信守承诺和法律规定，最终达到所有获取民事利益的活动，不仅应使当事人之间的利益得到平衡，而且也必须使当事人与社会之间的利益得到平衡的基本原则。我国《民法通则》第 4 条规定，民事活动应当遵循诚实信用原则。诚实信用原则是市场伦理道德准则在民法上的反映。我国《民法通则》将诚实信用原则规定为民法的一项基本原则，不难看出，诚实信用原则在我国有适用于全部民法领域的效力。作为一般条款，该原则一方面对当事人的民事活动起着指导作用，确立了当事人以善意方式行使权利、履行义务的行为规则，要求当事人在进行民事活动时遵循基本的交易道德，以平衡当事人之间的各种利益冲突和矛盾，以及当事人的利益与社会利益之间的冲突和矛盾。另一方面，该原则具有填补法律漏洞的功能。当人民法院在司法审判实践中遇到立法当时未预见的新情况、新问题时，可直接依据诚实信用原则行使自由裁量权，调整当事人之间的权利义务关系。

3. 保护公民、法人合法权益原则

公民、法人的民事权益受法律保护原则，是公民、法人的合法权益得以实现的保证。民法是专门调整作为平等主体的公民之间、法人之间、公民与法人之间的财产关系和人身关系的法律部门，它在保护公民、法人的民事权益方面担负着更为重要的使命。《民法通则》第 5 条明确规定：

"公民、法人的合法的民事权益受法律保护，任何组织和个人不得侵犯。"把保护公民和法人的合法民事权益提到了基本原则的高度，这对于保护公民和法人等民事主体的合法权益具有重要的意义。《民法通则》对公民和法人做了专门的规定，确认了公民和法人的主体资格和在法律上享有的平等地位。在民事权利中具体规定了公民和法人享有的各项民事权利，不允许任何组织或个人非法侵犯。在民事责任中，对侵犯公民和法人的人身权利和财产权利的行为规定了各种民事制裁方式。这些都体现了我国民法对公民和法人合法权益的保护。

4. 禁止滥用民事权利原则

禁止滥用民事权利原则，是指民事主体在进行民事活动中必须正确行使民事权利，如果行使权利损害同样受到保护的他人利益和社会公共利益时，即构成权利滥用。对于如何判断权利滥用，《民法通则》及相关民事法律规定，民事活动首先必须遵守法律，法律没有规定的，应当遵守国家政策及习惯；行使权利应当尊重社会公德，不得损害社会公共利益，扰乱社会经济秩序。我国《宪法》第51条规定："中华人民共和国公民在行使自由和权利的时候，不得损害国家的、社会的、集体的利益和其他公民的合法的自由和权利。"

三　民事法律关系

民事法律关系是指由民法调整形成的具有民事权利义务内容的财产关系和人身关系，是民法的基本概念。民法正是通过民事法律关系实现其对社会关系调整的职能的。

（一）民事法律关系包括三个要素

民事法律关系的要素就是构成民事法律关系的主体、内容和客体，这三者缺一不可。

1. 民事法律关系的主体

民事法律关系的主体又称为民事主体，是指在民事法律关系中享有民事权利和承担民事义务的人。在我国，民事主体包括自然人、法人、其他组织和国家等。

2. 民事法律关系的内容

民事法律关系的内容，是指民事主体之间法律确认的民事权利和民事义务。

民事权利，是经由民法规范或法院判决类型化的自由，基于这种自由，民事主体或者可以保障自己的利益，或者可以获得法律上的利益。它具体包括：（1）免受他人侵扰的自由；（2）作出自由决定或向他人提出积极主张的自由；（3）这种自由是有保障的自由，法律不但保障这种自由的实现，而且一旦这种自由受到侵犯，民事主体有权请求国家发动公权力予以保护。

民事义务，是法律上拘束的类型化，这种法律上的拘束，可以基于法律的规定或者当事人的意志产生，通常是要求民事主体为一定行为或不为一定行为，目的是满足相对人权利的实现。

3. 民事法律关系的客体

民法关系的客体，是指民事法律关系主体之间的权利义务所指向的对象，包括物、行为和智力成果。

（二）民事法律事实

民事法律事实，指民法认可的能够引起民事法律关系产生、变更和消灭的客观现象。法律事实出现时，主要会引起民事法律关系的产生、变更和消灭三种法律后果。

根据是否与当事人的意志有关，法律事实可以分为事件和行为两大类。

1. 事件

事件，是指与当事人的意志无关，能够引起民事法律后果的客观现象。

2. 行为

行为，是指当事人的有意识的活动，主要包括民事行为、准民事行为和事实行为三种。

（1）民事行为，是指行为人基于其意志确立、变更、终止民事权利义务关系的行为，是最主要的民事法律事实。

（2）准民事行为，是指行为人实施的有助于确定民事法律关系相关事实因素的意愿表达或事实通知行为，包括催告和通知。

（3）事实行为，是指行为人实施的一定行为，一旦符合了法律的构成要件，不管当事人主观上是否有确立、变更或消灭某一民事法律关系的意思，都会由于法律的规定，从而引起一定的民事法律效果的行为。

第二节　民事法律关系主体

一　自然人与公民

自然人即生物学意义上的人，是基于出生而取得民事主体资格的人。其外延包括本国公民、外国公民和无国籍人。公民是指基于自然状态出生而具有一国国籍的人。我国《民法通则》使用"公民（自然人）"，将公民等同于自然人，而实际上二者的范围不同，直接使用自然人就可以涵盖包括本国公民在内的主体。

（一）自然人的民事权利能力

1. 自然人民事权利能力的概念和特征

自然人的民事权利能力是指法律赋予自然人享受权利和承担义务的资格。它是自然人参加民事法律关系，取得民事权利，承担民事义务的法律依据。

自然人的民事权利能力具有以下特征。

（1）主体的平等性

主要表现为：所有中华人民共和国的自然人，无论民族、种族、性别、年龄、职业、政治态度、宗教信仰、教育程度、职务高低、财产状况和居住年限等方面有何差异，他们在民事权利能力方面都是平等和无区别的。所有中华人民共和国自然人，都有资格平等地参加民事法律关系，取得民事权利，承担民事义务，不受有无行为能力的限制。所有中华人民共和国自然人，当其合法民事权利受到侵害时，都有权依法向人民法院提起诉讼，请求人民法院通过法律手段制裁违法行为人，给自然人合法民事权益的实现提供法律保障。

（2）内容的统一性

自然人民事权利能力的内容，是指法律赋予自然人可以享有的各种民事权利和应当承担的各种民事义务的范围。自然人所享有的民事权利和承担的民事义务是统一的，没有无义务的权利，也没有无权利的义务。

（3）实现的现实可能性

我国自然人享有的民事权利能力具有实现的现实可能性，它体现为：①我国自然人享有的民事权利能力具有实现的物质基础。国家的社会经济政策、公共设施及自然人实际掌握的物质财富，可以保障他们行使各种民事权利。②我国现行的法律制度为自然人实现其民事权利能力提供了有效的法律保障。

（4）不可转让性

民事权利能力是自然人生存和发展的必要条件，转让民事权利能力，无异于抛弃自己的生存权。因此，民事权利能力是不可转让的，当事人自愿转让、扩充的，法律不承认其效力。

2. 自然人民事权利能力的开始

我国《民法通则》第9条规定："公民从出生时起到死亡时止，具有民事权利能力，依法享有民事权利，承担民事义务。"根据该条规定，我国自然人的民事权利能力始于出生，终于死亡，自然人享有民事权利能力的时间与其生命的存续时间是完全一致的。

对自然人出生时间的确认依据，最高人民法院在1988年1月26日通过的《关于贯彻执行〈中华人民共和国民法通则〉若干问题的意见（试行）》第1条提出："公民的民事权利能力自出生时开始。出生的时间以户籍证明为准；没有户籍证明的，以医院出具的出生证明为准。没有医院证明的，参照其他有关证明认定。"这一司法解释，对解决在审判实践中遇到的自然人的出生时间问题如何准确认定是具有重要意义的。

根据自然人的民事权利能力始于出生的法律准则，尚未出生的胎儿还不具备民事权利能力，不能享受民事权利、承担民事义务。但是，按照生理规律，胎儿将来必定要出生。为了保护胎儿的利益，我国继承法规定：继承遗产时，胎儿可作为法定继承人分得遗产，但出生时是死体的除外。

自然人的民事权利能力始于出生，不受自然人年龄大小的限制，此为一般的民事权利能力。此外，还有自然人的特殊民事权利能力。所谓自然人的特殊民事权利能力，是指受自然人年龄限制的民事权利能力。《婚姻法》第5条规定："结婚年龄，男不得早于二十二周岁，女不得早于二十周岁。晚婚晚育应予鼓励。"这条规定是对自然人结婚的民事权利能力的限制。另外，我国法律还规定，自然人参加劳动的民事权利能力，一般应在16周岁以上。法律规定自然人的特殊民事权利能力，立法目的在于保证自然人的健康成长。

3. 自然人民事权利能力的终止

《民法通则》规定，自然人死亡是自然人民事权利能力终止的法定事由。自然人死亡后，就不再有从事民事活动、参加民事法律关系的可能性和必要性，不必再保留其民事权利能力。自然人死亡的方式有自然死亡和宣告死亡两种。无论何种方式，只要自然人死亡的事实发生，其民事权利能力便终止。自然死亡也称生理死亡，是指自然人的生命终结。在我国，一般是以呼吸和心跳均告停止为自然人生理死亡的时间。

为了解决相互有继承关系的几个自然人在同一事件中死亡而无法确定其死亡先后时间的问题，法律上有必要设立自然人死亡时间的推定制度。《继承法》公布施行后，最高人民法院曾对此作出司法解释：相互有继承关系的几个人在同一事件中死亡，如不能确定死亡先后时间的，推定没有继承人的人先死亡。死亡人各自都有继承人的，如几个死亡人辈分不同，推定长辈先死亡；几个死亡人辈分相同，推定同时死亡，彼此不发生继承，由他们各自的继承人分别继承。

（二）自然人的民事行为能力

1. 自然人民事行为能力的概念和特征

自然人的民事行为能力是指自然人能够以自己的行为参与民事法律关系，取得民事权利、承担民事义务的能力。自然人的民事行为能力与民事权利能力不同。民事行为能力并不是自然人从出生就有的，而是根据自然人对自己的行为及其可能产生的后果的认识和判断能力，以及处理自己的事务的能力来确定的。

自然人民事行为能力具有以下特征：

（1）自然人的民事行为能力是法律赋予的一种独立参加民事活动的资格。

（2）自然人民事行为能力包括自然人为合法行为的资格（独立地取得民事权利和承担民事义务，独立地行使民事权利和履行民事义务），也包括自然人对自己实施的违法行为承担民事责任的资格（如因非法侵害他人利益而承担的损害赔偿责任）。

2. 自然人民事行为能力的分类

我国《民法通则》将自然人的民事行为能力分为三大类：

（1）完全民事行为能力

完全民事行为能力的自然人，可以独立地实施法律规定自然人有权实施的一切民事行为。《民法通则》第11条规定：十八周岁以上的公民是成年人，具有完全的民事行为能力，可以独立进行民事活动，是完全民事行为能力人。十六周岁以上不满十八周岁的公民，以自己的劳动收入为主要生活来源的，视为完全民事行为能力人。

（2）限制民事行为能力

限制民事行为能力是指当事人的民事行为能力不完全，在法定范围内，当事人具有民事行为能力，可以独立地实施民事行为；在法定范围之外，其民事行为能力有所欠缺，不能独立地实施民事行为。公民已达到一定年龄而未达法定成年年龄，或者公民虽达法定成年年龄但患有不能完全辨认自己行为的精神病，不能独立进行全部民事活动，只能进行部分民事活动。上述两种人，统称为限制民事行为能力人。《民法通则》规定：年满 10 周岁不满 18 周岁的自然人是限制民事行为能力人，可以进行与他的年龄、智力相适应的民事活动；其他民事活动由他的法定代理人代理，或者征得他的法定代理人的同意。该法及相关司法解释还规定：不能完全辨认自己行为的精神病人和对于比较复杂的事物或者比较重大的民事行为欠缺判断能力和自我保护能力并且不能预见其行为后果的患痴呆症的人为限制民事行为能力人，可以进行与他的精神状况相适应的民事活动；其他民事活动由他的法定代理人代理，或者征得他的法定代理人的同意。

（3）无民事行为能力

无民事行为能力指完全不具备民事行为能力，原则上不能参加任何民事活动。《民法通则》规定，不满十周岁的儿童以及不能辨认自己行为的精神病人为无民事行为能力人，由他的法定代理人代理民事活动。同时规定，无行为能力人的监护人是他的法定代理人。对于精神病人，依其精神状况，经过利害关系人申请，由人民法院通过特别程序宣告其为限制行为能力人或无行为能力人。无民事行为能力人需要实施民事行为，只能由他的法定代理人代理，但为保护无民事行为能力人的利益，有关司法解释规定，无民事行为能力人接受奖励、赠与及报酬的行为有效。

（三）监护

1. 监护的概念和特征

监护是指法律规定的自然人或单位对无民事行为能力人或限制民事行为能力人的人身、财产和其他合法权益的监管和保护的一种制度。

监护主要有以下特征：

（1）被监护人须为无民事行为能力人或限制民事行为能力人。

（2）监护人须为完全民事行为能力人。

（3）监护人的职责是由法律规定的，而不能由当事人约定。

2. 监护的设定

（1）法定监护

法定监护是由法律直接规定监护人范围和顺序的监护。法定监护人可以由一人或多人担任。《民法通则》第 16 条第 1 款规定，未成年人的父母是未成年人的监护人。父母对子女享有亲权，是当然的第一顺位监护人。未成年人的父母死亡或者没有监护能力的，依次由祖父母和外祖父母，兄、姐，关系密切的亲属或朋友、父母单位和未成年人住所地的居委会或村委会、民政部门担任监护人。成年精神病人的法定监护人的范围顺序是：配偶、父母、成年子女、其他近亲属、关系密切的亲属或朋友、精神病人所在单位或住所地的居委会、村委会、民政部门。

法定监护人顺序在前者优先于在后者担任监护人。但法定顺序可以依监护人的协议而改变，前一顺序监护人无监护能力或对监护人明显不利的，人民法院有权从后一顺序中择优确定监护人。

（2）指定监护

指定监护是指有法定监护资格的人之间对监护人有争议时，由监护权利机关指定的监护。从《民法通则》的规定看，指定监护实际上是法定监护的延伸，仍属法定监护范畴。指定监护只是在法定监护人有争议时才产生。所谓争议，对于未成年人是其父母以外的监护人范围内的人争抢担任监护人或互相推诿都不愿意担任监护人；对于成年精神病人则是监护范围内的人对监护权有争议，争议项同前述。《民法通则》及相关司法解释规定的指定监护的权力机关，是被监护人住所地的居委会委员或村委会委员。指定监护可以是口头方式，也可以用书面方式，只要指定监护的通知送达被指定人，指定即成立。被指定人不服指定的，可以在接到指定通知次日起三十日内向人民法院起诉，由人民法院裁决。指定监护未被指定人提起诉讼时，自收到通知后满三十日后生效；在提起诉讼时，自法院裁决之日起生效。

（3）委托监护

委托监护是由合同设立的监护人，委托监护属意定监护。委托监护可以是全权委任，也可以是限权委任。前者如父母将子女委托祖父母照料或配偶将精神病人委托精神病院照料；后者如将子女委托给寄宿制学校、幼儿园等。依我国最高人民法院《民通意见》的解释，委托监护不论是全权委托或限权委托，委托人仍要对被监护人的侵权行为承担民事责任，但另有约定的除外；被委托人只有在确有过错时，才负担连带赔偿责任。即法定或指定监护人对被监护人应承担的民事责任，不因委托发生移转，被委托监护人只承担过错连带赔偿责任，其在尽到监护之责而无过错时，被监护人之行为如依法律仍须由监护人负责时，则由法定监护人承担。

3. 监护人的确定

《民法通则》第 16 条规定，未成年人的父母是未成年人的监护人，未成年人的父母已经死亡或者没有监护能力的，由下列人员中有监护能力的人担任监护人：（1）祖父母、外祖父母；（2）兄、姐；（3）关系密切的其他亲属、朋友愿意承担监护责任，经未成年人的父、母的所在单位或者未成年人住所地的居民委员会、村民委员会同意的。

没有以上监护人的，由未成年人的父、母的所在单位或者未成年人住所地的居民委员会、村民委员会或者民政部门担任监护人。

《民法通则》第 17 条规定，无民事行为能力或者限制民事行为能力的精神病人，由下列人员担任监护人：（1）配偶；（2）父母；（3）成年子女；（4）其他近亲属；（5）关系密切的其他亲属、朋友愿意承担监护责任，经精神病人的所在单位或者住所地的居民委员会、村民委员会同意的。

没有以上监护人的，由精神病人的所在单位或者住所地的居民委员会、村民委员会或者民政部门担任监护人。

对担任监护人有争议的，由被监护人的所在单位或者住所地的居民委员会、村民委员会在近亲属中指定。对指定不服提起诉讼的，由人民法院裁决。

4. 监护人职责

监护人的职责主要有：

（1）保护被监护人的身体健康和人身安全，防止被监护人受到不法侵害；

（2）照顾被监护人的生活；

（3）对被监护人进行管理和教育；

（4）妥善管理和保护被监护人的财产，对于被监护人财产的经营和处分，应尽善良管理人的注意；

（5）代理被监护人进行民事活动；

（6）代理被监护人进行诉讼，以维护其合法权益；

（7）监护人不履行监护职责或者侵害被监护人合法权益的，给被监护人造成财产损失的，应当承担赔偿责任。

5. 监护的终止

监护终止的原因有以下几种情形：

（1）被监护人获得完全民事行为能力。

（2）监护人或被监护人一方死亡。

（3）监护人丧失了行为能力。

（4）监护人辞去监护。监护人有正当理由时，法律应允许其辞去监护，但这不适用于未成年人的父母。

（5）监护人被撤销监护人资格。

（四）宣告失踪和宣告死亡

1. 宣告失踪

宣告失踪指经利害关系人申请，由人民法院对下落不明满一定期间的人宣告为失踪人的制度。为消除因自然人长期下落不明所造成的不利影响，法律通过设立宣告失踪制度，通过宣告下落不明人为失踪人，并为其设立财产代管人，由代管人管理失踪人财产，以保护失踪人与相对人的财产权益。它是一种不确定的自然事实状态的法律确认，目的在于结束失踪人财产关系的不确定状态，保护失踪人的利益，兼及利害关系人的利益。

申请人民法院宣告公民失踪，必须具备以下三个条件。

（1）必须有公民下落不明满 2 年的事实。所谓下落不明，是指公民最后离开自己住所或居所地后，去向不明，与任何人都无联系，杳无音信。认定公民下落不明的起算时间，应当从公民离开自己的最后住所地或居所地之日起，连续计算满 2 年，中间不能间断，如有间断，应从最后一次出走或最后一次来信时计算；战争期间下落不明的，从战争结束之日起计算；因意外事故下落不明的，从事故发生之日起计算；登报寻找失踪人的，从登报之日起计算。

（2）必须是与下落不明的公民有利害关系的人向人民法院提出申请。利害关系人，是指与下落不明的公民有人身关系或者民事权利义务关系的人。包括失踪公民的配偶、父母、成年子女、祖父母、外祖父母、成年兄弟姐妹以及其他与之有民事权利义务关系（如债权债务关系）的人。

（3）必须由人民法院依法定程序宣告。宣告失踪只能由人民法院作出判决，其他任何机关和个人均无权作出宣告失踪的决定，人民法院接到宣告失踪的申请后，应对下落不明的自然人发出公告，公告期为3个月。公告期届满，人民应当根据被宣告失踪的事实是否得到确认，作出宣告失踪的判决或者驳回申请的判决。

宣告失踪案件，人民法院可以根据申请人的请求，清理下落不明人的财产，指定诉讼期间的财产代管人。

被宣告失踪的人重新出现或者确知他的下落，经本人或者利害关系人申请，人民法院应当撤销对他的失踪宣告。

2. 宣告死亡

宣告死亡是指自然人离开住所，下落不明达到法定期限，经利害关系人申请，由人民法院宣告其死亡的法律制度。

宣告死亡，应当符合以下条件：

（1）自然人下落不明达到法定的期间：一般情况下，自然人下落不明满4年的，因意外事故下落不明，从事故发生之日起满2年的。战争期间下落不明的，下落不明的时间从战争结束之日起计算。

（2）须有利害关系人的申请。只有利害关系人提出宣告死亡的申请，人民法院才能依法作出死亡宣告。宣告失踪不是宣告死亡的必经程序，自然人下落不明，符合申请宣告死亡的条件，利害关系人可以不经申请宣告失踪而直接申请宣告死亡。

（3）须由人民法院进行宣告。宣告死亡的公告期间为1年，因意外事故下落不明的公告期为3个月。

被宣告死亡的人重新出现或者确知他没有死亡，经本人或者利害关系人申请，人民法院应当撤销对他的死亡宣告。有民事行为能力人在被宣告死亡期间实施的民事法律行为有效。被撤销死亡宣告的人有权请求返还财产，依照继承法取得他的财产的自然人或者组织，应当返还原物；原物不存在的，给予适当补偿。

（五）个体工商户、农村承包经营户

1. 个体工商户

个体工商户，是指有经营能力并依照《个体工商户条例》的规定经工商行政管理部门登记，从事工商业经营的公民。《个体工商户条例》第2条第1款规定："有经营能力的公民，依照本条例规定经工商行政管理部门登记，从事工商业经营的，为个体工商户。"个体工商户不是一类独立的民事主体，而是包含在自然人这种民事主体中，不具有独立的法律地位。

个体工商户的债务，个人经营的，以个人财产承担；家庭经营的，以家庭财产承担。即以个人名义申请登记的个体工商户，个人经营、收益也归个人者，对债务负个人责任；以家庭共同财产投资，或者收益的主要部分供家庭成员消费的，其债务由家庭共有财产清偿；在夫妻关系存续期间，一方从事个体工商户经营，其收入作为夫妻共有财产，其债务由夫妻共有财产清偿；家庭全体成员共同出资、共同经营的，其债务由家庭共有财产清偿。

2. 农村承包经营户

农村承包经营户，是指农村集体经济组织的成员，在法律允许的范围内，按照承包合同规定从事商品经营。根据《民法通则》规定，农村集体经济组织的成员，在法律允许的范围内，按照承包合同规定从事商品经营的，为农村承包经营户。农村承包经营户的"户"，可以是1个人经营，也可以是家庭经营，但须以户的名义进行经营活动。农村承包经营与个体工商户一样，都属于商事主体。

以个人名义承包经营的，应以个人财产承担无限责任；以家庭名义承包经营的，以家庭财产共有财产承担无限责任。虽然以个人名义承包经营，却由其他家庭成员从事生产，或其经营收益为家庭成员分享，这种情况应视为家庭承包经营，对其债务应以家庭共有财产承担无限责任。

二　合伙

合伙是指两个以上自然人按照协议，各自提供资金、实物、技术等，合伙经营、共同劳动的一种组织形式。我国民事立法中，合伙包括个人合伙、合伙型联营与合伙企业。

（一）个人合伙

是指两个以上的公民按照协议，各自提供资金、实物、技术等，合伙经营、共同劳动的民事主体。个人合伙可以起字号，依法经核准登记，在核准登记的经营范围内从事经营。个人合伙的经营活动，由合伙人共同决定，合伙人有执行和监督的权利。合伙人可以推举负责人。合伙负责人和其他人员的经营活动，由全体合伙人承担民事责任。

（二）合伙型联营

指参与联营各方，在经核准或协商的生产经营范围内，按照合同约定开展生产经营活动，并以各自投入的财产承担连带责任。这种联营的核心与法人型联营的区别是：它是一种联营组织，但不具备法人资格，它的民事主体仍然是参加联营的各成员。因而，对联合体的债务，由联营各方承担无限责任或连带责任。

（三）合伙企业

本部分内容参见本书第四章第二节。

三　法人

（一）法人的概念和具备法人的条件

法人是指具有民事权利能力和民事行为能力，依法独立享有民事权利和承担民事义务的社会组织。

法人具有以下条件：

（1）依法成立：这是法人与自然人之间的最大区别。法人是社会组织，但不是任何组织都能取得法人资格，只有那些具备法定的条件，并得到法律认可或依法获得批准的社会组织，才能取得法人资格。

（2）有独立的财产或者经费：法人拥有独立的财产或者经费，是法人作为独立立体存在的基础和前提条件，也是法人独立地享有民事权利和承担民事义务的物质基础。

（3）有自己的名称、组织机构和场所：这是法人能够独立进行民事活动的基础。

（4）能够独立承担民事责任：法人能够独立承担民事责任，是它拥有独立财产的必然反映和结果。正因为法人有独立的财产，所以它当然地要独立负担由自己活动所产生的财产责任。

（二）法人的权利能力和行为能力

1. 法人权利能力

法人的权利能力是指法人享有参与民事活动，取得民事权利和承担民事义务的能力或资格。

法人的民事权利能力始于成立，终于消灭。公司等营利法人的成立以登记机关颁发的"法人执照"注明的日期为准；法人消灭以清算完结注销登记之日为准。非营利法人依《民法通则》第50条第1款规定，有独立经费的机关从成立之日起，具有法人资格。其他法人依该条第 2 款规定，具备法人条件的事业单位、社会团体，依法不需要办理法人登记的，从成立之日起，具有法人资格；依法需要办理法人登记的，经核准登记，取得法人资格。法人的民事权利能力的内容是由法人成立的宗旨和业务范围决定的。在法人解散、被撤销、被宣告破产或其他原因终止时消灭。

2. 法人的行为能力

法人的行为能力是指法人能够以自己的行为进行民事活动，取得权利并承担义务的能力或资格。法人的民事行为能力与自然人的民事行为能力有所不同。法人依法成立后，不仅取得民事权利能力，同时即具备民事行为能力。在法人终止时，二者也同时终止。

就企业法人而言，企业法人超越经营范围订立的合同，只要不是违反国家限制经营、特许经营以及禁止经营的，人民法院都不因此认定合同无效。这也最大限度地保障了市场中的交易稳定。

（三）法人的种类

根据《民法通则》的规定，法人主要被区分为企业法人与非企业法人两大类。

1. 企业法人

企业法人是从事商品生产经营活动，以获取利润、创造社会财富、扩大社会积累为目的的法人，包括从事工业、农业、建筑业、运输业、商业、服务业的经济组织。相当于传统民法理论中的营利性社团法人。以公司法人为代表，包括全民所有制企业法人、集体所有制企业法人、私营企业法人、联营企业法人、中外合资经营企业法人、中外合作经营企业法人和外资企业法人等。

2. 非企业法人

是指不直接从事生产经营活动，以国家管理和非经营性的社会活动为其内容的法人，也称为非营利法人。包括国家机关法人（是指依法享有国家赋予的公权力，并因行使职权的需要而具备相应的民事权利能力和民事行为能力的国家机关）、事业单位法人（是指为了社会公益事业目的，由国家机关、其他组织或者自然人投资举办的，从事文化、教育、卫生、体育、新闻等公益事业的单位）、社会团体法人（是指自然人或法人自愿组成，为实现会员共同意愿，按照其章程开展活动的法人）。

（四）法人的变更和终止

法人的变更，是指法人在性质、组织机构、经营范围、财产状况以及名称、住所等方面的重大变更。这些事项的变更，可依法人意思自主决定，法人只要作相应的变更登记，即可发生变更效力。

法人的终止，是指法人丧失民事主体资格，其民事权利能力和民事行为能力终止，又称法人的消灭。法人终止的原因：（1）依法被撤销；（2）解散；（3）依法宣告破产；（4）其他原因。终止后的法人，不能再以法人名义对外从事民事活动。

第三节　民事法律行为和代理

一　民事法律行为

（一）民事法律行为的概念

民事法律行为是指自然人或法人以设立、变更、终止民事权利和民事义务为目的的具有法律约束力的合法民事行为。

（二）民事法律行为的有效条件

1. 行为人要有实施民事法律行为的民事行为能力

民事行为以当事人的意思表示为基本要素，行为人具有相应的行为能力是作出意思表示的前提。

2. 行为人的意思表示真实

意思表示真实，包括两个方面的含义：一是指行为人的内心意思与外部的表示行为相一致的状态。二是指当事人是在意志自由的前提下，进行意思表示的状态。

3. 行为不得违背法律或者社会公共利益

民事行为不得违反法律，这里的法律仅指全国人民代表大会及其常务委员会通过、由国家主席签发的立法文件以及以国务院令的形式颁布、由国务院总理签发的立法文件，即仅限于法律和行政法规。同时，这些法律和行政法规中也并不是所有规定都会影响民事行为的效力，只有违反禁止性规定的行为才会无效。

（三）民事法律行为的形式

民事法律行为的形式，是指行为内在的意思表现于外部的一种形式。民事法律行为可以采用书面形式、口头形式或者其他形式。

1. 口头形式

口头形式是行为人通过言语表达其内心意思而成立的民事法律行为，诸如当事人之间当面交谈、电话联系等。口头形式是社会公众在社会生活中广泛适用于民事法律行为的形式。其优点是快捷、迅速，但是，因其缺乏客观记载，在发生纠纷时难于取证，所以，口头形式大多用于即时清结的小额交易行为，而金额较大的、非即时清结的民事法律行为，则不宜采用口头形式。

2. 书面形式

书面形式是行为人以文字符号表达其内心意思而成立的民事法律行为。书面形式的优点是通过文字符号将行为人所实施民事法律行为的内容客观地记载于一定的载体上，成为确定当事人权利和义务的依据，有利于防止民事活动中的异议和便于民事纠纷的处理。根据我国《合同法》第11条的规定，民事法律行为的书面形式包括合同书、信件和各种数据电文——电报、电传、传真、电子数据交换和电子邮件等可以有形地表现民事法律行为内容的形式。

3. 其他形式

主要包括推定的形式，即当事人通过有目的、有意义的积极行为将其内在意思表现于外部，使他人可以根据常识、交易习惯或相互间的默契，推知当事人已作某种意思表示，从而使民事行为成立。

还包括沉默的方式。即在法律有特别规定或当事人有特别约定时，以拟制的方式，将行为人既无语言表示又无行为为表示的消极行为，视为当事人的意思表示形式，由此使民事行为成立。

（四）民事行为的种类

从民事行为的法律后果划分，可以分为：

第一，有效民事行为，是指具备《民法通则》规定的必备条件的民事行为。即民事法律行为。

第二，无效民事行为，是指严重欠缺《民法通则》规定的生效条件的民事行为。包括：（1）无民事行为能力人实施的；（2）限制民事行为能力人依法不能独立实施的；（3）一方以欺诈、胁迫手段，使对方在违背真实意志的情况下所为的，损害国家或集体利益的；（4）恶意串通，损害国家、集体或者第三人利益的；（5）违反法律或者社会公共利益的；（6）经济合同违背国家指令性计划的；（7）以合法形式掩盖非法目的的。

无效民事行为的效力自民事行为成立之时起，当然、确定、绝对、永久不能生效。

第三，可变更、可撤销的民事行为，是指已经成立并生效的民事行为，由于意思表示不真实、违背自愿原则，因行为人撤销权的行使，而使其自始不发生效力的民事行为。主要包括：（1）行为人对行为内容有重大误解。（2）显失公平。（3）一方以欺诈、胁迫的手段或者乘人之危，使对方当事人在违背真实意思的情况下所为的民事行为。

此类行为的效力与无效民事行为的效力不同，在行为人未行使撤销权前，该民事行为是有效的，只有当事人在合法期限内行使了撤销权，才会使得行为无效，且自始无效。

第四，效力待定的民事行为，是指民事行为虽已成立，但是否生效尚不确定，只有经由特定当事人的行为，才能确定生效或不生效的民事行为。主要包括：（1）限制民事行为能力人所实施的依法不能独立实施的多方民事行为；（2）无权处分行为；（3）无权代理行为；（4）无权代表行为。

第五，附条件与附期限的民事行为，包括：（1）附条件的民事行为，指民事行为效力的开始或终止取决于将来不确定事实的民事行为。民事行为所附的条件，要满足以下要求：条件必须是将来的事实，条件必须是不确定的事实，条件必须合法，条件必须是当事人设定的行为。（2）附期限的民事行为，是以一定期限的到来作为效力开始或终止原则的民事行为。民事行为所附的期限与条件的要求基本一样，不同之处是条件是不确定的事实，而期限是一定会发生的事实。

二　代理

（一）代理的概念及法律特征

代理是某人（代理人）依据本人（被代理人）的委托或者法律及人民法院或有关单位指定，以本人名义与第三人所实施的民事法律行为的后果直接由本人承受的制度。

代理行为的法律特征是：

1. 代理人必须以被代理人的名义进行活动

代理人只有以被代理人的名义进行代理行为，才能为被代理人取得权利、设定义务。如果代理人自己的名义为民事行为，这种行为是代理人自己的行为而非代理行为，其所设立的权利与义务也只能由代理人自己承受。

2. 代理人在被代理人授权范围内独立作出意思表示

代理人根据代理权进行代理，但是代理人在实施代理行为时有独立进行意思表示的权利，这是因为代理人实施的行为属于民事行为，而意思表示又是民事行为的核心。为了更好地完成代理事务，代理人在代理权限内可以根据代理活动的具体情况进行相应的意思表示，争取在对被代理人最有利的情况下完成代理事务。

3. 代理行为必须是具有法律意义的行为

代理人代被代理人实施的行为主要是民事行为，所以通过代理行为，必然在被代理代与相对人之间发生一定的法律关系，或者变更、终止被代理人与相对人之间的已经存在的民事法律关系。其核心内容就是发生民事权利和义务的变化。

4. 代理行为产生的法律后果直接由被代理人承担

代理行为虽然是在代理人与相对人之间发生的，但代理人是以被代理人的名义，并在被代理人的授权范围内进行的活动，体现的是被代理人的意志，因此，被代理人应当承担代理行为产生的法律后果。

(二) 代理的种类

1. 委托代理与法定代理

以代理权产生的原因划分，代理分为委托代理与法定代理。委托代理之代理权基于本人的授权意思表示发生；法定代理之代理权由法律规定产生。委托代理是代理人根据被代理人授权而进行的代理，即委托代理的代理权产生自本人的授权行为。委托代理，依照被代理人授权范围不同，又可分为一次性委托代理，持续性委托代理和总委托代理。

法定代理，是指以法律的直接规定为根据而产生的代理。法定代理主要是为民事法律行为能力欠缺者设计的，法律根据自然人之间的亲属关系，如父母子女、夫妻等而直接规定的代理权。在性质上属于全权代理。

2. 一般代理与特别代理

这是按代理权限的范围划分的。在委托代理中，对代理权限无特别限制的代理，称一般代理；对代理权限有特别限制的代理，称特别代理。

3. 本代理与复代理

这是按由谁选任代理人来区分的。由本人选任的代理人的代理，称本代理；由代理人基于复任权选任代理人的代理，称复代理，又称再代理。

复代理以本代理为基础，故复代理权不得大于本代理权，大于部分为无权代理。复代理应有复任权，代理具有信赖关系，若无本人授权或事后的追认，代理人选任之复代理人的行为对本人不产生效力。最高人民法院关于贯彻执行《中华人民共和国民法通则》若干问题的意见（试行）（以下简称《民通意见》）第 80 条规定：由于急病、通讯联络中断等特殊原因，委托代理人自己不能办理代理事项，又不能与被代理人及时取得联系，如不及时转托他人代理，会给被代理人的利益造成损失或者扩大损失的，属于民法通则第 68 条中的"紧急情况"。

4. 单独代理与共同代理

按代理人是一人还是数人，代理区分为单独代理和共同代理。

（三）无权代理

无权代理是指在没有代理权的情况下以他人名义实施的民事行为。无权代理有广义和狭义之分。广义的包括表见代理和表见代理以外的无权代理。狭义的仅指表见代理以外的无权代理。

无权代理主要有以下三种情况：（1）根本未经授权的代理。（2）超越代理权的代理。（3）代理权已终止后的代理。

无权代理的效力一般为效力待定，但在以下两种情形中，无权代理与有权代理有相同的法律效力。

1. 被代理人行使追认权

通过被代理人行使追认权，可使无权代理行为中所欠缺的代理权得到补足，转化为有权代理，发生与有权代理同样的法律效果。

2. 表见代理

表见代理是广义无权代理中的一种，它是指行为人虽没有代理权，但交易相对人有充分理由相信行为人有代理权的无权代理。此时，无权代理可以发生与有权代理同样的法律效果。表见代理的构成要件包括：第一，行为人无代理权。第二，交易相对人有理由相信行为人拥有代理权。第三，交易相对人基于对行为人拥有代理权的依赖，与行为人进行民事行为。第四，无权代理人与第三人所为的民事行为，合于法律行为的一般有效要件和代理行为的表面特征。

（四）代理关系的消灭

代理关系根据一定的法律事实产生，也可以根据一定的法律事实的出现而消灭。

有下列情形之一的，委托代理终止：（1）代理期间届满或者代理事务完成；（2）被代理人取消委托或者代理人辞去委托；（3）代理人死亡；（4）代理人丧失民事行为能力；（5）作为被代理人或者代理人的法人终止。

有下列情形之一的，法定代理或者指定代理终止：（1）被代理人取得或者恢复民事行为能力；（2）被代理人或者代理人死亡；（3）代理人丧失民事行为能力；（4）指定代理的人民法院或者指定单位取消指定；（5）由其他原因引起的被代理人和代理人之间的监护关系消灭。

第四节 物权

一 物权的概念和特征

物权一词最早起源于罗马法，其作为一个法律概念，是指民事主体在法律规定的范围内直接支配一定的物，享受利益并排除他人干涉的权利，是人与人之间对于物的归属和利用关系的法律体现。《物权法》第 2 条规定："本法所称物权，是指权利人依法对特定的物享有直接支配和排他的权利，包括所有权、用益物权和担保物权。"

物权的法律特征主要包括：

1. 物权的主体具有对世性；物权的权利主体是特定的权利人，而其义务主体则是权利人以外的一切不特定人。

2. 物权的客体具有特定性；物权以物为其客体，而且物权的客体必须具有确定性，须为现存、独立和特定之物。

3. 物权的内容以支配权为核心。物权是法律赋予人对物的直接支配之权利。物权人完全可以根据权利人自己的意思而自由享受物上之利益，不需要借助他人意思或行为之介入。

二 物权的分类

（一）自物权与他物权

自物权是权利人对于自己的物所享有的权利。因其与他人之物无关，故称作自物权。所有权是自物权。他物权是在他人所有之物上设定的物权。他物权是对他人的物享有的权利，其内容是在占有、使用、收益或者处分某一方面对他人之物的支配。

（二）动产物权与不动产物权

这是根据物权的客体是动产还是不动产所作的分类。不动产所有权、建设用地使用权、不动产抵押权等是不动产物权，而动产所有权、动产质权、留置权则是动产物权。

（三）主物权与从物权

这是以物权是否具有独立性进行的分类。主物权是指能够独立存在的物权，如所有权、建设用地使用权。从物权则是指必须依附于其他权利而存在的物权。如抵押权、质权、留置权，是为担保的债权而设定的。地役权在与需役地的所有权或使用权的关系上，也是从物权。

（四）所有权与限制物权

这是以对于标的物的支配范围的不同对物权所作的区分。所有权是全面支配标的物的物权，限制物权是于特定方面支配标的物的物权。一些学者认为所有权也要受法律、相邻关系等的限制，故应避免使用限制物权这一概念。日本学者松冈正义首创了定限物权一词，表示所有权以外的他物权内容是有一定限度的。但这只是名称之争，其关于所有权与限制物权分类的实质内容是一致的。

（五）有限物权与无期限物权

这种分类的标准是物权的存续有没有期限。有期限物权是指有一定存续期间的物权，如抵押权、质权、留置权。无期限物权则是指没有预定存续期间，而永久存续的物权，所有权属于无期限物权。

三　物权法的基本原则

（一）平等保护原则

国家、集体、私人的物权和其他权利人的物权受法律保护，任何单位和个人不得侵犯。

（二）物权法定原则

1. 物权种类法定：当事人不得自由创设法律未规定的新物权。

2. 物权内容法定：当事人不得在物权中自由创设新的内容（如法律规定动产质押必须移转占有，当事人就不能创设不移转占有的动产质押）。

3. 物权的效力法定：当事人不能通过协议设定物权的效力。

4. 物权的公示方法法定：物权的公示方法必须由法律规定，不得由当事人随意确定。

（三）一物一权原则

1. 一个所有权的客体仅为一个独立物，集合物原则上不能成为一个所有权的客体，而应为多个所有权的客体。

2. 一个独立物上只能存在一个所有权，但一物之上的所有人可以为多人，多人对一物享有所有权，并非多重所有权，所有权仍然是一个，只不过主体为多人。

3. 在按份共有中，各共有人根据其份额对财产享有相应的权利，但份额本身并非单独的所有权。

4. 一物之上可以存在数个物权，但各个物权之间不得相互矛盾。一物一权主要是指一物之上只能设定一个所有权，不是指一物之上不能设置多个物权，如在一物之上可以有多个抵押权的存在。

5. 一物的某一部分不能成立单个的所有权，物只能在整体上成立一个所有权。

（四）公示、公信原则

1. 公示原则

不动产物权的设立、变更、转让和消灭，应当依照法律规定登记；动产物权的设立和转让，应当依照法律规定交付。由此可见，不动产的权利状态通过"登记制度"表示，而动产的权利状态则通过"占有"表示。

2. 公信原则

所谓公信，是指当物权依据法律规定进行了公示，即使该公示方法表现出来的物权存在瑕疵，对于信赖该物权存在并已从事物权交易的人，法律承认其法律效益，以保护交易安全。公信原则赋予公示的内容以公信力。

公信力的含义包括：

（1）若当事人在享有、变动物权时依法律要求进行了公示，第三人因信赖这一公示而进行一定行为，事后即使公示出来的物权状态与真实的物权状态不符，第三人取得的物权亦受保护。

（2）若当事人在享有、变动物权时依法进行了公示，则其物权足以对抗第三人。

（3）若当事人在享有、变动物权时未依法进行公示，则其物权不得对抗第三人。

四　财产所有权

（一）财产所有权的概念和特征

财产所有权，是指所有人依法对自己的财产享有占有、使用、收益和处分的权利。

其法律特征表现在：

第一，财产所有权的独占性。财产所有权是一种独占的支配权，所有人的所有权不允许任何人妨碍或侵害，非所有人不得对所有人的财产享有所有权。

第二，财产所有权的全面性。财产所有权是所有人在法律规定的范围内对所有物加以全面支配的权利。所有人对所有物享有占有、使用、收益和处分的完整权利，是最完整、全面的一种物权形式。

第三，财产所有权的单一性。财产所有权并非占有、使用、收益和处分四项权利的简单相加，而是一个整体的权利。

第四，财产所有权的存续性。法律不限制各项财产所有权的存续期限。

第五，财产所有权的弹力性。财产所有权的各项权能可以通过法定的方式或合同约定的方式同作为整体的所有权相分离。例如设定他物权。

（二）财产所有权的权能

财产所有权的权能包括：占有、使用、收益、处分。

1. 占有

是指所有人对物的实际控制的事实状态。占有权即对所有物加以实际管领或控制的权利。

所有权的占有权既可以由所有人自己行使，也可以由他人行使。在民法理论和司法实践中通常把占有分成不同的种类，以区分不同的占有状态。

第一，所有人占有和非所有人占有。所有人占有即所有人在行使所有权过程中亲自控制自己的财产。非所有人占有则指所有人以外的其他人实际控制和管领所有物。

第二，合法占有和非法占有。这是对非所有人占有的进一步分类。合法占有是指基于法律的规定或所有人的意志而享有的占有权利。非法占有则指无合法依据亦未取得所有人同意的占有。

第三，善意占有和恶意占有。这是对非法占有的再分类。善意占有是指非法占有人在占有时不知道或不应当知道其占有为非法。恶意占有则指非法占有人在占有时已经知道或应当知道其占有为非法。

2. 使用

使用权是指依照物的属性及用途对物进行利用从而实现权利人利益的权利。所有人对物的使用是所有权存在的基本目的，人们通过对物的使用来满足生产和生活的基本需要。所有人在法律上享有当然的使用权，另外，使用权也可依法律的规定或当事人的意思移转给非所有人享有。

3. 收益

收益是指民事主体通过合法途径收取物所生的物质利益。收益权即民事主体收取物所生利益的权利。在民法上，物所生利益主要指物的孳息。孳息包括天然孳息和法定孳息两类。天然孳息是指因物的自然属性而生之物，如母牛所生牛仔；法定孳息是指依一定的法律关系而生之利益，如股票的股息。天然孳息在没有与原物分离之前，由原物所有人所有；法定孳息的取得则需依据一定的法律规定进行。

4. 处分

处分权是指所有人依法处置物的权利。处分包括事实上的处分和法律上的处分。事实上的处分是指通过一定的事实行为对物进行处置，如消费、加工、改造、毁损等。法律上的处分是指依照法律的规定改变物的权利状态，如转让、租借等。

处分权是所有权内容的核心，是拥有所有权的根本标志，是决定物之命运的一项权能。因此，在通常情况下，处分权均由所有人来行使，但在特殊情况下，处分权可以基于法律的规定和所有人的意志而与所有权分离。如国有企业依法处分国有财产。占有、使用、收益、处分一起构成了所有权的内容，但在实际生活中，占有、使用、收益、处分都能够且经常地与所有人发生分离，而所有人仍不丧失对于财产的所有权。

（三）财产所有权的取得

财产所有权的取得，是指民事主体获得财产所有权的合法方式和根据。主要分原始取得和继受取得两类。

1. 原始取得

原始取得是指所有权首次产生或不依赖于原所有人的意志而取得物的所有权。

根据法律的规定，原始取得的方式主要有以下七种。

第一，生产。这是指民事主体通过自己的劳动创造出新的财产进而取得该财产的所有权的方式。

第二，先占。这是指民事主体以所有的意思占有无主动产而取得其所有权的法律事实。先占应具备以下构成要件：标的须为无主物；标的须为动产；行为人须以所有的意思占有无主物。

第三，添附。这是指不同所有人的物因一定的行为而结合在一起形成不可分割的物或具有新质的物。添附包括三种情形：混合，即指不同所有人的动产因相互掺杂或融合而难以分开而形成新的财产；附合，即指不同所有人的财产密切结合在一起而形成新的财产；加工，即指一方使用他人的财产加工改造为具有更高价值的财产。

第四，善意取得。又称即时取得，是指不法占有他人动产的人将其无权处分的动产转让给第三人时，如果该受让人取得财产是出于善意，则可取得该财产的所有权。善意取得的构成要件包括：须让与人无权处分该动产；受让人须通过有偿交换取得该动产；受让人取得财产时必须出于善意；转让的财产须是依法可以流通的动产。

第五，发现埋藏物和隐藏物。埋藏物和隐藏物是指埋藏或隐藏于他物之中，其所有权归属不明的动产。根据《民法通则》的规定，所有权人不明的埋藏物和隐藏物归国家所有。

第六，拾得遗失物。这是指发现他人不慎丧失占有的动产而予以占有的法律事实。根据《民法通则》的规定，拾得遗失物应当归还失主，拾得人不能取得遗失物的所有权。

第七，国有化和没收。是指国家根据法律法规的强行性规定，采取强制措施将一定的财产收归国有的法律事实。

2. 继受取得

继受取得，又称传来取得，是指通过一定的法律行为或基于法定的事实从原所有人处取得所有权。根据法律的规定，所有权继受取得的原因主要包括：因一定的法律行为而取得所有权，法律行为具体包括买卖合同、赠与、互易等；因法律行为以外的事实而取得所有权，如继承遗产、接受他人遗赠等；因其他合法原因取得所有权，如合作经济组织的成员通过合股集资的方式形成新的所有权形式。

（四）财产所有权的消灭

财产所有权的消灭，是指因一定的法律行为或法律事实而使所有权人丧失物的所有权。所有权的消灭分为以下两种情形。

1. 所有权的绝对消灭

这是指所有权的标的因一定的法律事实或自然原因而不复存在。如因生活消费、生产消耗或自然灾害等原因导致财产的毁灭。

2. 所有权的相对消灭

这是指因一定的法律行为或法律事实的发生而导致原所有权人丧失所有权。引起所有权相对消灭的原因主要有：财产所有权被抛弃；财产所有权被依法转让；财产所有权的主体资格丧失，如作为所有人的公民死亡，法人或其他经济组织被解散或撤销；财产所有权因国家采取强制性措施而消灭，如财产被依法征收。

（五）财产所有权的种类

财产所有权的种类就是指所有权的不同类型，所有权的种类是对所有制形式的反映。在中国，所有权的形式主要有国家所有权、集体所有权和公民个人所有权。

1. 国家所有权

社会主义国家所有权作为社会主义条件下的一种所有权形式，是国家对国有财产的占有、使用、收益和处分的权利，国家所有权本质上是社会主义全民所有制在法律上的表现。国家所有权作为一种法律关系，它是在全民所有制基础上，由特定的权利主体（国家）和不特定的义务主体（任何公民和法人）之间组成的权利和义务关系。

在确认和保护国家所有权方面，民法起着极为重要的作用。民法不仅确认国家所有权和全民所有制企业的经营权，明确国家和企业对国有财产享有的财产权利的内容，规定国家所有权的客体范围和行使国家所有权的一般准则，而且以其特有的方法保护国有财产的完整，保障国有财产的增值。运用民法的债权制度，保护在国有资产之上形成的债权关系，运用不履行债的责任方式，督促义务人履行义务和保障国家财产权利的实现，也是保护国有财产的重要措施。

2. 集体所有权

我国《宪法》规定，中华人民共和国的经济制度是生产资料的社会主义公有制，即全民所有制和劳动群众集体所有制，集体所有制经济是中国公有制经济的重要组成部分。集体所有权，是指劳动群众集体依法对集体所有财产的占有、使用、收益和处分的权利。它是劳动群众集体所有制的法律表现。

在中国，劳动群众集体组织所有权没有全国性的统一的主体。各个劳动群众集体组织都是独立的集体所有权的主体。它们相互之间是平等的相互合作关系，集体组织应该是具有法人资格的主体。劳动群众集体组织所有权不同于各种非法人团体的财产权。任何单位和个人不得非法干预集体组织的内部事务，不得以任何借口平调、挪用、侵吞或私分集体所有制企业的资金、利润、厂房、设备、原材料产品等一切资产，不得无偿调动集体所有制企业的劳动力。对于侵犯集体所有制企业的合法权益的行为，企业有权予以抵制，或依法提起诉讼和提出请求。

4. 私人所有权

私人所有权是私人对其所有的财产依法享有的占有、使用、收益和处分的权利。私人，是指自然人、个体工商户、农村承包经营户、外国人、无国籍人，也包括个人独资企业、外资企业等。企业法人和企业法人以外的法人、社会团体的所有权，也规定在私人所有权范围内。

《物权法》第3条规定："国家实行社会主义经济，保障一切市场主体的平等法律地位和发展权利。"其中就包括对私人财产所有权的依法保护。《物权法》第66条规定："私人的合法财产受法律保护，禁止任何单位和个人侵占、哄抢、破坏。"私人财产所有权与国家财产所有权、劳动群众集体所有权一样，都是法律所确认的所有权，受到同等的保护，不受侵犯。在权利保护上既不能以保护公共财产为由而损害私人合法财产所有权，也不能以保护私人财产为名而侵犯公共财产。

（六）建筑物区分所有权

建筑物区分所有权是我国《物权法》专章规定的不动产所有权一种形态。所谓建筑物区分所有权，指的是权利人即业主对于一栋建筑物中自己专有部分的单独所有权、对共有部分的共有权以及因共有关系而产生的管理权的结合。《物权法》规定的业主的建筑物区分所有权中，对业主进行了扩大解释，即基于与建设单位之间的商品房买卖民事法律行为，已经合法占有建筑物专有部分，但尚未依法办理所有权登记的人，可以认定为业主。

根据《物权法》规定，业主的建筑物区分所有权，包括了三个方面的基本内容：一是对专有部分的所有权。即业主对建筑物内属于自己所有的住宅、经营性用房等专有部门可以直接占有和使用，实现居住或者经营的目的；也可以依法出租或出借，获取收益和增进与他人感情；还可以用来抵押贷款或出售给他人。二是对建筑区划内的共有部分享有共有权。即每个业主在法律对所有权未作特殊规定的情形下，对专有部分以外的走廊、楼梯、过道、电梯、外墙面、水箱、水电气管线等共有部分，对小区内道路、绿地、公用设施、物业管理用房以及其他公共场所等共有部分享有占有、使用、收益、处分的权利；对建筑区划内，规划用于停放汽车的车位、车库有优先购买的权利。三是对共有部分享有共同管理的权利，即有权对共用部位与公共设备设施的使用、收益、维护等事项通过参加和组织业主大会进行管理。业主的建筑物区分所有权三个方面的内容是一个不可分离的整体。在这三个方面的权利中，专有部分的所有权占主导地位，是业主对共有部分享有共有权以及对共有部分享有共同管理权的基础。如果业主转让建筑物内的住宅、经营性用房，其对共有部分享有共有和共同管理的权利则也一并转让。

五　用益物权

用益物权，是物权的一种，是指非所有人对他人之物所享有的占有、使用、收益的排他性的权利。包括土地承包经营权、建设用地使用权、宅基地使用权、地役权。用益物权是典型的他物权。

（一）土地承包经营权

土地承包经营权就是公民、集体对集体所有或国家所有由全民所有制或集体所有制单位使用的国有土地的承包经营权。该项权利的权利主体为公民或集体；权利客体为集体所有土地或国家所有由全民所有制单位或集体所有制单位使用的国有土地；权利内容由合同约定。

（二）建设用地使用权

建设用地使用权是指建设用地使用权人依法对国家所有的土地享有占有、使用和收益的权利，同时有权利用该土地建造建筑物、构筑物及其附属设施。

（三）宅基地使用权

宅基地使用权指的是农村集体经济组织的成员依法享有的在农民集体所有的土地上建造个人住宅的权利。根据我国《物权法》第 152 条的规定，宅基地使用权人依法对集体所有的土地享有占有和使用的权利，有权利用该土地建造住宅及其附属设施。

（四）地役权

地役权，是指在他人的土地上以供自己的土地便利使用的他物权。《物权法》第 156 条第 1 款规定："地役权人有权按照合同约定，利用他人的不动产，以提高自己的不动产的效益。"

六　担保物权

担保物权是指在债权债务等民事活动中，债务人或债务人以外的第三人将特定的财产作为履行债务的担保。债务人未履行债务时，债权人依照法律规定的程序就该财产优先受偿的权利。担保物权包括抵押权、质权和留置权。

（一）抵押权

抵押权指债务人或者第三人不转移财产的占有，将该财产作为债权的担保，债务人未履行债务时，债权人依照法律规定的程序就该财产优先受偿的权利。债务人或者第三人为抵押人，债权人为抵押权人，提供担保的财产为抵押财产。我国《物权法》中规定的抵押权种类包括不动产抵押、动产抵押、权利抵押、最高额抵押和财团抵押五类。

（二）质权

质权是担保的一种方式，指债权人与债务人或债务人提供的第三人以协商订立书面合同的方式，移转债务人或者债务人提供的第三人的动产或权利的占有，在债务人不履行债务时，债权人有权以该财产价款优先受偿。也叫"质押"。质权分为动产质权和权利质权两类。

（三）留置权

留置权是指债权人按照合同的约定占有债务人的动产，债务人不按照合同约定的期限履行债务的，债权人有权依照法律规定留置财产，以该财产折价或者以拍卖、变卖该财产的价款优先受偿。

留置权之成立，需具备以下要件：

（1）债权人占有债务人之动产。债权人须合法占有债务人动产。

（2）债权已届清偿期。债权人的债权未届清偿期，其交付或返还所占有标的物的义务已届履行期的，不能行使留置权。但是，债权人能够证明债务人无支付能力的除外。

（3）动产之占有与债权属同一法律关系。另依我国物权法律制度规定，企业之间留置不受同一法律关系之限制。

第五节　债权

一　债权概述

（一）债的概念和特征

债是按照合同的约定或者依照法律的规定，在当事人之间产生的特定的权利和义务关系。享有权利的人是债权人，负有义务的人是债务人。

债有以下特征：

1. 债的关系当事人都是特定的

法律关系有发生在特定人与不特定人之间的，有发生在特定人与特定人之间的。债是发生于特定当事人之间的法律关系，即债的主体各方均须为特定人。债区别于其他法律关系的根本特征在于债是特定当事人间的关系，因而债为相对法律关系。

2. 债的关系的客体包括物、知识产权和行为

债作为一种特定人之间法律关系，以当事人间请求的特定行为为主要内容。

3. 债权的实现必须依靠义务人履行义务的行为

与物权的实现不同，债权的实现必须依靠义务人履行义务才能得以实现。

4. 债可以因合法行为而发生，也可以因不法行为而发生

法律上的债既可因合同发生，也可能基于法律直接规定而产生，同时，由于侵权等违法行为也会导致债的产生。

（二）债的发生根据

1. 合同

合同是平等主体的自然人、法人、其他组织之间设立、变更、终止民事权利义务关系的协议。合同依法成立后，即在当事人间产生债权债务关

系，因此合同是债的发生根据。基于合同所产生的债即为合同之债。

2. 侵权行为

侵权行为是指不法地侵害他人的合法权益应负民事责任的行为。在民事活动中民事主体的合法权益受法律的保护，任何人都负有不得非法侵害的义务。行为人不法侵害他人的财产权利或人身权利的，应依法承担民事责任。受侵害的当事人一方有权请求侵害人赔偿损失，侵害人则负有赔偿损失的义务。

3. 不当得利

不当得利是指没有合法根据而获利益，从而使他人利益受到损害的事实。不当得利不是出于当事人双方间的合意，不是当事人追求的法律目的，也不以当事人的意志为转移，而是法律为纠正不当得利的现象而直接赋予当事人的权利义务。

4. 无因管理

无因管理，是指没有法定的或约定的义务，为避免他人利益受损失而对他人的事务进行管理或者服务的行为。因无因管理行为虽违反禁止干预他人事务的原则，但却是一种有利于本人、有利于社会的互助行为，所以法律为鼓励这一行为而赋予当事人相应的权利和义务。

5. 其他原因

除以上四种最主要的原因外，其他的法律事实也会引起债的发生，如拾得遗失物、遗赠、缔约过失等。

二　债的履行

（一）债的履行的概念

指债务人根据法律或合同，完成债的内容所规定的行为或不行为（如交付物、给付金钱、提供劳务或不进行竞争等）。债务人实现债的内容的行为也称给付、清偿。履行债务的人称清偿人，受领给付的称受领清偿人。清偿人通常是债务人，受领清偿人通常是债权人。债务人履行了自己的义务，债的目的就达到了，债的关系也就消灭。因此，债的履行是债的最正常的消灭方式。

（二）债的履行的分类

1. 完全正确的履行

是指债务人按照合同的约定或者法律的规定全面地履行自己的义务。

完全正确的履行，是债的履行的要求，是债务人遵循诚实信用原则实际履行的结果。任何债务的履行都应是完全正确的，债务人既不能部分履行，部分不履行；其履行义务的行为也不能与合同的约定或者法律的规定不相符。当事人是否完全正确即适当地履行债，是决定其是否承担债务不履行责任的标准。

2. 不适应履行

债的不适当履行是指当事人虽有履行行为，但其履行不符合合同的约定或者法律规定。主要包括以下三种类型：

（1）履行迟延

是指在债务履行期限届满后，债务人能履行债务而未履行债务。履行迟延的法律后果为：债权人可诉请强制执行；债务人赔偿因迟延而给债权人造成的损失；在给付迟延后，如遇有不可抗力致使合同标的物毁损，债务人须承担履行不能的责任，不得以不可抗力为由主张免责。但如债务人能证明纵然没有给付迟延，损失仍将发生的，则可免责；当事人一方迟延履行其主要债务，经催告后在合理期限内仍未履行，或当事人一方迟延履行债务致使不能实现合同目的的，当事人可以解除合同并请求赔偿损失。

（2）加害履行

加害履行又称加害给付，是指因为瑕疵履行方的过错履行行为，致使合同相对方的利益受到损害的情形，如数量不足、质量不符合法定或约定的标准、包装不符合规范、交付的地点、方式不符合要求等。其法律后果是：合同相对方有权要求瑕疵履行方承担违约责任或者要求瑕疵履行方承担侵权的民事责任；合同相对方不能依据违约责任获得赔偿时，有权要求瑕疵履行方承担侵权损害赔偿责任。

（3）受领迟延

受领迟延，是指债权人对于债务人的履行应当受领而不为受领。在迟延受领的情况下，债权人应依法支付违约金，因此给债务人造成损害，则应负损害赔偿责任。债务人得依法自行消灭其债务，如以提存的方式消灭债务。

3. 债的不履行

债的不履行，是指债务人根本就没有履行债务，包括履行不能与拒绝履行两种情形。

（1）履行不能

是指债务人不能履行其义务，依其情况可分为原始不能与嗣后不能、客观不能与主观不能、全部不能与部分不能、永久不能与一时不能等。当履行不能是由于债务人的原因造成时，所产生的法律后果主要有：第一，债务人免除履行原债务的义务。第二，若债务系合同之债的债务，债权人可因债务人的履行不能而解除合同，并要求损害赔偿。第三，债务人应因履行不能而产生的法律责任。

（2）拒绝履行

是指债务人能够履行而拒不履行义务。债务人于债务履行期届满而表示不履行的，债权人有权请求法院强制债务人履行，并得请求赔偿损失。债务人于债务履行未届满前而表示拒绝履行的，债权人有权解除合同，并请求债务人承担不履行的赔偿责任。

三　债的保全和担保

（一）债的保全

债的保全是债权人为防止债务人的财产不当减少而危害其债权，对债的关系以外的第三人所采取的保护债权的法律措施。

债的保全是债对于第三人发生的效力，亦即是债的对外效力的表现，是对债权相对性的突破。主要包括债权人的代位权和撤销权两种。

1. 债权人的代位权

债权人代位权，是指因债务人怠于行使其到期债权，对债权人造成损害的，债权人可以向人民法院请求以自己的名义代位行使债务人的债权的权利。我国的代位权制度中，可代位行使的权利仅限于到期债权，不包括其他权利。

其成立的要件包括：

（1）须债务人对第三人享有权利并怠于行使权利。

（2）须债务人履行债务迟延。

（3）须债权人有保全债权的必要。

2. 债权人的撤销权

债权人撤销权，又称废罢诉权，是指当债务人所为的减少其财产的行为危害债权实现时，债权人为保全债权得请求法院予以撤销该行为的权利。

撤销权成立的两个要件为：

（1）客观要件

撤销权成立的客观要件为债务人实施了危害债权的行为。该要件包含以下意思：

首先，债务人须于债权成立后实施行为。其次，债务人的行为须为使其财产减少的财产行为。最后，须债务人的行为有害债权。

（2）主观要件

债权人撤销权成立的主观要件，是债务人与第三人主观上有恶意。对于撤销权的主观要件，依债务人所为的行为因有偿或无偿而有所不同。若为有偿行为，则须债务人为恶意，债权人的撤销权才成立，受益人为恶意时，债权人才得行使撤销权。而对于无偿行为，则不以债务人和第三人的恶意为要件。因债务人无资力而为无偿行为，其有害债权，至为明显，况且无偿行为的撤销，仅使受益人失去无偿所得的利益，并未受其他损害，法律理应先考虑保护债权受危害的债权人利益而不应先保护无偿取得利益的第三人。

（二）债的担保

债的担保，是指法律为保护特定债权人利益的实现而特别规定的以第三人的信用或者以特定财产保障债务人履行债务、债权人实现权利的制度。债的担保方式主要有保证、抵押、质权、留置和定金五种。其中抵押、质权和留置已在物权中介绍过，在此，主要对保证和定金两种进行概述。

1. 保证

保证是指第三人与债权人约定，当债务人履行债务时，由第三人按照约定履行债务或承担责任的一种保证方式。第三人被称为保证人。

保证的方式包括一般保证和连带责任保证。

（1）一般保证

一般保证是指保证人与债权人约定，当债务人不能履行债务时，由保证人承担保证责任的行为。一般保证最重要的特点就是保证人享有先诉抗辩权。所谓先诉抗辩权，是指一般保证的保证人在主合同纠纷未经审判或者仲裁，并就债务人财产依法强制执行仍不能履行债务前，对债权人可以拒绝承担保证责任。可见，先诉抗辩权的存在使一般保证中的保证人所承担的责任成为一种纯粹的补充责任。同时，债权人仅于诉讼外向债务人提出履行债务的请求后即要求保证人承担保证责任，保证人亦有权拒绝其主张。债权人必须通过法律途径向债务人主张债权并经法院强制执行，这是要求保证人承担保证责任的前提。

（2）连带责任保证

连带责任保证是指保证人与债权人约定，保证人与债务人对债务承担连带责任的行为。连带责任保证的债务人，在主合同规定的债务履行期限届满没有履行债务的，债权人可以要求债务人履行债务，也可以要求保证人在其保证范围内承担保证责任。也就是说，只要债务人到期不履行债务，债权人既可以要求债务人履行债务，也可以直接要求保证人承担连带保证责任，即在连带保证责任中，保证人不享有先诉抗辩权，其承担保证责任不再以债权人先诉求债务人履行债务为前提。这是连带责任保证与一般保证最为重大的区别。可见，保证人在连带责任保证中承担的责任更重一些。

《担保法》第19条明确规定："当事人对保证方式没有约定或者约定不明确的，按照连带责任保证承担保证责任。"

2. 定金

是指为确保合同履行，一方向对方支付一定的货币的保证方式。当给付定金的一方不履行合同的，无权请求返还定金；当接受定金的一方不履行合同的，应当双倍返还定金。定金的数额由当事人约定，但不得超过主合同标的额的20%，超过部分无效。

四　债的消灭

债的消灭，又称为债的终止，是指债的关系当事人双方间的权利义务于客观上已不复存在。债因下列法律事实的出现而消灭：（1）因履行而消灭；（2）因双方协议而消灭；（3）因当事人死亡而消灭；（4）因抵消而消灭；（4）因债权人免除债务而消灭；（6）因债务人依法将标的物提存而消灭；（7）因法律规定或者当事人约定终止的其他情形而消灭。

第六节　合同

一　合同法概述

（一）合同的概念和特点

合同是平等主体的自然人、法人、其他组织之间设立、变更、终止民事权利义务关系的协议。合同具有如下特点：

1. 是一种法律地位平等的双方的民事法律行为

合同法是民法的子部门法，因此，合同法仍然以主体地位平等为前提。同时，合同作为一种民事法律行为，要求合同行为必须符合民事法律行为的生效要件，否则，合同不受法律保护。

2. 是当事人意思表示一致的民事法律行为

合同是一种多方民事法律行为，是多方合意的结果。

3. 是一种合法的行为

合同强调合法，不仅内容必须符合法律规定，形式也应当符合法律要求。

（二）合同法的基本原则

由于合同法是民法的一部分，因此，合同法的原则基本与民法原则是一致的。主要包括：

1. 当事人法律地位平等原则。

2. 当事人自愿原则。

3. 公平原则。

4. 诚实信用原则。

5. 合法和尊重社会公德原则。

6. 合同必须履行原则。

7. 合法合同受保护原则。

（三）合同的分类

1. 有名合同与无名合同

根据合同法或者其他法律是否对合同规定有确定的名称与调整规则为标准，可将合同分为有名合同与无名合同。有名合同是立法上规定有确定名称与规则的合同，又称典型合同。如我国《合同法》在分则中规定的买卖合同、赠与合同、借款合同、租赁合同等各类合同。无名合同是立法上尚未规定有确定名称与规则的合同，又称非典型合同。区分两者的法律意义在于法律适用的不同。有名合同可直接适用《合同法》分则中关于该种合同的具体规定。对无名合同则只能在适用《合同法》总则中规定的一般规则的同时，参照该法分则或者其他法律中最相类似的规定执行。

2. 单务合同与双务合同

根据合同当事人是否相互负有对价义务为标准，可将合同分为单务合同与双务合同。此处的对价义务并不要求双方的给付价值相等，而只是要求双方的给付具有相互依存、相互牵连的关系即可。单务合同是指仅有一方当事人承担义务的合同，如赠与合同。双务合同是指双方当事人互负对价义务的合同，如买卖合同、承揽合同、租赁合同等。区分两者的法律意义在于，因为双务合同中当事人之间的给付义务具有依存和牵连关系，因此双务合同中存在同时履行抗辩权和风险负担的问题，而这些情形并不存在于单务合同中。

3. 有偿合同与无偿合同

根据合同当事人是否因给付取得对价为标准，可将合同分为有偿合同与无偿合同。有偿合同是指合同当事人为从合同中得到利益需要支付相应对价给付（此给付并不局限于财产的给付，也包含劳务、事务等）的合同。买卖、租赁、雇佣、承揽、行纪等都是有偿合同。无偿合同是指只有一方当事人作出给付，或者虽然是双方均作出给付但双方的给付间不具有对价意义的合同。赠与合同是典型的无偿合同，另外，委托合同、保管合同如果没有约定利息和报酬的，也属于无偿合同。

4. 诺成合同与实践合同

根据合同成立除当事人的意思表示以外，是否还要其他现实给付为标准，可以将合同分为诺成合同与实践合同。诺成合同是指当事人意思表示一致即可认定合同成立的合同。实践合同是指在当事人意思表示一致以外，尚须有实际交付标的物或者有其他现实给付行为才能成立的合同。确认某种合同属于实践合同必须法律有规定或者当事人之间有约定。常见的实践合同有保管合同、自然人之间的借贷合同、定金合同等。但赠与合同、质押合同不是实践合同。

区分两者的法律意义在于：除了两种合同的成立要件不同以外，实践合同中作为合同成立要件的给付义务的违反不产生违约责任，而只是一种缔约过失责任。

5. 要式合同与不要式合同

根据合同的成立是否必须符合一定的形式为标准，可将合同分为要式合同与不要式合同。要式合同是按照法律规定或者当事人约定必须采用特定形式订立方能成立的合同。不要式合同是对合同成立的形式没有特别要求的合同。确认某种合同属于要式合同必须法律有规定或者当事人之间有约定。

6. 主合同与从合同

根据两个或者多个合同相互间的主从关系为标准，可将合同分为主合同与从合同。主合同是无须以其他合同存在为前提即可独立存在的合同。这种合同具有独立性。从合同，又称附属合同，是以其他合同的存在为其存在前提的合同。保证合同、定金合同、质押合同等相对于提供担保的借款合同即为从合同。从合同的存在是以主合同的存在为前提的，故主合同的成立与效力直接影响从合同的成立与效力。但是从合同的成立与效力不影响主合同的成立与效力。

二　合同的订立

（一）合同订立方式

所谓合同的成立，是指订约当事人就合同的主要条款达成合意。合同的订立必须经过以下两个阶段。

1. 要约

要约，是指希望和他人订立合同的意思表示，该意思表示应符合：（1）要约是由具有订约能力的特定人作出的意思表示；（2）内容具体确定；（3）表明经受要约人承诺，要约即受该意思表示约束。要约邀请，是指希望他人向自己发出要约的意思表示。

要约到达受要约人时生效。采用数据电文形式订立合同，收件人指定特定系统接收数据电文的，该数据电文进入该特定系统的时间，视为到达时间；未指定特定系统的，该数据电文进入收件人的任何系统的首次时间，视为到达时间。要约可以撤回或者撤销。撤回要约的通知应当在要约到达受要约人之前或者与要约同时到达受要约人。撤销要约的通知应当在受要约人发出承诺通知之前到达受要约人。但是，有下列情形之一的，要约不得撤销：（1）要约人确定了承诺期限或者以其他形式明示要约不可撤销；（2）受要约人有理由认为要约是不可撤销的，并已为履行合同作了准备工作。

有下列情形之一的，要约失效：（1）拒绝要约的通知到达要约人；（2）要约人依法撤销要约；（3）承诺期限届满，受要约人未作出承诺；（4）受要约人对要约的内容作出实质性变更。

2. 承诺

承诺，是指受要约人同意要约的意思表示。

承诺应当以通知的方式作出，但根据交易习惯或者要约表明可以通过行为作出承诺的除外。承诺应当在要约确定的期限内到达要约人。要约没有确定承诺期限的，承诺应当依照下列规定到达：（1）要约以对话方式作出的，应当即时作出承诺，但当事人另有约定的除外；（2）要约人以非对话方式作出的，承诺应当在合理期限内到达。

承诺生效时合同成立。承诺可以撤回。撤回承诺的通知应当在承诺通知到达要约人之前或者与承诺通知同时到达要约人。受要约人超过承诺期限发出承诺的，除要约人及时通知受要约人该承诺有效的以外的，为新要约。

承诺生效的地点为合同成立的地点。当事人在订立合同过程中有下列情形之一，给对方造成损失的，应当承担损害赔偿责任：（1）假借订立合同，恶意进行磋商；（2）故意隐瞒与订立合同有关的重要事实或者提供虚假情况；（3）有其他违背诚实信用原则的行为。

（二）合同订立的形式

与意思表示形式相同，合同订立主要有书面形式、口头形式和其他形式。

（三）合同的内容

主要包括以下条款：

1. 当事人的名称或者姓名和住所；

2. 标的、数量和质量；

3. 价款或者报酬；

4. 履行期限、履行地点和方式；

5. 违约责任；

6. 解决争议的方法

三　合同的效力

（一）合同生效

依法成立的合同，自成立时生效。

附生效条件的合同，自条件成就时生效。附解除条件的合同，自条件成就时失效。

附生效期限的合同，自期限届满时生效。附终止期限的合同，自期限届满时失效。

采用合同书形式订立合同，在签字或者盖章之前，当事人一方已经履行主要义务，对方接受的，该合同有效。

（二）无效合同

有下列情形之一的，合同无效：（1）一方以欺诈、胁迫的手段订立合同，损害国家利益；（2）恶意串通，损害国家、集体或者第三人利益；（3）以合法形式掩盖非法目的；（4）损害社会公共利益；（5）违反法律、行政法规的强制性规定。

合同中的下列免责条款无效：（1）造成对方人身伤害的；（2）因故意或重大过失给对方造成财产损失的。

因下列事由订立合同的，当事人一方有权请求人民法院或者仲裁机构变更或者撤销：（1）因重大误解订立的；（2）在订立合同时显失公平的。

一方以欺诈、胁迫的手段或者乘人之危，使对方在违背真实意思的情况下订立的合同，受损害方有权请求人民法院或者仲裁机构变更或者撤销。当事人请求变更的，人民法院或者仲裁机构不得撤销。

有下列情形之一的，撤销权消灭：（1）具有撤销权的当事人自知道或者应当知道撤销事由之日起1年内没有行使撤销权；（2）具有撤销权的当事人知道撤销事由后明确表示或者以自己的行为放弃撤销权。

（三）对无效合同和被撤销的合同的处理

无效的合同或者被撤销的合同自始没有法律约束力。合同部分无效，不影响其他部分效力的，其他部分仍然有效。

合同无效、被撤销或者终止的，不影响合同中独立存在的有关解决争议方法的条款的效力。

合同无效或者被撤销后，因该合同取得的财产，应当予以返还；不能够返还或者没有必要返还的，应当折价补偿。有过错的一方应当赔偿对方因此所受到的损失，双方都有过错的，应当各自承担相应的责任。

当事人恶意串通，损害国家、集体或者第三人利益，因此取得的财产收归国家所有或者返还集体、第三人。

对于无效合同、可撤销的合同，当事人有权请求人民法院或仲裁机构确认。

四 合同的履行

（一）合同的履行

约定不明合同在履行中形成纠纷时，首先应当适用当事人协议补充原则。合同的履行遵循实际履行原则，即当事人按照约定全面履行自己的义务。

债权人可以拒绝提前履行债务或者部分履行债务，债务人提前履行债务或部分履行债务给债权人增加的费用，由债务人负担。

（二）合同履行的中止

有确切证据证明对方有下列情形之一的，可以中止履行：（1）经营状况严重恶化；（2）转移财产、抽逃资金，以逃避债务；（3）丧失商业信誉；（4）有丧失或者可能丧失履行债务能力的其他情形。

（三）债权人代位求偿权

因债务人怠于行使其到期债权，对债权人造成损害的，债权人可以向人民法院请求代位行使债务人的债权，但该债权专属于债务人自身的除外。

（四）债权人对债务人行为撤销权

因债务人放弃其到期债权或者无偿转让财产，对债权人造成损害的，债权人可以请求人民法院撤销债务人的行为。债务人以明显不合理的低价转让财产，对债权人造成损害，并且受让人知道该情形的，债权也可以请求人民法院撤销债务人的行为。

撤销权的行使范围以债权人的债权为限。债权人行使撤销权的必要费用，由债务人负担。撤销权自债权人知道或者应当知道撤销事由之日起 1 年内行使。自债务人的行为发生之日起 5 年内没有行使撤销权的，该撤销权消灭。

五　合同的变更和转让

（一）合同的变更

合同变更是指当事人约定的合同的内容发生变化和更改，即权利和义务变化的民事法律行为。当事人对合同变更的内容约定不明确的，推定为未变更。

（二）合同的转让

合同的转让是指合同当事人将自己的权利或义务全部或部分转让给第三人的民事法律行为。有下列情形之一的禁止转让：（1）根据合同性质不得转让；（2）按照当事人约定不得转让；（3）依照法律规定不得转让。

债权人转让权利的，应当通知债务人。未经通知，转让对债务人不发生效力。

六　合同的终止

（一）合同的终止

（1）债务已经按照约定履行；（2）合同解除；（3）债务相互抵消；（4）债务人依法将标的物提存；（5）债权人免除债务；（6）债权债务同归于一人；（7）法律规定或者当事人约定终止的其他情形。

（二）合同的解除

合同解除是合同终止的一种形式。当事人协商一致，可以解除合同。当事人可以约定一方解除合同的条件。解除合同的条件成就时，解除权人可以解除合同。有下列情形之一的当事人可以解除合同：（1）因不可抗力致使不能实现合同目的；（2）在履行期限届满之前，当事人一方明确表示或者以自己的行为表明不履行主要债务；（3）当事人一方迟延履行主要债务，经催告后在合理期限内仍未履行；（4）当事人一方迟延履行债务或者有其他违约行为致使不能实现合同目的；（5）法律规定的其他情形。

七　合同纠纷的解决

合同纠纷可以通过和解或者调解解决，也可以通过仲裁或诉讼解决。

第七节　人身权

一　人身权的概念和特征

人身权是人格权和身份权的合称，又称非财产权利，是指法律赋予民事主体的与其生命延续和身份不可分离而无直接财产内容的民事权利。人身权的法律特征主要有：

1. 人身权具有与法律主体人身的不可分离性

人身权与民事主体不可分离决定了人身权的不可转让性，除法律另有规定外，人身权不得以任何形式买卖、赠与和继承。

2. 人身权具有绝对权的属性

人身权属于绝对性，即权利人可以向任何人主张人身权，并排斥任何人的非法干涉。

二　人身权的分类

根据人身权的客体不同，可将人身权分为人格权和身份权。

（一）人格权的概念

人格权是指作为民事主体必须具备的、以人格利益为客体的并为法律所承认和保护的民事权利。

人格权有具体人格权和一般人格权之分。从历史发展来看，人格权制度经历了一个由具体人格权到一般人格权的过程。具体人格权是民事主体所享有的具有特定的、具体内容的人格权，如生命权、健康权、名誉权、肖像权等；一般人格权是民事主体所享有的，以一般人格利益为客体，并概括和决定具体人格权的一种权利。一般人格权以一般人格利益为客体，而具体人格权则是具体的人格利益为客体，因此，一般人格权是产生和决定具体人格权的基础。一般地说，一般人格权的内容包括人格独立、人身自由、人格尊严等内容。所谓人格独立，是指民事主体在法律上均享有独立的人格，不受他人的支配、控制；所谓人身自由，是指自然人在法律规定的范围内，享有人身不受侵犯和自主行为的自由；所谓人格尊严，是指自然人基于自己所处的社会环境、文化程度、家庭关系等各种客观条件所应有的最起码的社会地位以及应受到社会和他人最起码的尊重。

（二）人格权的特征

1. 人格权是作为民事主体资格所必备的权利

民事主体只有具有人格权，才能实现人格的独立与自由，才能成为民法上的"人"。

2. 人格权是民事主体固有的一种权利

人格权始终与民事主体相伴随而客观存在，不依民事主体的意志更无须民事主体为一定的行为去取得。对自然人来讲，无论其年龄、智力、能力、社会地位、种族、肤色、信仰等存在何种差别；对法人和其他组织来讲，无论其所有制性质、资产规模等存在多少区别，都平等地享有人格权。此外，人格权不能由民事主体转让、抛弃，也不能由继承人继承。对于触犯刑法的人，虽然可以剥夺其政治权利（或政治权利上的人身权），但不能剥夺其民法上的人格权。人格权随着权利主体的存在而存在，并随着权利主体的消亡而消灭。

3. 人格权以人格利益为客体

人格权是以人格利益为客体的民事权利。人格利益分为一般人格利益和具体人格利益，前者泛指人的自由与人格尊严；后者指的是生命、健康、身体、姓名（名称）、名誉、肖像、隐私等人格利益。人格利益不是对人的身体，而是对人的人身和行为自由、安全及精神自由等方面享有的利益。

4. 人格权是由法律确认的

民事主体的人格权，无论是自然人的，还是法人或其他组织的，并不是与生俱来的，而是法律赋予的。当然，在不同国家，以及在同一国家的不同历史时期，人格利益受法律确认和保护的范围并不一定相同。

（三）身份权的概念

身份权是基于民事主体的特定身份而产生的一种人身权。所谓身份，是指民事主体在特定的民事关系中所享有的不可让与的地位和资格。因此，身份权是指民事主体基于某种特定的身份而依法享有的以身份利益为客体的一种民事权利。如知识产权中的人身权利、监护权、自然人在婚姻家庭关系中的身份权、继承权等。

（四）身份权的特征

身份权与人格权同属于人身权，二者具有人身权的共同特征。但身份权与人格权相比，又具有自己的特殊性，这主要表现在：

1. 身份权是基于特定身份而取得的人身权

身份权不是民事主体所固有的，也并不是每一个民事主体都具备的，它是通过一定的行为或事实获得特定身份而取得的。

2. 身份权不是民事主体必须具备的权利

身份权不是民事主体所必须享有的权利，没有身份权，民事主体依然可以存在，可进行各种民事活动。正因为如此，有些身份权是可以依法剥夺的。

3. 身份权的客体是身份利益

身份权的客体是身份利益，不是身份关系的对方当事人。身份利益具有多元性，不同的身份权以不同的身份利益为客体。比如，配偶权的身份利益，是夫妻共同生活、相互依靠、相互扶助、相互体贴关爱的人类最密切的情感；亲权的身份利益，是父母对未成年子女的管教、抚养及相互尊重、照顾等亲情和责任。而且此种身份利益不独为权利人的利益，同时为受其行使的相对人的利益而存在。

4. 身份权虽然在本质上是权利，但有些权利中包含着义务

身份权的特性在于它是基于特定的身份而产生，而不在于它是否是对人的支配。传统民法上的身份权强调对人的支配，这是与其社会制度相适应的。我国是社会主义国家，由于贯彻人人平等原则，而且特别强调对妇女、老人、儿童合法权益的保护，身份权的内容与性质发生了变化。法律设置身份权制度的目的并不在于实现对人的支配，而主要是为相对人的利益。身份权虽然在本质上是权利，但权利人在道德和伦理的驱使下自愿或非自愿地受制于相对人的利益，因而权利之中包含义务。

（五）人格权与身份权的区别

人格权与身份权都属于人身权的范畴，这是其共性。但它们毕竟是两种不同的民事权利，又各有其个性，它们的区别主要有：（1）取得原因不同。自然人的人格权是基于出生这一事件而取得，法人、其他组织的人格权是基于依法成立的事实而取得；而身份权则是基于特定的身份而产生。因而人格权人人具有，毫无例外；而身份权并非人人具有。（2）权利性质不同。人格权纯为一种权利，而身份权虽然在本质上是权利，但大多在权利中包含义务；人格权纯为一种支配权，而身份权除了荣誉权外必以相对人存在为前提，往往需要相对人的作为或不作为，或者可以依自己的行为享受法律上的效果，所以身份权严格地说有支配权、请求权、形成权的性质。（3）利益归属不同。人格权的利益只归属于权利人自身；而有些身份权如亲权更主要是为了相对人的利益。（4）权利期限不同。人格权是无期限的权利；而身份权是以特定身份的存在为其存续的前提。

三　具体人格权

（一）身体权

身体权，是指自然人保持其身体组织完整并支配其肢体、器官和其他身体组织并保护自己的身体不受他人违法侵犯的权利。身体是生命的物质载体，是生命得以产生和延续的最基本条件，由此决定了身体权对自然人至关重要。身体权与生命权、健康权密切相关，侵害自然人的身体往往导致对自然人健康的损害，但是生命权以保护自然人生命的延续为内容，身体权所保护的是身体组织的完整及对身体组织的支配。

身体权的特征主要有以下几个方面：

（1）身体权的客体是自然人的人身，是自然人身体完全、完整的利益。身体是自然人具有权利能力的物质前提，离开身体，自然人就无任何权利；身体残缺，就会导致自然人全部或部分丧失行为能力，实际上无法享有某些利益。身体权的设定，就是要保护公民身体的完全、完整的利益，不被破坏；即使遭到破坏，也能得到适当的救济。

（2）身体权体现为身体权人有权支配自己身体的组成部分。自然人可以将自己身体某些组成部分，如皮肤、肾脏等，转让给他人。如果其他人违反公民的意愿，使用公民身体的某些组成部分，就侵犯了公民的身体权。

（3）身体权为公民的基本人格权之一，是自然人对自己的身体所具有的完全性的支配权。身体权和所有权都属于支配权，但它们支配的客体不同，所有权支配的是物，身体权支配的是公民的人格。在内容上表现为：第一，保持身体组织的完整性，禁止他人的不法侵害。第二，支配其身体组织，包括肢体、器官、血液等。传统的伦理观念认为，身体组织的构成部分不得转让，致使传统的民法理论认为身体权并不包括对身体组织的支配权。但是，医学的发展推动了伦理观念的变化，也为身体权注入了新的内容。身体器官的移植、血液的有偿供献或者无偿奉献，都是自然人行使身体权的方式。第三，损害赔偿请求权。任何权利在受到损害时都能依法寻求赔偿，身体权也不例外。我国《民法通则》第 119 条明确规定，"侵害公民身体造成伤害的，应当赔偿医疗费、因误工减少的收入、残废者生活补助费等费用"。

（二）生命权

生命权，是以自然人的性命维持和安全利益为内容的人格权。我国《民法通则》第 98 条规定："公民享有生命健康权"，《民法通则》里所表述的生命健康权，实际上是生命权、健康权与身体权的总称。

生命是生物体所具有的活动能力，而法律意义上的生命仅指自然人的生命，是人体维持生存的基本的物质活动能力。生命是不可以替代和不可逆转的，是人得以存在的体现，是公民享有权利和承担义务的前提和基础，是自然人的最高人格利益。

生命对于人的根本利益，使得维护人之生命安全成为法律的根本任务之一，反映到民法上，便是确认和维护自然人的生命权，保障生命不受非法剥夺，保障生命在受到各种威胁时能得到积极之维护，从而维护人的生命活动的延续，保障公民最高人格利益。

生命权是自然人的一项根本的人格权，它在维护自然人的生命安全的同时，也成为自然人享有其他人格权的前提和基础。公民的各项人格权均以公民的生存为前提，一旦公民的生命权遭到侵害而丧失生命，则其他人格权也不复存在。

（三）健康权

健康权是公民维护其身体健康即生理机能正常运行，具有良好心理状态的权利。健康以身体为物质载体，破坏身体完整性，通常会导致健康受损。但与身体权相比，健康权更为强调的是人体机能的正常性及其整体功能的完善性。健康权的内容主要表现为健康维护权，又有两层含义。其一，保持自己健康的权利。其二，健康利益维护权，当健康受到不法侵害时，受害人享有司法保护请求权。

（四）自由权

自由权，是指民事主体享有的维护其行为和思想自主，并不受他人或者其他组织非法剥夺、限制的权利。人身自由是自然人自主参加社会各项活动、参与各种社会关系、行使其他人身权和财产权的基本保障。

自由权的内容主要包括：第一，人身自由权，即自然人的人身自由不受侵犯。任何人，非经人民检察院批准，并由公安机关执行，不受逮捕。禁止非法拘禁和以其他方法非法剥夺或者限制自然人的人身自由。第二，婚姻自主权，即自然人享有结婚和离婚自由的权利。禁止任何形式的包办、买卖和其他干涉婚姻自由的行为。对于非自然人特别是企业法人而言，自由权的主要内容就是经营自主权，企业法人依法享有自主经营的权利。对于非法干预和侵犯企业经营权的行为，企业有权向政府和政府有关部门申诉、举报，或者依法向人民法院起诉。

（五）隐私权

隐私权，是指自然人享有的私人生活安宁与私人生活信息依法受到保护，不受他人侵扰、知悉、使用、披露和公开的权利。隐私权的主体只能是自然人。隐私的内容包括私人生活安宁和私人生活信息。侵害隐私权的方式包括侵扰自然人的生活安宁，探听自然人的私生活秘密，或在知悉他人隐私后，向他人披露、公开，或者未经许可进行使用。

隐私权的内容主要包括：（1）个人生活信息保密权；（2）个人通信秘密权；（3）个人隐私使用权。

（六）姓名权和名称权

1. 姓名权

姓名权，是指自然人享有的决定、变更和使用其姓名的权利。姓名包括登记于户口簿上的正式姓名和艺名、笔名等非正式姓名。姓名权的主要内容包括：（1）姓名决定权；（2）姓名变更权；（3）姓名使用权。

2. 名称权

名称权，是指自然人以外的特定团体享有的决定、变更、使用和转让其名称的权利。由此决定了名称权的内容主要包括名称决定权、名称变更权、名称使用权和名称转让权。

（七）肖像权

肖像权，是指人对自己的肖像享有再现、使用并排斥他人侵害的权利，就是人所享有的对自己的肖像上所体现的人格利益为内容的一种人格权。肖像权为人格权之一种，是自然人对于肖像的制作权和使用权。法律上的肖像为自然人人格的组成部分，肖像所体现的精神特征从某种程度上可以转化或派生出公民的物质利益。法律保护公民的肖像，是基于肖像多方面体现了公民的精神利益、人格利益。我国法律规定，肖像权是公民的基本权利，未经本人同意，任何人不得擅自使用、侮辱其肖像。

肖像权的内容包括：（1）公民有权拥有自己的肖像，拥有对肖像的制作专有权和使用专有权。（2）公民有权禁止他人非法使用自己的肖像权或对肖像权进行损害、玷污。

合理使用肖像权的行为主要有以下情形：（1）在新闻报道中使用相关人物的肖像。（2）国家机关为执行公务或者为国家利益举办特定活动使用自然人的肖像。（3）为记载或者宣传特定公众活动使用参与者的肖像。（4）基于科研和教育目的在一定程度和一定范围内使用他人肖像。（5）为肖像权人自身的利益使用其肖像。

（八）名誉权

名誉权，是指民事主体就自己获得的社会评价享有利益并排除他人侵害的权利。名誉权的客体是名誉，是对民事主体的人格价值的一种客观社会评价。名誉权的内容是就名誉享有利益和排除他人的侵害。名誉权的主体包括自然人和非自然人。

侵害名誉权的行为主要有：（1）侮辱，即故意以语言、文字、暴力等手段贬损他人人格，从而损害他人名誉的行为。（2）诽谤，即故意或者过失散布某种虚假的事实贬损他人人格，从而损害他人名誉的行为。
（3）新闻报道、批评文章内容失实，因新闻报道严重失实，使他人名誉
受到损害的，应按照侵害他人名誉权处理；因撰写、发表批评文章的基本
内容失实，使他人名誉受到损害的，应认定为侵害他人名誉权。

侵害名誉权行为的排除包括以下情形：（1）散布内容真实的事实；
（2）受害人同意；（3）正当行使权利。

（九）荣誉权

荣誉权，是指民事主体对自己的荣誉享有利益并排除他人非法侵害的
权利。公民和法人都享有此项权利。侵害荣誉权的行为仅有"非法剥夺
荣誉称号"一种。侵害荣誉权行为的主体通常是授予荣誉称号的机构，
或者与荣誉权人存在行政隶属关系、管理关系的机构。

第八节　民事责任及诉讼时效

一　民事责任

民事责任，是民事法律责任的简称，是指民事主体在民事活动中，因
实施了民事违法行为，根据民法所承担的对其不利的民事法律后果或者基
于法律特别规定而应承担的民事法律责任。民事责任属于法律责任的一
种，是保障民事权利和民事义务实现的重要措施，是民事主体因违反民事
义务所应承担的民事法律后果，它主要是一种民事救济手段，旨在使受害
人被侵犯的权益得以恢复。民事责任主要是由三个部分的内容构成，包括
缔约过失责任、违约责任和侵权责任。

（一）民事责任的承担方式：

1. 停止侵害；

2. 排除妨碍；

3. 消除危险；

4. 返还财产；

5. 恢复原状；

6. 修理、重作、更换；

7. 赔偿损失；

8. 支付违约金；

9. 消除影响、恢复名誉；

10. 赔礼道歉。

以上承担民事责任方式，可以单独适用，也可以合并适用。人民法院审理民事案件，除适用上述规定外，还可予以训诫、责令具结悔过、收缴进行非法活动的财物和非法所得，并可以依照法律规定予以罚款、拘留。

（二）民事责任的特征

民事责任具有以下主要特征：

1. 强制性

民事责任的强制性是其区别于道德责任和其他社会责任的基本标志。民事责任强制性的表现主要有两点：

（1）在民事主体违反合同或者不履行其他义务，或者由于过错侵害国家、集体的财产，侵害他人财产、人身时，法律规定应当承担民事责任。

（2）当民事主体不主动承担民事责任时，通过国家有关权力机构强制其承担责任，履行民事义务。

2. 财产性

民事责任以财产责任为主，非财产责任为辅。一方不履行民事义务的行为，给他方造成财产和精神上的损失，通常通过财产性赔偿的方式予以恢复。但是仅有财产责任不足以弥补受害人的损失，因此，《民法通则》也规定了一些辅助性的非财产责任。

3. 补偿性

民事责任以弥补民事主体所受的损失为限。就违约责任而言，旨在使当事人的利益达到合同获得适当履行的状态；侵权责任，旨在使当事人的利益恢复到受损害以前的状态。

（三）民事责任的归责原则

1. 过错责任原则

过错责任原则，是指行为人违反民事义务并致他人损害时，应以过错作为责任的要件和确定责任范围的依据。可见依过错责任原则，若行为人没有过错，如加害行为因不可抗力而致，则虽有损害发生，行为人也不负责任。此外，在确定责任范围时应当确定受害人是否具有过错，受害人具有过错的事实可能导致加害人责任的减轻或免除。我国一般侵权行为的归责原则是过错责任原则。

2. 无过错责任原则

无过错责任原则，是指行为人只要给他人造成损失，不问其主观上是否有过错而都应承担的责任。一般认为，我国合同法上的违约责任与侵权法上的特别侵权责任的归责原则即无过错责任原则。如在违约责任中，在违约行为发生后，非违约方只需证明违约方的行为已经构成违约即可，而不必证明其主观上有无故意或过失。对于违约方而言，通过举证自己无过错来免责是徒劳的，但可以通过证明违约行为是不可抗力造成的和存在特约的免责条件而获得免责。同理，特别侵权人也只能通过证明存在法定的免责事由而获免责。

3. 公平责任原则

公平责任原则，是指双方当事人对损害的发生均无过错，法律又无特别规定适用无过错责任原则时，有人民法院根据公平的观念，在考虑当事人双方的财产状况及其他情况的基础上，由当事人公平合理地分担责任。公平责任以公平观念作价值判断来确定责任的归属，在双方当事人对损害的发生均无过错，法律又无特别规定适用无过错责任原则的情况下，为平衡当事人之间的财产状况和财产损失，由当事人合理分担损失，从这个意义上讲，公平责任是道德观念和法律意识相结合的产物，是以法律来维护社会的公共道德，以更高的水准要求当事人承担互助共济的社会责任。

（四）缔约过失责任

缔约过失责任是指在合同订立过程中，一方因违背诚实信用原则，而致另一方的信赖利益损失，并应承担损害赔偿责任。它是一种新型的责任制度，具有独特和鲜明的特点：只能产生于缔约过程之中；是对依诚实信用原则所负的先合同义务的违反；是造成他人信赖利益损失所负的损害赔偿责任；是一种弥补性的民事责任。

由于缔约过失责任采取的是过错责任原则，所以其构成要件应当包括客观要件和主观要件这两个方面。具体来说，缔约过失责任的构成要件有以下四个。

1. 缔约一方当事人有违反法定附随义务或先合同义务的行为。

在缔约阶段，当事人为缔结契约而接触协商之际，已由原来的普通关系进入一种特殊的关系（即信赖关系），双方均应依诚实信用原则互负一定的义务，一般称之为附随义务，即互相协助、互相照顾、互相告知、互相诚实等义务。若当事人违背了其所负有的附随义务，并破坏了缔约关系，就构成了缔约过失，才有可能承担责任。

2. 该违反法定附随义务或先合同义务的行为给对方造成了信赖利益的损失。如果没有损失，就不会存在赔偿问题，而所谓信赖利益损失，是指相对人因信赖合同会有效成立却由于合同最终不成立或无效而受到的利益损失，这种信赖利益必须是基于合理的信赖而产生的利益，即在缔约阶段因为一方的行为已使另一方足以相信合同能成立或生效。若从客观的事实中不能对合同的成立或生效产生信赖，即使已经支付了大量费用，这是因为缔约人自身判断失误造成的，不能视为信赖利益的损失。

3. 违反法定附随义务或先合同义务一方缔约人在主观上必须存在过错。这里的过错既包括故意也包括过失。无论是故意还是过失，只要在缔约阶段违反了附随义务，并对合同最终不能成立或被确认无效或被撤销负有过错，就应当承担缔约过失责任。并且，责任的大小与过错的形式没有任何关系，这是因为缔约过失责任以造成他人信赖利益损失为承担责任的条件，其落脚点在于行为的最终结果，而非行为本身。

4. 缔约人一方当事人违反法定附随义务或先合同义务的行为与对方所受到的损失之间必须存在因果关系。即相对方的信赖利益损失是由行为人的缔约过失行为造成的，而不是其他行为造成的。如果这二者之间不存在因果关系，则不能让其承担缔约过失责任，这是该责任制度的内在要求。

以上四个要件缺一不可，否则就不能产生缔约过失责任。同时四要件又是彼此联系的有机整体，缔约过失责任的认定必须严格按照这四个构成要件来进行。

缔约过失行为主要有以下四种类型：

第一种类型是假借订立合同，恶意进行磋商。所谓"假借"就是根本没有与对方订立合同的意思，与对方进行谈判只是个借口，目的是损害订约对方当事人的利益。此处所说的"恶意"，是指假借磋商、谈判，而故意给对方造成损害的主观心理状态。恶意必须包括两个方面内容，一是行为人主观上并没有谈判意图，二是行为人主观上具有给对方造成损害的目的和动机。恶意是此种缔约过失行为构成的最核心的要件。

第二种类型是故意隐瞒与订立合同有关的重要事实或者提供虚假情

况。此种情况属于缔约过程中的欺诈行为。欺诈是指一方当事人故意实施某种欺骗他人的行为，并使他人陷入错误而订立的合同。而且无论何种欺诈行为都具有两个共同的特点：（1）欺诈方故意陈述虚假事实或隐瞒真实情况。（2）欺诈方客观上实施了欺诈行为。《民通意见》第68条规定："一方当事人故意告知对方虚假情况，或者故意隐瞒事实情况，诱使对方当事人作出错误意思表示的，可以认定为欺诈行为。"

第三种类型是泄露或不正当地使用商业秘密。所谓泄露是指将商业秘密透露给他人，包括在要求对方保密的条件下向特定人、少部分人透露商业秘密，以及以不正当的手段获取商业秘密，其披露当然是违背权利人的意思的。所谓不正当使用是指未经授权而使用该秘密或将该秘密转让给他人。如将商业秘密用于自己的生产经营，由自己直接利用商业秘密的使用价值的行为或状态，或非法允许他人使用。无论行为人是否因此而获取一定的利益，都有可能构成缔约过失责任。

第四种类型是有其他违背诚实信用原则的行为。即包括除了前三种情形以外的违背先契约义务的行为。在缔约过程中常表现为，一方当事人未尽到通知、协助、告知、照顾等义务而造成对方当事人人身或财产的损失的情形。

（五）违约责任

违约责任，即违反合同的民事责任，是指合同当事人不履行或者不适当履行合同义务所应承担的继续履行、采取补助措施、损害赔偿、支付违约金等民事法律后果。

违约责任的构成要件主要包括两个方面。

1. 违约行为

违约行为，是指合同当事人不履行或者不适当履行合同义务的客观事实。违约行为的发生以合同关系存在为前提。违约行为的特点于：第一，违约行为的行为人是合同当事人，这是由合同相对性规则决定的。第二，违约行为违反了合同义务。第三，与合同义务相对应的是合同债权，对合同义务的违反必然导致对合同债权的侵害。

违约行为的形态主要包括根本性违约和非根本性违约。

2. 主观过错

我国《合同法》并没有将过错作为违约责任的构成要件，而是实行严格责任原则。

违约责任的免责事由主要包括：（1）不可抗力；（2）受害人的过错；（3）免责条款。

（六）侵权的民事责任

侵权行为的民事责任，是指行为人因自己的过错，实施非法侵犯他人权益的行为，对受害人承担的民事责任。侵权行为，是指行为人由于过错侵害他人的财产或者人身，依法应当承担民事责任的行为，以及依照法律特别规定应当承担民事责任的行为。侵权行为可以分为单独侵权行为和共同侵权行为，一般侵权行为和特殊侵权行为。

1. 一般侵权行为民事责任的构成要件

（1）损害事实的发生。

（2）致害行为的违法性。

（3）违法行为和损害事实之间存在着因果关系。

（4）侵害人有过错。包括故意和过失。

2. 特殊侵权行为的类型

特殊侵权行为，是指由法律直接规定，在侵权责任的主体、主观构成要件、举证责任的分配等方面不同于一般侵权行为，应适用民法上特别责任条款的致人损害的行为。在我国《民法通则》和《侵权责任法》中，属于特殊侵权行为的情况都有具体的条文明确加以规定。包括：

（1）国家机关及其工作人员职务侵权纠纷；

（2）雇员受害赔偿纠纷；

（3）雇佣人损害赔偿纠纷；

（4）产品责任纠纷；

（5）高度危险作业致人损害纠纷；

（6）环境污染损害赔偿纠纷；

（7）地面（公共场所）施工损害赔偿纠纷；

（8）建筑物、搁置物、悬挂物塌落损害赔偿纠纷；

（9）堆放物品倒塌损害赔偿纠纷；

（10）动物致人损害赔偿纠纷；

（11）驻特别行政区军人执行职务侵权纠纷；

（12）防卫过当损害赔偿纠纷；

（13）紧急避险损害赔偿纠纷；

（14）侵害未成年人接受教育权纠纷；

（15）无行为能力人、限制行为能力人造成损害的侵权行为。

根据《最高人民法院关于民事诉讼证据的若干规定》，下列侵权诉讼，按照以下规定承担举证责任。

（一）因新产品制造方法发明专利引起的专利侵权诉讼，由制造同样产品的单位或者个人对其产品制造方法不同于专利方法承担举证责任；

（二）高度危险作业致人损害的侵权诉讼，由加害人就受害人故意造成损害的事实承担举证责任；

（三）因环境污染引起的损害赔偿诉讼，由加害人就法律规定的免责事由及其行为与损害结果之间不存在因果关系承担举证责任；

（四）建筑物或者其他设施以及建筑物上的搁置物、悬挂物发生倒塌、脱落、坠落致人损害的侵权诉讼，由所有人或者管理人对其无过错承担举证责任；

（五）饲养动物致人损害的侵权诉讼，由动物饲养人或者管理人就受害人有过错或者第三人有过错承担举证责任；

（六）因缺陷产品致人损害的，由产品的生产者就法律规定的免责事由承担举证责任；

（七）因共同危险行为致人损害的侵权诉讼，由实施危险行为的人就其行为与损害结果之间不存在因果关系承担举证责任；

（八）因医疗行为引起的侵权诉讼，由医疗机构就医疗行为与损害结果之间不存在因果关系及不存在医疗过错承担举证责任。

3. 侵权损害赔偿的原则

（1）完全赔偿的原则

完全赔偿原则，即侵权行为人对因侵权行为给他人造成损害的，赔偿责任的大小，应以其侵权行为所造成的实际损失为依据，予以全部赔偿。①侵害国家、集体、公民个人财产造成损害的，既要赔偿现实财产本身的损失，也要赔偿可得利益损失。②侵害公民身体造成伤害的，应当赔偿医疗费，因误工减少的收入、残废者生活补助费等费用；造成死亡的，并应当支付丧葬费、死者生前扶养的人必要的生活费等费用。③侵害公民的姓名权、肖像权、名誉权、荣誉权以及法人的名称权、名誉权、荣誉权的，受害人可以要求精神损害赔偿。

（2）公平合理的原则

即在确定侵权损害赔偿范围时，应考虑诸如当事人的经济状态等因素，使赔偿责任的确定更加公正、公平。

（3）对精神损害应适当给予赔偿的原则

民事侵权责任在一般情形下所遵循的原则是填平原则，即通过弥补受害人的损害，使受害人恢复到损害发生之前的状态。由于精神损害的特性，无形精神损害不可能完全借由有形的金钱来填平或弥补，因此，民事侵权精神损害赔偿的原则应界定在抚慰与调整原则，即凭借金钱的购买力换取同等之给付，或为物或为权利或为劳务，如果能够使受害人因为满足而消除或减轻痛苦的感受，实现抚慰受害人痛苦的作用，也就间接实现了填补受害人损失的功能。

二　诉讼时效

（一）诉讼时效的概念

诉讼时效是指权利人经过法定期限不行使自己的权利，依法律规定其诉权归于消灭的制度。

（二）诉讼时效的种类

分为一般诉讼时效和特殊诉讼时效两类。一般诉讼时效，是指由民法统一规定的诉讼时效期限，一般为 2 年。特殊诉讼时效，是指民法特别规定的短期时效和各种单行法规规定的时效期限。特殊诉讼时效优先于普通诉讼时效。诉讼时效为 1 年的有：（1）身体受到伤害要求赔偿的；（2）出售质量不合格的商品未声明的；（3）延付或拒付租金的；（4）寄存财物被丢失或毁损的。

《产品质量法》第 45 条规定："因产品存在缺陷造成损害要求赔偿的诉讼时效期间为二年，自当事人知道或者应当知道其权益受到损害时起计算。"《环境保护法》第 66 条规定："提起环境损害赔偿诉讼的时效期间为三年，从当事人知道或者应当知道其受到损害时起计算。"《海商法》第 265 条规定："有关船舶发生油污损害的请求权，时效期间为三年，自损害发生之日起计算；但是，在任何情况下时效期间不得超过从造成损害的事故发生之日起六年。"《合同法》第 129 条规定："因国际货物买卖合同和技术进出口合同争议提起诉讼或者申请仲裁的期限为四年，自当事人知道或者应当知道其权利受到侵害之日起计算。因其他合同争议提起诉讼或者申请仲裁的期限，依照有关法律的规定。"

最长诉讼时效为 20 年。我国《民法通则》第 137 条规定："从权利被侵害之日起超过二十年的，人民法院不予保护。"根据这一规定，最长的诉讼时效的期间是从权利被侵害之日起计算，权利享有人不知道自己的权利被侵害，时效最长也是 20 年，超过 20 年，人民法院不予保护。

时效具有强制性，任何时效都由法律、法规强制规定，任何单位或个人对时效的延长、缩短、放弃等约定都是无效的。

（三）诉讼时效的开始、中止、中断和延长

1. 诉讼时效的开始。从知道或者应当知道权利被侵害时起计算。但是，从权利被侵害之日起超过 20 年的，人民法院不予保护。

2. 诉讼时效的中止。在诉讼时效期间的最后 6 个月内，因不可抗力或者其他障碍不能行使请求权的，诉讼时效中止。从中止时效的原因消除之日起，诉讼时效期间继续计算。

3. 诉讼时效中断。是指在诉讼时效进行中，诉讼时效因提起诉讼、当其中一方提出要求或者同意履行义务而中断。从中断时起，诉讼时效期间重新计算。

4. 诉讼时效延长。是指因特殊情况，权利人不可能按诉讼时效期限行使请求权的，人民法院可以适当延长诉讼时效期间。

（四）诉讼时效的适用范围

根据我国现行法律的规定，诉讼时效只适用于财产权中的债权性请求权。因此下列权利不适用诉讼时效：

1. 人身权的请求权。

2. 财产性支配权，包括物权和知识产权。

3. 抗辩权。

4. 形成权。

5. 存款本息的请求权具有无特定履行期限，存款人可以随时请求金融机构兑付的特殊性，如果适用诉讼时效，会关系到民众的生存利益，对于民众的生存利益会带来深刻影响，也不符合这个法律存在的特性，所以存款本息不适用。

6. 认购人是基于对国家和对金融机构的信赖购买债权的，其投资具有类似于储蓄的性质，所以由国债和金融债产生的支付请求权不应该适用诉讼时效。

7. 基于投资产生的缴付出资的请求权，不适用诉讼时效的规定，主要是考虑到充足的资本是企业开展对外经营活动的保障，也是对外承担民事责任的担保，足额出资也是公司法定义务，缴付出资请求权不应该受到时效的限制，否则有违公司资本充足的原则。

8. 如果对物权请求权适用诉讼时效，那么，超过诉讼时效而被他人占有的财产就会成为无主物。

但是需要特别注意的是：人身权、物权、知识产权受到侵害后权利人根据侵权行为要求对方承担损害赔偿责任的请求权由于是债权，所以受诉讼时效的限制。

第七章 婚姻继承和知识产权法律制度

本章内容摘要：本章主要介绍婚姻家庭继承法和知识产权法方面的内容，包括结婚、离婚、继承、著作权、专利权和商标权等。

第一节 婚姻法概述

一 婚姻法的概念和基本特征

（一）婚姻法的概念

婚姻法是调整婚姻家庭包括人身关系和由此产生的财产关系的法律规范的总称。我国的婚姻法是广义的婚姻法，即指既调整婚姻关系又调整基于婚姻关系而产生的家庭关系的法律。狭义的婚姻法则仅指调整婚姻关系的法律。

（二）婚姻法的基本特征

婚姻家庭关系的自身属性决定了婚姻法的以下基本特征：

1. 调整对象的广泛性。婚姻法的调整对象涉及千家万户。每一个中国公民，无论其性别、年龄如何，无论其婚姻状况如何，他都会以亲属关系的一个实体存在，并受到婚姻法的调整。

2. 调整对象身份的多重性。一个人在婚姻家庭关系中，一般以多重法律关系的主体身份出现，同时处于多层次的权利义务关系中，而且具有持久性或终身性。人的一生，从出生到死亡，往往以不同身份受到婚姻法调整。

3. 具有的显明的伦理性。按照古汉语的解释，伦理是指"人伦物理"。"人伦"是指人们之间的正常关系和次序。"物理"是指事物的规矩和准则，是评判人们行为是非、善恶的道德标准。

4. 具有法律的强制性。自阶级社会以来，婚姻法和其他法律规范均具有其本身固有的强制作用，以适应人类生存发展的需要。但是，不同法律部门的强制手段并不相同。婚姻法通过不同表现形式的强制手段对婚姻家庭关系进行调整。

二　我国婚姻法的基本原则

（一）婚姻自由原则

婚姻自由的内容，包括结婚自由和离婚自由两个方面。结婚自由是指缔结婚姻关系的自由，即当事人有权依法决定自己与谁结婚，任何人包括父母都无权干涉。离婚自由是指解除婚姻关系的自由。在夫妻感情确已破裂的情况下，任何一方都有权提出离婚，他人不得阻碍。婚姻自由和离婚自由是相互结合，缺一不可的。但婚姻自由是相对的，必须受到法律和道德的约束。作为一项法律原则和道德原则，婚姻自由绝不意味着人们可以在婚姻问题上为所欲为。我国婚姻法规定了结婚必须具备的条件和必须履行的程序，规定了离婚的程序和处理原则，正是体现了在婚姻问题上自由和受约束的统一。

此外，我国婚姻法中还规定了以下两种与婚姻自由有关的禁止性行为。

1. 禁止包办、买卖婚姻和其他干涉婚姻自由的行为。包办婚姻和买卖婚姻是干涉婚姻自由的两种主要形式。包办婚姻，是指第三人（包括父母）违反婚姻自由的原则，包办强迫他人婚姻的违法行为。买卖婚姻，是指第三人（包括父母）以索取大量财物为目的，包办强迫他人婚姻的违法行为。其他干涉婚姻自由的行为，是指除包办、买卖婚姻以外的各种破坏婚姻自由的行为。

2. 禁止借婚姻索取财物。借婚姻索取财物，是指除买卖婚姻以外的其他借婚姻索取财物的违法行为。在这种情况下，男女双方结婚基本上是自愿的，但一方向另一方索要许多财物，以此作为结婚的条件。

（二）一夫一妻原则

一夫一妻制，是指一男一女结为夫妻的婚姻制度，亦称为个体婚制。它包括以下几个含义：（1）任何人，无论其地位高低，财产多寡，都不得同时有两个以上的配偶；（2）已婚者在配偶死亡或双方离婚之前，不得再行结婚；（3）一切公开的、隐蔽的一夫多妻或一妻多夫的两性关系都是非法的。

实行一夫一妻制，是社会主义婚姻关系的必然要求。社会主义经济的发展，为实现一夫一妻制提供了物质保障，社会主义国家男女两性的平等地位，也为实现一夫一妻制奠定了可靠基础。此原则也包括以下两个禁止性规定。

1. 禁止重婚。重婚是指有配偶者再行结婚的违法行为。重婚有两种形式：①法律上的重婚。即前婚未解除，又与他人办理结婚登记手续而构成的重婚。只要双方办理了结婚登记手续，不论双方是否同居、举行婚礼，重婚即已形成。②事实上的重婚。即前婚未解除，又与他人以夫妻名义同居生活，虽然未办理结婚登记手续，但事实上已构成了重婚。

2. 禁止有配偶者与他人同居。除了重婚外，其他有配偶者与他人同居的行为也在禁止之列。主要指有配偶者与婚外异性，不以夫妻名义，持续、稳定地共同居住。

（三）男女平等原则

我国宪法从经济、政治、文化、社会和婚姻家庭生活的各个方面都规定了男女平等的原则。婚姻法中的男女平等原则是宪法中男女平等原则的体现。是指男女两性在婚姻家庭生活中处于平等地位，即享有平等的权利，承担平等的义务。其主要内容体现在：

1. 男女在婚姻方面的权利平等。如男女享有同等的结婚自由和离婚自由。

2. 夫妻在家庭中的地位平等。无论是人身方面还是财产方面，夫妻都享有平等的权利，承担平等的义务。

3. 其他男女家庭成员在家庭中的地位平等。如子女有平等的赡养父母的义务，有平等的继承父母遗产的权利。

（四）保护妇女、儿童和老人合法权益的原则

保护妇女、儿童和老人合法权益是指国家对妇女、儿童和老人的权利和利益给予特殊的重视和保护。

保护妇女、儿童和老人的合法权益原则具有如下重要的法律意义：其一，由于男女生理上的原因和人的生命周期的自然规律，妇女、儿童和老人在社会生活中，事实上处于弱者的地位，他们的权利和利益容易受到侵害，因此有必要加以特设的保护；其二，在我国，男尊女卑的封建思想仍然大量存在，在现实生活中置妇女、儿童和老人的合法权益于不顾，肆意侵害和加害的现象非常普遍，有的情况还十分严重，因此，法律必须对这

些弱势群体加以特殊的保护和重视。

1. 切实保护妇女的合法权益

这是对男女平等原则的必要补充。我国婚姻法对妇女的合法权益加以特殊保护，如女方在怀孕期间和分娩后1年内或中止妊娠后6个月内，男方不得提出离婚；离婚时分割共同财产要照顾女方权益；离婚时一方有困难，另一方应给予适当的经济帮助等。

对妇女进行特殊保护的原因有两点：第一，是为了改变妇女不平等历史地位所造成的合法权益受到侵害的现象。历史上中国妇女遭受压迫的时间很长，自身还不能抵制各种侵权侵害行为，所以，需要借助法律的力量予以保护。第二，是基于妇女具有不同于男性的特殊生理机能的需要。妇女承担着人类生产与再生产的任务，对妇女的特殊保护，也是推进人类发展和社会文明的标志。保护妇女合法权益的原则和男女平等的原则的精神是一致的，男女平等是基础，保护妇女的合法权益是补充，二者相互配合，相辅相成，这样才能有利于男女平等原则的真正实现。

2. 切实保护儿童的合法权益

在旧中国，儿童被当作父母、家长的私产，子女的权利和权益是完全被漠视的，他们没有独立人格，人身和财产权益得不到保护。新中国的儿童，其法律地位得到确认，权益受到了保护，并且有详尽的规定。我国《婚姻法》规定，父母对子女有抚养教育的义务；对未成年子女有管教和保护的权利和义务；禁止溺婴、弃婴和其他残害婴儿的行为；子女有继承父母遗产的权利；父母对子女的义务不因父母离婚而消除；非婚生子女，养子女享有与婚生子女同等权利等。

3. 切实保护老人的合法权益

老年人晚年生活的社会保障已经成为世界性的社会问题。老年人在人口构成中所占的比重增加的问题在许多国家都存在着。我国《婚姻法》规定，子女对父母有赡养扶助的义务；父母有继承子女遗产的权利；养父母、符合规定的继父母的权利和生父母相同；有负担能力的孙子女、外孙子女，对于子女已经死亡或子女无力赡养的祖父母、外祖父母有赡养的义务；禁止家庭成员对老人的虐待和遗弃等。

此外，该条原则也包括两个禁止性规定。

第一，禁止家庭暴力。

家庭暴力简称家暴，是指发生在家庭成员之间的，以殴打、捆绑、禁闭、残害或者其他手段对家庭成员从身体、精神、性等方面进行伤害和摧残的行为。家庭暴力直接作用于受害者身体，使受害者身体上或精神上感到痛苦，损害其身体健康和人格尊严。家庭暴力发生于有血缘、婚姻、收养关系生活在一起的家庭成员间，如丈夫对妻子、父母对子女、成年子女对父母等，妇女和儿童是家庭暴力的主要受害者。家庭暴力的特征主要包括：（1）发生于家庭内部，较一般的虐待行为具有更大的危害性、隐蔽性。（2）家庭暴力侵害的客体主要是受害人的人身权。（3）施暴者主观上都是出于故意的，而且，施暴行为在时间上是具有一定连续性的。

第二，禁止家庭成员间的虐待和遗弃。

这是保护妇女、儿童和老人合法权益的必然要求，对满足家庭中没有独立生活能力的成员的生活需要，保障家庭职能的顺利实现，具有很重要的意义。除家庭暴力以外，其他虐待行为在现实生活中也是时有发生的，如言词侮辱、不予适当的衣食、患病不予治疗，以及居住上的歧视性待遇等。虐待可能表现为作为的形式，也可能表现为不作为的形式。家庭暴力以作为的形式出现的，是表之于行为而不是仅仅表之于言词的。虐待行为包括生活上的虐待和精神上的虐待等，其情节和后果不尽相同。对此，应当对施虐者进行批评教育，或采取相应的法律手段加以处理。

家庭是社会的细胞，是人们的基本的生活单位，担负着养老育幼、供养家庭中没有独立生活能力的成员的职能。家庭成员之间的扶养、抚养和赡养，不仅是道德的要求，也是法定的义务。家庭成员之间的遗弃行为，是法律严格禁止的。"遗弃"是一个多义词，《婚姻法》中所说的遗弃，是指家庭成员中负有赡养、抚养和扶养义务的一方，对需要赡养、抚养和扶养的另一方，不履行其法定义务的行为。

（五）计划生育原则

实行计划生育是我国的一项国策。所谓计划生育，是指通过生育机制有计划地调节人口的增长速度，包括提高和降低人口的增长率，其内容不以节制生育为限。从我国的实际情况来看，实行计划生育是要降低人口发展速度。我国实行计划生育具有重要意义：第一，实行计划生育是社会主义制度下人口再生产的客观要求，也是实现四化建设的重要条件。第二，实行计划生育有利于减轻家庭的经济负担，提高人口素质和保护母亲的健康。目前，我国计划生育的具体要求有三个：（1）推行和奖励一胎。（2）有计划地控制二胎。（3）杜绝和惩罚多胎。

（六）夫妻应当互相忠实、尊重的原则

婚姻是夫妻双方以永久共同生活为目的的结合，夫妻应当互相忠实，即要求夫妻互守"贞操"，不能有婚外性行为，保持性关系的专一、忠诚，它不仅是我国彰扬的传统美德，也是婚姻排他性的必然要求。

夫妻是婚姻关系中的平等主体，双方具有同等的法律地位，即享有平等的权利，承担平等的义务。夫妻双方互相尊重，是男女平等原则的必然要求，也是互敬互爱、互相扶助的思想基础。

（七）家庭成员敬老爱幼、互相帮助的原则

家庭成员间应当敬老爱幼，是指晚辈家庭成员应当对长辈家庭成员予以尊敬，使之欢愉地安度晚年；长辈家庭成员应当对晚辈家庭成员予以爱护。

同时，法律要求家庭成员间互相帮助，即父母子女之间、兄弟姐妹之间、长辈与晚辈之间，要互相尊重人格，在思想、生活和经济方面互相关心和帮助，实现家庭的社会职能。

第二节 结婚

一 结婚制度概述

（一）结婚的概念、特征和要件

1. 结婚是概念和特征

结婚，又称婚姻的成立或婚姻的缔结，是男女双方依照法律规定的条件和程序，确立夫妻关系的民事法律行为。

结婚有以下三个特征：第一，结婚行为的主体必须是异性男女。第二，结婚的行为必须遵循法律规定的条件。第三，结婚行为的法律后果是确立夫妻关系。

2. 结婚的要件

（1）实质要件和形式要件。实质要件是指法律规定的关于结婚当事人本身及双方之间的关系必须符合的条件，如当事人必须达到一定的年龄。形式要件是指法律规定的结婚程序及方式。

（2）必备条件和禁止条件。结婚的实质要件分为必备条件和禁止条件。必备条件又称积极要件，它是指结婚当事人双方必须具备的不可缺少的条件。禁止条件又称消极要件，或称婚姻障碍，是指法律规定不允许结婚的情况。

（3）公益要件与私益要件。公益要件是指和社会公益有关的要件。私益要件是指仅与当事人及其亲属有关的要件。目前我国结婚实质要件中除双方自愿是私益要件外，其余均为公益要件。

二　结婚条件

（一）结婚的法定条件

1. 必备条件

第一，双方自愿。

《婚姻法》第 5 条规定："结婚必须男女双方完全自愿，不许任何一方对他方加以强迫或任何第三者加以干涉。"这是婚姻自由原则在结婚问题上的具体表现。这条规定的核心是，国家将结婚的决定权赋予了婚姻当事人。在法定条件下，是否结婚、与谁结婚，均由当事人自己决定。男女双方完全自愿包括以下三层含义：它强调结婚不就附加任何条件。双方自愿，而不是一厢情愿；男女本人自愿，而不是必经父母和第三人同意；双方完全自愿，而不是勉强同意。当事人必须具有结婚的行为能力和无婚姻障碍。

第二，结婚必须达到法定婚龄。

《婚姻法》第 6 条规定："结婚年龄，男不得早于二十二周岁，女不得早于二十周岁。晚婚晚育应予鼓励。"法定婚龄是指法律规定允许结婚的最低年龄界限，即在此年龄以上始得结婚，在此年龄以下不得结婚。这一规定说明，结婚自由虽然是我国公民享有的一项权利，但是，并不是任何公民都可以成为婚姻法律关系的主体。婚姻的自然属性和社会属性要求男女结婚必须达到一定的年龄。同时，还应当看到，某些当事人仅仅具备一定的生理条件，但不一定具备心理条件，更不一定具备组成家庭的物质条件，所以《婚姻法》也强调鼓励晚婚晚育。在此，应当明确法定婚龄和晚婚、晚育之间的关系。所谓晚婚，是指男满 25 周岁、女年满 23 周岁初婚的为晚婚。晚育是指已婚妇女年满 24 周岁初育为晚育。法定婚龄属于强制性规则，是人们必须遵守的结婚最低年龄年限。晚婚年龄只是号召性和鼓励性的措施。国家鼓励人们实行晚婚，但不能以晚婚年龄代替法定婚龄来限制人们结婚。

第三，符合一夫一妻制。

结婚当事人须非重婚者，这是我国一夫一妻制原则的要求，为结婚的实质要件之一。说明结婚的当事人只能是未婚者或者丧偶者、离异者。有配偶者只能在原婚姻关系终止后始得再婚，否则构成重婚。

2. 禁止条件

第一，禁止一定范围内的血亲结婚。

禁止一定范围内的血亲结婚，其立法根据主要有三个方面：（1）基于优生学原理，血缘关系太近的男女结婚，易将双方生理上和精神上的疾病或缺陷遗传给后代，不利于民族的健康和人类的发展。（2）基于伦理观念的要求。（3）禁止一定范围的亲属结婚，是世界各国立法的通例。我国《婚姻法》规定："直系血亲和三代以内的旁系血亲禁止结婚。"可见禁止结婚的血亲范围分为两类：（1）直系血亲，同时，包括拟制直系血亲之间也是不得结婚的。（2）三代以内的旁系血亲，但拟制旁系血亲之间，只要不存在三代以内的旁系血亲关系，是可以结婚的。

第二，禁止患一定疾病的人结婚。

我国《婚姻法》规定："患有医学上认为不应当结婚的疾病的人禁止结婚。"目前，我国禁止结婚的疾病主要包括：（1）正处于发病期间的精神分裂症、躁狂抑郁症患者。（2）性病患者未经治愈的。（3）重度智力低下，即痴呆症患者。（4）法定传染病患者正处于发病期间的。

（二）结婚程序

结婚的程序亦称结婚的形式要件，法律规定的缔结婚姻所必经的方式。在通常情况下，符合结婚实质要件的当事人，只有履行法定的结婚程序，其婚姻关系才被国家和社会所承认，发生相应的法律效力。

我国在结婚程序上实行的是结婚登记制度。其意义主要包括：（1）规范结婚登记制度的实行。国家通过结婚登记，可以对婚姻的建立进行监督。（2）保护当事人的合法权益。国家实行结婚登记制度，可给予争取婚姻自主的男女及时的法律援助，保护基于爱情而要求结合的男女的正当权利，还可以帮助、指导结婚当事人，避免某些人因无知或受骗而陷于不幸的婚姻之中。（3）及时防止惩治违反《婚姻法》的行为。通过结婚登记，国家工作人员可以直接对婚姻当事人开展法制教育，及时发现违反《婚姻法》的行为，并采取相应的有效措施。

我国《婚姻法》第 8 条规定："要求结婚的男女双方必须亲自到婚姻

登记机关进行结婚登记。符合本法规定的，予以登记，发给结婚证。取得结婚证，即确立夫妻关系。未办理婚姻登记的，应当补办登记。"这一规定说明，在我国确立婚姻关系的唯一法定手续就是办理结婚登记。

《婚姻登记条例》规定："内地居民办理婚姻登记的机关是县级人民政府民政部门或者乡（镇）人民政府，省、自治区、直辖市人民政府可以按照便民原则确定农村居民办理婚姻登记的具体机关。"

申请登记程序分为三个步骤：

（1）申请，内地居民结婚，男女双方应当共同到一方当事人常住户口所在地的婚姻登记机关办理结婚登记。办理结婚登记的内地居民应当出具下列证件和证明材料：①本人的常住户口簿、居民身份证；②本人无配偶（未婚、离婚、丧偶）以及与对方当事人没有直系血亲和三代以内旁系血亲关系的签字声明。③当事人提交3张大2寸双方近期半身免冠合影照片。

（2）审查，即婚姻登记机关依法对当事人的结婚申请进行审核与查证。

（3）登记，即婚姻登记机关对当事人结婚申请的合法性加以确认，对符合法定结婚条件的，应当当场予以登记，发给结婚证。

三　效力有瑕疵的婚姻

所谓效力有瑕疵的婚姻，是指已成立的婚姻，由于违反婚姻成立的实质或形式要件而被依法宣告不具有法律效力。一般而言，违反公益要件的婚姻绝对无效，违反私益要件的婚姻属于可撤销婚姻。

（一）无效婚姻

1. 宣告婚姻无效的情形

（1）重婚的；（2）有禁止结婚的亲属关系的；（3）婚前患有医学上认为不应当结婚的疾病，婚后尚未治愈的；（4）未达法定婚龄的。

2. 婚姻无效的申请人与宣告机关

有权依据《婚姻法》第10条规定向人民法院就已办理结婚登记的婚姻申请宣告婚姻无效的主体，包括婚姻当事人及利害关系人。利害关系人包括：

第一，以重婚为由申请宣告婚姻无效的，为当事人的近亲属及基层组织。

第二，以未到法定婚龄为由申请宣告婚姻无效的，为未达法定婚龄者的近亲属。

第三，以有禁止结婚的亲属关系为由申请宣告婚姻无效的，为当事人的近亲属。

第四，以婚前患有医学上认为不应当结婚的疾病，婚后尚未治愈为由申请宣告婚姻无效的，为与患病者共同生活的近亲属。

利害关系人申请人民法院宣告婚姻无效的，利害关系人为申请人，婚姻关系当事人双方为被申请人。夫妻一方死亡的，生存一方为被申请人。夫妻双方均已死亡的，不列为被申请人。

婚姻无效的宣告机关只能是人民法院。当事人请求确认婚姻无效时应注意以下问题：（1）对于申请婚姻无效的案件，人民法院应当以判决的方式结案。　（2）有关婚姻效力的判决一经作出，即发生法律效力。（3）人民法院在判决确认婚姻无效时，涉及子女抚养和财产分割等问题，应当对婚姻效力的认定和其他纠纷的处理分别制作裁判文书。对财产分割、子女抚养判决不服的，当事人可以上诉。

此外，《婚姻法》司法解释规定：当事人依据婚姻法第十条向人民法院申请宣告婚姻无效的，申请时，法定的无效婚姻情形已经消失的，人民法院不予支持。

（二）可撤销婚姻

（1）可撤销婚姻的情形：因受胁迫而结婚的。受胁迫的一方可以向婚姻登记机关或人民法院请求撤销该婚姻。

（2）可撤销婚姻的申请人及宣告机关：仅为受胁迫一方，宣告机关为人民法院或婚姻登记机关。

（3）行使撤销权的时间限制：应当自结婚登记之日起1年内提出。被非法限制人身自由的当事人请求撤销婚姻的，应当自恢复人身自由之日起1年内提出。

（三）事实婚姻

事实婚姻通常是指没有配偶的男女，未经结婚登记，而公开以夫妻名义同居生活，群众亦认为其是夫妻，被有条件地确认为事实婚姻。目前，我国在认定事实婚姻时采取相对主义。即1994年2月1日民政部《婚姻登记管理条例》颁布施行前，男女双方已经符合结婚实质要件的，按事实婚姻处理。该条例施行后，人民法院应当告知当事人在案件受理前补办结婚登记未补办的，按解除同居关系处理。可见，我国对事实婚姻的认定是极为有限的。

第三节　婚姻的效力

所谓婚姻的效力是指婚姻成立所形成的法律后果。婚姻法是民法的子部门法，因此，婚姻的效力也主要体现在人身关系和财产关系两个方面。

一　夫妻的人身关系

我国婚姻法中的夫妻人身关系，主要包括以下内容：

（一）夫妻姓名权

姓名权在夫妻关系中，是夫妻各方在家庭中有无独立人格和地位的重要标志。夫妻的姓氏问题，被认为是婚姻效力的内容之一。《婚姻法》第14条明确规定："夫妻双方都有各用自己姓名的权利。"未成年子女的姓氏，"可以随父姓，可以随母姓"，应当由父母双方协商确定。父母协商确定子女姓名，并不妨碍子女成年后变更自己姓名的权利。

（二）夫妻人身自由权

人身自由权是每个公民的基本权利，是人们正常生活、劳动、学习和从事各种社会活动的先决条件。夫妻依法享有人身自由权是双方家庭地位平等的具体体现。《婚姻法》第15条规定："夫妻双方都有参加生产、工作、学习和社会活动的自由，一方不得对他方加以限制或干涉。"

这一规定把社会、家庭和夫妻双方的个人利益有机地结合在一起，既是夫妻法律地位平等的标志，又为夫妻平等地行使权利和承担义务提供了法律保障。

（三）夫妻住所选定权

住所选定权是指选择确定夫妻婚后共同居住场所的权利。夫妻双方可以协商同居的地点，可以男方到女方家居住，也可以女方到男方家居住，或双方另择居所居住。

双方有平等的权利，其中任何一方不能强迫另一方接受自己的住所选择意愿。《婚姻法》第9条规定："登记结婚后，根据男女双方约定，女方可以成为男方家庭的成员，男方可以成为女方家庭的成员。"据此规定，夫妻有权选择婚后的住所。本条款的立法精神主要是鼓励男方成为女方家庭的成员，即法律对男方到女方家落户的婚姻形式给予保障。

（四）夫妻双方的计划生育义务

计划生育是我国的基本国策，也是我国家庭职能的一项重要内容。生育不仅是夫妻人身关系中的重要内容，也关系到民族的生存和社会的发展。《婚姻法》第16条规定："夫妻双方都有实行计划生育的义务。"义务的主体是夫妻双方，而非仅仅是女方。《妇女权益保障法》第47条明确规定，妇女有按照国家有关规定孕育子女的权利，也有不生育的自由，即妇女有生育权。对于男性生育权，学界意见不一，法律对此也未做明确规定。不过，作为夫妻生活重大事项之一的生育应由夫妻双方协商，共同决定，同时还应符合国家相关法律的规定。

二　财产关系

夫妻财产关系是夫妻在财产方面的权利和义务。所谓夫妻财产制是指关于夫妻婚前财产和婚后所得财产的归属、管理、使用、收益、处分，以及债务的清偿、婚姻解除时财产的清算等方面的法律制度。主要分为两种类型：

（一）法定财产制

即配偶在婚前或婚后未形成夫妻财产约定或约定无效时，依照法律的直接规定适用的夫妻财产制。我国的法定夫妻财产制为婚后所得共同制。包括夫妻共同财产和夫妻个人财产两部分。

1. 夫妻共同财产制

根据《婚姻法》第17条及《婚姻法》司法解释，夫妻在婚姻关系存续期间所得的下列财产归夫妻共同所有：

第一，工资、奖金，指在夫妻关系存续期间一方或双方的工资、奖金收入及各种福利性政策性收入、补贴。

第二，生产、经营的收益，指的是在夫妻关系存续期间，夫妻一方或双方从事生产、经营的收益。

第三，知识产权的收益，指的是在夫妻关系存续期间，夫妻一方或双方拥有的知识产权的收益。

第四，继承或赠与所得的财产，是指在夫妻关系存续期间一方或双方因继承遗产和接受赠与所得的财产。对于继承遗产的所得，指的是财产权利的取得，而不是对财产的实际占有。

第五，其他应当归共同所有的财产。

第六，双方实际取得或者应当取得的住房补贴、住房公积金。

第七，双方实际取得或者应当取得的养老保险金、破产安置补偿费。

第八，发放到军人名下的复员费、自主择业费等一次性费用的婚姻关系存续期间应得部分夫妻共有。

《最高人民法院关于适用〈中华人民共和国婚姻法〉若干问题的解释（三）》〔以下简称"婚姻法司法解释（三）"〕中规定：婚姻关系存续期间，夫妻一方请求分割共同财产的，人民法院不予支持，但有下列重大理由且不损害债权人利益的除外：（一）一方有隐藏、转移、变卖、毁损、挥霍夫妻共同财产或者伪造夫妻共同债务等严重损害夫妻共同财产利益行为的；（二）一方负有法定扶养义务的人患重大疾病需要医治，另一方不同意支付相关医疗费用的。夫妻一方个人财产在婚后产生的收益，除孳息和自然增值外，应认定为夫妻共同财产。

2. 夫妻个人财产制

有下列情形之一的，为夫妻一方的财产：

第一，一方的婚前财产。一方婚前的所有财产都属于夫妻一方的个人财产，但需要提供相关证据，如无证据证明是婚前财产的，推定为婚后共同财产。

第二，一方因身体受到伤害获得的医疗费、残疾人生活补助费等费用。注意该项规定中只有医疗费和残疾人生活补助费属于个人财产。

第三，遗嘱或赠与合同中确定只归夫或妻一方的财产。这里的确定指必须以书面的形式加以确定。

第四，一方专用的生活用品。仅指生活用品，而不包括奢侈品。

第五，其他应当归一方的财产。

（二）约定财产制

夫妻可以约定婚姻关系存续期间所得的财产以及婚前财产归各自所有、共同所有或部分各自所有、部分共同所有。约定应当采用书面形式，但如双方对口头约定无异议，口头形式也有效。没有约定或约定不明，以及约定无效时，应适用法定财产制。夫妻对婚姻关系存续期间的财产以及婚前财产的约定，对双方具有约束力。夫妻对婚姻关系存续期间所得的财产约定归各自所有的，夫或妻一方所负的债务，第三人知道该约定的，以夫或妻一方所有的财产清偿。

第四节　离婚制度

一　离婚的效力

离婚的效力主要指解除夫妻关系后，当事人权利义务的消灭。包括以下内容。

1. 再婚自由的恢复。婚姻关系解除后，男女双方恢复自由之身，重新享有婚姻自由的权利。

2. 扶养义务的终止。离婚之后，基于夫妻身份而产生的扶养义务也随之消失。

3. 法定继承人资格的丧失。离婚后，双方都不能作为第一顺序继承人继承对方遗产。

4. 家事代理权的消灭。离婚后，双方基于夫妻关系所具有的家事代理权随之丧失。

5. 同居义务的消灭。同居义务作为婚姻中重要的义务也不复存在。

6. 姻亲关系的解除。离婚后，双方当事人的亲属之间不再有姻亲关系。

二　离婚的程序

我国婚姻法中规定，离婚可以通过两种方式达成，一种是到婚姻登记机关进行离婚登记的行政程序，一种是到人民法院进行离婚诉讼的司法程序。

（一）登记离婚制度

1. 登记离婚的条件

（1）双方当事人均为完全民事行为能力人。由于登记离婚是双方的合意，需要当事人具有完全民事行为能力。

（2）双方当事人对离婚的意愿是一致的。要求双方对离婚无异议，已达成一致。

（3）双方当事人对财产分割和子女抚养达成一致。这两个问题是婚姻中最重要的两个问题，需要当事人形成合意。

2. 登记离婚的程序和效力

（1）申请。内地居民自愿离婚，男女双方应当共同到一方当事人常住户口所在地的婚姻登记机关办理离婚登记。申请时，应当出具下列证件和证明材料：本人户口簿；居民身份证；婚姻登记机关或者中国驻外使（领）馆颁发的结婚证；双方当事人共同签署的离婚协议书。

（2）审查。婚姻登记员受理离婚登记申请后，需要对相关材料的真实性和合法性进行审查。

（3）登记。经审查后，符合离婚条件的，当场予以登记，并发给当事人离婚证。

（4）离婚登记后，"离婚协议中关于财产分割的条款或者当事人因离婚就财产分割达成的协议，对男女双方具有法律约束力。当事人因履行上述财产分割协议发生纠纷提起诉讼的，人民法院应当受理"。"男女双方协议离婚后一年内就财产分割问题反悔，请求变更或者撤销财产分割协议的，人民法院应当受理。人民法院审理后，未发现订立财产分割协议时存在欺诈、胁迫等情形的，应当依法驳回当事人的诉讼请求。"

（二）诉讼离婚程序

1. 诉讼离婚的程序

（1）诉讼前有关部门的调解

此程序非法定程序，是指有关部门，如双方当事人单位、妇联、基层组织等对当事人进行的调解。

（2）诉讼中的调解和判决

人民法院审理离婚案件中，调解是必经的程序。调解后出现三种后果：第一，双方合好，原告撤诉；第二，双方达成协议，制成离婚调解协议书，与离婚判决具有同等的法律效力；第三，调解无效，进入判决程序。

对于调解无效的案件，人民法院进行判决，一审法院关于离婚案的判决下达后，有 15 天的上诉期。超过 15 天未上诉的，判决生效。对于判决不准离婚或调解和好的离婚案件，没有新情况、新理由的，原告在 6 个月内又起诉的，人民法院不予受理。

2. 诉讼离婚的条件

我国《婚姻法》第 32 条第 2 款明确规定："人民法院审理离婚案件，应当进行调解；如感情确已破裂，调解无效，应准予离婚。"

在司法实践中，一般根据以下要素对感情是否破裂进行考察：第一，婚姻基础。第二，婚后感情。第三，离婚原因。第四，夫妻关系的现状和有无和好的可能。

同时，《婚姻法》相关条款也对判定夫妻感情给出了具体标准：第一，重婚或有配偶者与他人同居的；第二，实施家庭暴力或虐待、遗弃家庭成员的；第三，有赌博、吸毒等恶习屡教不改的；第四，因感情不和分居满二年的。

（3）诉讼离婚中对特殊主体的规定

第一，现役军人配偶要求离婚的特殊规定。"现役军人的配偶要求离婚，须得军人同意，但军人一方有重大过错的除外。"

第二，对妇女的保护。"女方在怀孕期间、分娩后一年内或中止妊娠后六个月内，男方不得提出离婚。女方提出离婚的，或人民法院认为确有必要受理男方离婚请求的，不在此限。"

第三，失踪人员的离婚案件。须先经人民法院宣告失踪后，才能对失踪人员的离婚案件进行缺席判决。

三　离婚时其他相关规定

（一）子女的抚养

1. 离婚后子女的抚养和变更

（1）2 周岁以下的婴幼儿，一般应随母亲生活。但母亲有以下情形的，也可随父亲生活：第一，母亲患有久治不愈的传染病或其他严重疾病，子女不宜与其共同生活的；第二，母亲有抚养条件不尽抚养义务，而父亲要求子女随其生活的；第三，因其他原因，子女确无法随母亲生活的。

（2）2 周岁以上至 10 周岁的儿童，一般根据有利于子女成长的原则加以衡量，可随母亲生活，也可随父亲生活。

（3）10 周岁以上至 18 周岁的未成年人，由于这个年龄段的孩子已具有一定的认知能力，所以可考虑由其自行决定随父或母生活。

离婚后，由于父母的抚养条件发生重大变化，或者子女有要求改变抚养的愿望，可由双方协议变更抚养关系；协议不成的，人民法院可根据实际情况进行判决。

2. 抚养费的确定

确定子女的抚养费，既要根据子女的实际需要，又要考虑到父母的负担能力和当地的实际生活水平。给付抚养费的一方，有固定收入的，抚养费一般可按其月收入的 20%—30% 比例给付，负担两个以上子女的，比例可适当提高，但不得超过月总收入的 50%。抚养费的给付可定期，也可一次性给付，还可用财物折抵。

3. 探望权的规定

《婚姻法》第 38 条规定："离婚后，不直接抚养子女的父或母，有探望子女的权利，另一方有协助的义务。""行使探望权利的方式、时间由当事人协议；协议不成时，由人民法院判决。""父或母探望子女，不利于子女身心健康的，由人民法院依法中止探望的权利；中止的事由消失后，应当恢复探望的权利。"

（二）房产的认定

2011 年出台的婚姻法司法解释（三）中，对房产的归属作出了详细的规定：

1. 婚前或者婚姻关系存续期间，当事人约定将一方所有的房产赠与另一方，赠与方在赠与房产变更登记之前撤销赠与，另一方请求判令继续履行的，人民法院可以按照《合同法》第 186 条的规定处理。

2. 婚后由一方父母出资为子女购买的不动产，产权登记在出资人子女名下的，可视为只对自己子女一方的赠与，该不动产应认定为夫妻一方的个人财产。

由双方父母出资购买的不动产，产权登记在一方子女名下的，该不动产可认定为双方按照各自父母的出资份额按份共有，但当事人另有约定的除外。

3. 夫妻一方婚前签订不动产买卖合同，以个人财产支付首付款并在银行贷款，婚后用夫妻共同财产还贷，不动产登记于首付款支付方名下的，离婚时该不动产由双方协议处理。

依前款规定不能达成协议的，人民法院可以判决该不动产归产权登记一方，尚未归还的贷款为产权登记一方的个人债务。双方婚后共同还贷支付的款项及其相对应财产增值部分，离婚时由产权登记一方对另一方进行补偿。

4. 一方未经另一方同意出售夫妻共同共有的房屋，第三人善意购买、支付合理对价并办理产权登记手续，另一方主张追回该房屋的，人民法院不予支持。

夫妻一方擅自处分共同共有的房屋造成另一方损失，离婚时另一方请求赔偿损失的，人民法院应予支持。

5. 婚姻关系存续期间，双方用夫妻共同财产出资购买以一方父母名义参加房改的房屋，产权登记在一方父母名下，离婚时另一方主张按照夫妻共同财产对该房屋进行分割的，人民法院不予支持。购买该房屋时的出资，可以作为债权处理。

（三）债务的清偿

《婚姻法》规定："离婚时，原为夫妻共同生活所负的债务，应当共同偿还。共同财产不足清偿的，或财产归各自所有的，由双方协议清偿；协议不成时，由人民法院判决。"

1. 债权人就一方婚前所负个人债务向债务人的配偶主张权利的，人民法院不予支持。但债权人能够证明所负债务用于婚后家庭共同生活的除外。

2. 债权人就婚姻关系存续期间夫妻一方以个人名义所负债务主张权利的，应当按夫妻共同债务处理。但夫妻一方能够证明债权人与债务人明确约定为个人债务，或者能够证明债权人明知夫妻二人实行分别财产制的除外。

（四）离婚损害赔偿责任

《婚姻法》就一方过错导致离婚的情形，规定如下："有下列情形之一，导致离婚的，无过错方有权请求损害赔偿：（一）重婚的；（二）有配偶者与他人同居的；（三）实施家庭暴力的；（四）虐待、遗弃家庭成员的。"但该制度由于规定过于严苛，举证困难，因此在实践中很难得到赔偿。

第五节　其他家庭关系

一　父母子女关系的内容

（一）父母对子女有抚养教育的义务

父母不履行抚养义务时，未成年的或不能独立生活的子女，有要求父母付给抚养费的权利。

（二）父母有管教和保护未成年子女的权利和义务

在未成年子女对国家、集体或他人造成损害时，父母应承担民事赔偿责任。

（三）子女对父母有赡养扶助的义务

子女不履行赡养义务时，无劳动能力的或生活困难的父母，有要求子女付给赡养费的权利。

（四）父母子女有相互继承遗产的权利

父母和子女作为第一顺序的继承人，相互之间有继承遗产的权利。

（五）非婚生子女享有与婚生子女同等的权利，任何人不得加以危害和歧视

非婚生子女的生父，应负担子女必要的生活费和教育费的一部或全部，直至子女能独立生活为止。

二 父母子女关系的类型

（一）婚生子女

婚生子女是指婚姻关系存续期间妻子受胎或生育的子女。婚姻法司法解释（三）中规定，夫妻一方向人民法院起诉请求确认亲子关系不存在，并已提供必要证据予以证明，另一方没有相反证据又拒绝做亲子鉴定的，人民法院可以推定请求确认亲子关系不存在一方的主张成立。当事人一方起诉请求确认亲子关系，并提供必要证据予以证明，另一方没有相反证据又拒绝做亲子鉴定的，人民法院可以推定请求确认亲子关系一方的主张成立。

（二）非婚生子女

是指没有婚姻关系的男女所生之子女。婚生子女与非婚生子女在法律地位上是平等的。

（三）继子女

分为三种类型：（1）名分型，即生父母与继父母再婚时，继子女已经成年独立生活或未随继父母共同生活，此类继父母子女仅为姻亲关系。（2）共同生活型，即生父母与继父母再婚时，继子女尚未成年，与继父母共同生活，形成事实上的抚养关系，此类继父母子女属于亲子关系。（3）收养型。即继父母经继子女的生父母同意，正式收养该继子女。形成拟制血亲关系。

（四）养子女

收养是指公民依法领养他人子女为自己子女，从而使收养人与被收养人之间建立拟制亲子关系的法律行为。养子女与养父母形成法律上的亲子关系，而与亲生父母之间则丧失了法律关系。

三　其他家庭成员关系

（一）祖孙关系

祖父母、外祖父母与孙子女、外孙子女之间，是三代直系血亲。

祖父母、外祖父母需要抚养孙子女、外孙子女的条件是：（1）抚养人有负担能力。（2）被抚养人的父母已经双亡或一方死亡，另一方确无能力抚养；或者父母都丧失抚养能力。（3）被抚养人必须为未成年人。

孙子女、外孙子女需要赡养祖父母、外祖父母的条件是：（1）赡养人为有负担能力的成年人。（2）被赡养人的子女已经死亡或子女确无力赡养。（3）被赡养人必须是需要赡养的人。

（二）兄弟姐妹关系

兄姐扶养弟妹的条件是：（1）扶养人有负担能力。（2）被扶养人的父母已经死亡或父母无力抚养。（3）被扶养人必须是未成年人。

弟妹扶养兄姐的条件是：（1）扶养人有负担能力。（2）扶养人由兄、姐扶养长大。（3）被扶养人是缺乏劳动能力、缺乏生活来源的人。

第六节　继承法律制度

一　继承法律关系概述

继承法律关系是由继承法律规范所调整的、基于被继承人死亡而发生的继承人之间、继承人与其他公民之间的财产方面的权利义务关系。

（一）继承法的特征

1. 继承法是与亲属身份关系相联系的财产法

继承法中能够被继承的是被继承人的遗产，而不能涉及人身权利。因此，继承法是典型的财产法。此外，继承是基于特定身份关系而发生的，所以，继承法与婚姻家庭法有着密切联系。

2. 继承法是适用于一切公民的普通法

所有公民，均受继承法的调整，享有继承法规定的权利和义务。

3. 继承法是强行法

继承制度关系到公民的切身利益，所以，相关制度均由国家强制性的规定加以规范。当事人行使权利的范围较为狭窄。

遗产是公民死亡时遗留的，可以依法转移给他人的个人合法财产。遗产不仅包括积极财产，即权利，也包括消极财产，即义务。

（二）继承法的主要原则

1. 保护自然人私有财产继承权原则

我国《宪法》规定，法律保护公民的私有财产继承权，这是我国继承法的立法依据，也同时决定了我国继承法的立法宗旨和首要任务就是保护自然人的私有财产继承权。继承法一方面规定了继承权的主体、客体、内容、变动等事项，起到确权的作用；另一方面规定了继承权受到侵害时的法律保护措施，起到护权的作用，充分体现了保护公民私有财产继承权的原则。

2. 继承权男女平等原则

继承权男女平等原则，是指被继承人不论男女都有同样的处分自己遗产的权利；同一顺序继承人不分男女都享有平等的继承权；夫妻都有继承对方遗产的权利。

3. 养老育幼的原则

养老育幼是中华民族的传统美德，继承法也把它作为一项重要原则，规定对生活有特殊困难的缺乏劳动能力的继承人，分配遗产时应当适当予以照顾，为未出生的胎儿应保留继承份额。

4. 互谅互让、和睦团结的原则

继承人应当本着互谅互让、和睦团结的精神，协商处理遗产继承问题。分割遗产时适当考虑各继承人的经济状况，与被继承人的关系、对家庭的贡献等各种因素，互相协商确定各自的继承份额，对生活有特殊困难的缺乏劳动能力的继承人，分配遗产时应予以照顾。在一般情况下，同一顺序的继承人采取平均分配的办法。

5. 权利和义务相一致的原则。

权利和义务相一致的原则主要表现在：

（1）继承人的范围、继承顺序的划分，除依据血缘关系和亲属关系以外，还有权利义务关系。一般情况下，第一顺序继承人与被继承人之间的生活依赖程度及所尽扶养义务要大于第二顺序继承人，所以优先继承；继父母与继子女之间的继承权根据双方是否形成抚养关系来确定；丧偶的儿媳对公婆、丧偶的女婿对岳父母尽了主要赡养义务的，列为第一顺序继承人；在同一顺序中，对被继承人尽了主要扶养义务的可多分遗产。

（2）有扶养能力而不尽扶养义务的继承人，应当不分或少分遗产；继承人对被继承人有遗弃、虐待甚至故意杀害的行为的，其继承权依法丧失。

二　继承权

（一）继承权的概念和特征

继承权是继承人依法享有的继承被继承人遗产的权利。具有以下两个特征：

（1）继承权是绝对权，具有排他性。继承权的权利主体是特定的，而义务主体是不特定的，属于绝对权。

（2）继承权是特殊的财产权。继承权体现的是财产利益，同时，因继承权是基于身份关系而发生的财产权，又与普通的物权和债权有着本质区别，因此，继承权是一种特殊的财产权利。

（二）继承权的取得、放弃和丧失

1. 继承权的取得

主要基于三种原因：（1）法律根据，即法律的规定或者立遗嘱人的合法有效的遗嘱指定；（2）事实根据，即被继承人死亡和遗产的存在；（3）身份根据，即与被继承人有法定的亲属关系。

2. 继承权的放弃

继承开始后，继承人放弃继承的，应当在遗产处理前，作出放弃继承的表示。同时，放弃继承权是对既得财产权利的自愿放弃，因此不得附加条件。

3. 继承权的丧失

继承权的丧失是指继承人因对被继承人或其他继承人犯有某种罪行或者有其他违法行为而被依法剥夺继承人资格，故亦称继承权的被剥夺或剥夺继承权。主要包括以下四种情形：

（1）故意杀害被继承人。凡故意危害被继承人的，无论既遂未遂，无论出于何种目的，采用何种手段，无论是直接故意还是间接故意，也无论其是否受到刑事制裁，均丧失继承权。

（2）为争夺遗产而杀害其他继承人。这一规定包括两个要件，首先，行为人的目的是争夺遗产，如是其他目的不会导致继承权的丧失。其次，杀害的后果已经造成，如其他继承人没有死亡，也会被剥夺继承权。

（3）遗弃被继承人的，或者虐待被继承人情节严重的。但有上述行为的继承人，如以后确有悔改表现，而且被虐待人、被遗弃人生前又表示宽恕的，可不确认其丧失继承权。

（4）伪造、篡改或者销毁遗嘱，情节严重的。认定上述情节严重的标准，是该行为是否侵害了缺乏劳动能力又无生活来源的继承人的利益，并造成其生活困难。

三 法定继承

法定继承又称无遗嘱继承，是指继承人的范围、继承顺序、代位继承以及遗产分配的原则等，均按法律的直接规定予以确定的继承方式。

（一）法定继承人的范围

（1）配偶。（2）子女。包括婚生子女、非婚生子女、养子女和形成事实上抚养关系的继子女。（3）父母。（4）兄弟姐妹。（5）祖父母、外祖父母。此外，丧偶儿媳和丧偶女婿，对公婆或岳父岳母尽了主要赡养义务，作为第一顺序继承人。

（二）法定继承人的继承顺序

第一顺序：配偶、父母、子女，丧偶儿媳、女婿对公婆、岳父岳母尽了主要赡养义务的，作为第一顺序继承人。

第二顺序：兄弟姐妹、祖父母、外祖父母。

继承开始后，由第一顺序继承人继承，第二顺序继承人不继承。没有第一顺序继承人继承的，才由第二顺序继承人继承。同一顺序的法定继承人享有平等的继承权利，同时继承，不分先后，除法律规定或继承另有约定外，同一顺序的法定继承人份额均等。

（三）继承人之外的遗产取得人

对继承人以外的依靠被继承人扶养的缺乏劳动能力又没有生活来源的人，或者继承人以外的对被继承人扶养较多的人，可以分给他们适当的遗产。

（四）代位继承和转继承

代位继承又称间接继承，是指被继承人的子女先于被继承人死亡，由其晚辈直系血亲代替继承被继承人遗产的一种法定继承方式。在代位继承中，先于被继承人死亡的子女称为被代位人，代替被代位人取得继承权的称为代位人。

转继承是指继承人在继承开始后，遗产分割之前死亡，其应继承的遗产转由他的合法继承人来继承的制度。

四　遗嘱继承

（一）遗嘱的概念和特征

遗嘱是公民生前按照法律规定的方式对自己的财产或其他事务作出处分并于其死亡时发生执行效力的一种法律行为。其具有以下特征：

（1）遗嘱是遗嘱人的单方法律行为。遗嘱人立遗嘱基于自己的意思表示即可，不必事先征求继承人的意见或征得受遗赠人的同意。

（2）遗嘱是从遗嘱人死亡时发生执行效力的法律行为。遗嘱生效是自遗嘱人死亡时开始发生效力的。遗嘱人生前可以变更、撤销遗嘱。

（3）遗嘱是要式法律行为。遗嘱必须符合继承法中的形式加以订立，否则无效。

（4）遗嘱应是遗嘱人的真实意思表示。遗嘱应由本人作出意思表示，不得代理。因此，遗嘱人必须具备相应的行为能力。

（二）遗嘱的形式和有效条件

1. 遗嘱的形式

继承法中明确规定了以下形式：

（1）公证遗嘱

公证遗嘱由遗嘱人经公证机关办理。办理遗嘱公证需要立遗嘱人亲自到其户籍所在地的公证机关申请办理，不能委托他人代理。如果遗嘱人因病或其他特殊原因不能亲自到公证机关办理遗嘱公证时，可要求公证机关派公证员前往遗嘱人所在地办理。值得注意的是，立遗嘱人如果要变更或撤销原公证遗嘱，也必须由原公证机关办理。

（2）自书遗嘱

自书遗嘱必须由立遗嘱人全文亲笔书写、签名，注明制作的年、月、日。自书遗嘱不需要见证人在场见证即具有法律效力。

（3）代书遗嘱

代书遗嘱是指因遗嘱人不能书写而委托他人代为书写的遗嘱。我国《继承法》第17条第3款规定："代书遗嘱应当有两个以上见证人在场见证，由其中一人代书，注明年、月、日，并由代书人、其他见证人和遗嘱人签名。"

（4）录音遗嘱

录音遗嘱是指遗嘱人用录音的形式制作的自己口述的遗嘱。为防止录音遗嘱被人篡改或录制假遗嘱弊端的发生，《继承法》第 17 条第 4 款明确规定："以录音形式设立的遗嘱，应当有两个以上的见证人在场见证。"见证的方法可以采取书面或录音的形式，录音遗嘱制作完毕后，应当场将录音遗嘱封存，并由见证人签名，注明年、月、日。

（5）口头遗嘱

我国《继承法》第 17 条第 5 款规定："遗嘱人在危急情况下，可以立口头遗嘱。口头遗嘱应当有两个以上见证人在场见证。危急情况解除后，遗嘱人能够用书面或者录音形式立遗嘱的，所立的口头遗嘱无效。"由于口头遗嘱有易于篡改和伪造，以及在遗嘱人死后无法查证的缺点，所以《继承法》对口头遗嘱作了以上限制性规定。

以上遗嘱形式中，公证遗嘱的效力最高，如果出现不同形式订立的数份内容相抵触的遗嘱时，有公证遗嘱的，以最后所立公证遗嘱为准，没有公证遗嘱的，以最后所立的遗嘱为准。

2. 遗嘱的有效条件

（1）遗嘱人必须要有完全民事行为能力。《最高人民法院关于贯彻执行〈中华人民共和国继承法〉若干问题的意见》第 41 条规定："遗嘱人立遗嘱时必须有行为能力。无民事行为能力的人所立的遗嘱，即使其本人后来有了行为能力，仍属无效遗嘱。遗嘱人立遗嘱时有行为能力，后来丧失了行为能力，不影响遗嘱的效力。"有聋、哑、盲等生理缺陷而无精神病的成年人，他们是有完全行为能力的，因此他们也可以立遗嘱。

（2）遗嘱人所立的遗嘱必须是其真实意思表示。意思表示不真实具体体现在如下几种情况中：胁迫遗嘱人所立的遗嘱；欺骗遗嘱人所立的遗嘱；被非遗嘱人假造的遗嘱；被篡改的遗嘱；遗嘱人在神志不清的状态下所立的遗嘱。《继承法》第 22 条规定："遗嘱必须表示遗嘱人的真实意思，受胁迫、欺骗所立的遗嘱无效。伪造的遗嘱无效。遗嘱被篡改的，篡改的内容无效。"

（3）遗嘱人对遗嘱所处分的财产必须是有处分权的。在现实生活中，常见到丈夫立遗嘱不经妻子同意便处分了全部夫妻财产的情形。另外，《最高人民法院关于贯彻执行〈中华人民共和国继承法〉若干问题的意见》第 39 条规定："遗嘱人生前的行为与遗嘱的意思表示相反，而使遗嘱处分的财产在继承开始前灭失、部分灭失或所有权转移、部分转移的，遗嘱视为被撤销或部分撤销。"

（4）遗嘱的内容必须合法。内容不合法的遗嘱主要有三个情况：第一，遗嘱取消了缺乏劳动能力又没有生活来源的继承人的继承权。第二，遗嘱没有为胎儿保留必要的继承份额。第三，遗嘱内容违反其他法律。

（5）遗嘱的形式必须符合法律规定。遗嘱只能为《继承法》中所规定的五种形式，除此之外的形式都不合法，也会影响遗嘱的效力。

（三）遗嘱的变更、撤销

遗嘱的变更是指遗嘱人依法改变原来所立遗嘱的部分内容。遗嘱人变更遗嘱，可以对原遗嘱的部分内容进行修改，也可以以立新遗嘱的方式，使原遗嘱无效。但公证遗嘱变更时只能以公证的方式进行变更。

遗嘱的撤销是指遗嘱人废止原来所立遗嘱全部内容的行为。可用声明原遗嘱无效的方式撤销，也可用立新遗嘱的方式撤销。

五　遗赠与遗赠抚养协议、无人继承遗产的处理

遗赠是公民以遗嘱的方式将个人合法财产的一部分或全部赠送给非法定继承人之外的其他主体，包括国家、集体组织或其他公民。

遗赠扶养协议是指公民与扶养人签订遗赠扶养协议，按照协议，扶养人承担该公民生养死葬的义务，享有受遗赠的权利。公民可以与集体所有制组织签订遗赠扶养协议。遗赠扶养协议是双方民事法律行为，双方互有权利义务，这是与遗赠最大的不同。

无人继承又无人受遗赠的遗产，根据死者生前身份确定其归属：死者生前是集体制组织成员的，归所在集体所有制组织所有；死者生前不是集体所有制组织成员的，归国家所有。

继承遗产的人应当首先清偿被继承人依法应当缴纳的税款和债务。清偿的原则是以遗产的实际价值为限。继承人放弃继承的，对被继承人依法应当缴纳的税款和债务可以不负偿还责任。

第七节　知识产权法概述

一　知识产权的概念和范围

（一）知识产权的概念

知识产权是人们对于自己的智力活动创造的成果和经营管理活动中的

标记、信誉所依法享有的专有权利。

（二）知识产权的特征

1. 它是一种无形财产权，知识产权主要体现的是主体的智力成果，以及商业信誉等，这些内容都是无形的。

2. 它具有双重的内容，知识产权既有人身权，又有财产权，是一种双重的权利。

3. 它必须经国家主管机关依法确认才能产生，因而不是一种自然权利，无论什么类型的知识产权，都必须符合国家主管部门的认定条件，才能得到国家承认，成为一种权利。

4. 它具有专有性，法律规定这种权利只授予智力成果的创造者，这是它的客体独创性的必然要求，同时，没有权利人的许可或国家的法律规定，任何人都不得使用知识产品。

5. 它具有地域性，知识产权作为一种专有权利在空间上的效力不是无限的，而是一种受地域限制的权利，主要在本国境内有效。除签有国际公约或双边互惠协定以外，仅在本国有效。

6. 它具有时间性，知识产权不会受到法律无限时间的保护，其只在法定期限内有效，一旦超过法律规定的有效期限，这一权利即自行消灭。

（三）知识产权的范围

知识产权有广义和狭义之分。广义的知识产权包括著作权、邻接权、商标权、商业秘密权、地理标记权、专利权、植物新品种权、集成电路布图设计权等各种权利。狭义的知识产权，仅指传统意义上的知识产权，包括著作权、专利权和商标权三类。其中，著作权又称为文学产权，专利权和商标权可称为工业产权。

二 著作权

（一）著作权的概念和特征

著作权又称版权，它是指自然人、法人或其他组织对文学、艺术和科学作品依法享有的财产权利和精神权利的总称。

著作权具有以下特征：

1. 内容的双重性。著作权内容的双重性，是指由文学、艺术或者科学作品，能依法同时产生财产权和人身权两个方面的权利。

2. 具体化的专有性。著作权的专有性指仅针对具体对象，而不能针对抽象对象。即禁止他人对其作品进行复制、抄袭、剽窃、翻译等，或者进行其他的利用，而不能阻止他人独立地创作出相同或者相似的作品，并因此而获得著作权。

3. 著作人身权保护期的相对无限性。著作人身权保护期的无限性，是指法律规定著作人身权的保护期不受限制。但这并不是绝对的，在我国，著作人身权的发表权与财产权的保护期相同，具有时间限制。

我国《著作权法》规定，著作权自作品创作完成之日起产生，法律没有规定必须办理相应手续。这也可以称为著作权自动取得原则。

（二）著作权法的客体

著作权法的客体主要是作品，作品是指文学、艺术和科学领域内具有独创性并能以某种有形形式复制的智力成果。创作，是指直接产生文学、艺术和科学作品的智力活动。其必须符合独创性和可复制性两个特征。根据《著作权法》及《著作权法实施条例》的规定，主要包括以下类别：

1. 文字作品，是指小说、诗词、散文、论文等以文字形式表现的作品。

2. 口述作品，是指即兴的演说、授课、法庭辩论等以口头语言形式表现的作品。

3. 音乐、戏剧、曲艺、舞蹈、杂技艺术作品，音乐作品是指歌曲、交响乐等能够演唱或者演奏的带词或者不带词的作品；戏剧作品，是指话剧、歌剧、地方戏等供舞台演出的作品；曲艺作品，是指相声、快书、大鼓、评书等以说唱为主要形式表演的作品；舞蹈作品，是指通过连续的动作、姿势、表情等表现思想情感的作品；杂技艺术作品，是指杂技、魔术、马戏等通过形体动作和技巧表现的作品。

4. 美术作品、建筑作品，美术作品是指绘画、书法、雕塑等以线条、色彩或者其他方式构成的有审美意义的平面或者立体的造型艺术作品；建筑作品，是指以建筑物或者构筑物形式表现的有审美意义的作品。

5. 摄影作品，是指借助器械在感光材料或者其他介质上记录客观物体形象的艺术作品。

6. 电影作品和以类似摄制电影的方法创作的作品，是指摄制在一定介质上，由一系列有伴音或者无伴音的画面组成，并且借助适当装置放映或者以其他方式传播的作品。

7. 工程设计图、产品设计图、地图、示意图等图形作品和模型作品，图形作品，是指为施工、生产绘制的工程设计图、产品设计图，以及反映地理现象、说明事物原理或者结构的地图、示意图等作品；模型作品，是指为展示、试验或者观测等用途，根据物体的形状和结构，按照一定比例制成的立体作品。

8. 计算机软件，是指计算机程序和有关文档。

9. 法律行政法规规定的其他作品。

同时，《著作权法》还规定了著作权保护客体的例外情况：

第一，法律、法规，国家机关的决议、决定、命令和其他具有立法、行政司法性质的文件，及其官方正式译文。此类对象，单纯从作品的构成条件来看，完全符合著作权客体的独创性和可复制性的特点。但是，法律明确将这样的对象排斥在著作权保护之外，主要是由这些对象的性质所决定的，其目的是最大限度地让它们向广大公众传播，知晓及利用。

第二，时事新闻，是指通过报纸、期刊、广播电台、电视台等媒体报道的单纯事实消息。

第三，历法、通用数表、通用表格和公式。

（三）著作权主体

著作权主体，也称著作权人，是对文学、艺术或者科学作品依法享有著作权的自然人、法人或者其他组织。《著作权法》明确规定了著作权的归属原则：

1. 创作作品的公民是作者。

2. 由法人或者其他组织主持，代表法人或者其他组织意志创作，并由法人或者其他组织承担责任的作品，法人或者其他组织视为作者。如无相反证明，在作品上署名的公民、法人或者其他组织为作者。

3. 改编、翻译、注释、整理已有作品而产生的作品，其著作权由改编、翻译、注释、整理人享有，但行使著作权时不得侵犯原作品的著作权。

4. 两人以上合作创作的作品，著作权由合作作者共同享有。没有参加创作的人，不能成为合作作者。合作作品可以分割使用的，作者对各自创作的部分可以单独享有著作权，但行使著作权时不得侵犯合作作品整体的著作权。

5. 汇编若干作品、作品的片段或者不构成作品的数据或者其他材料，对其内容的选择或者编排体现独创性的作品，为汇编作品，其著作权由汇编人享有，但行使著作权时，不得侵犯原作品的著作权。

6. 电影作品和以类似摄制电影的方法创作的作品的著作权由制片者享有，但编剧、导演、摄影、作词、作曲等作者享有署名权，并有权按照与制片者签订的合同获得报酬。电影作品和以类似摄制电影的方法创作的作品中的剧本、音乐等可以单独使用的作品的作者有权单独行使其著作权。

7. 公民为完成法人或者其他组织工作任务所创作的作品是职务作品，除本条第二款的规定以外，著作权由作者享有，但法人或者其他组织有权在其业务范围内优先使用。作品完成两年内，未经单位同意，作者不得许可第三人以与单位使用的相同方式使用该作品。

有下列情形之一的职务作品，作者享有署名权，著作权的其他权利由法人或者其他组织享有，法人或者其他组织可以给予作者奖励：

①主要是利用法人或者其他组织的物质技术条件创作，并由法人或者其他组织承担责任的工程设计图、产品设计图、地图、计算机软件等职务作品；

②法律、行政法规规定或者合同约定著作权由法人或者其他组织享有的职务作品。

8. 受委托创作的作品，著作权的归属由委托人和受托人通过合同约定。合同未作明确约定或者没有订立合同的，著作权属于受托人。

9. 美术等作品原件所有权的转移，不视为作品著作权的转移，但美术作品原件的展览权由原件所有人享有。

（四）著作权的内容

著作权包括下列人身权和财产权：

1. 发表权，即决定作品是否公之于众的权利；

2. 署名权，即表明作者身份，在作品上署名的权利；

3. 修改权，即修改或者授权他人修改作品的权利；

4. 保护作品完整权，即保护作品不受歪曲、篡改的权利；

5. 复制权，即以印刷、复印、拓印、录音、录像、翻录、翻拍等方式将作品制作一份或者多份的权利；

6. 发行权，即以出售或者赠与方式向公众提供作品的原件或者复制件的权利；

7. 出租权，即有偿许可他人临时使用电影作品和以类似摄制电影的方法创作的作品、计算机软件的权利，计算机软件不是出租的主要标的的除外；

8. 展览权，即公开陈列美术作品、摄影作品的原件或者复制件的权利；

9. 表演权，即公开表演作品，以及用各种手段公开播送作品的表演的权利；

10. 放映权，即通过放映机、幻灯机等技术设备公开再现美术、摄影、电影和以类似摄制电影的方法创作的作品等的权利；

11. 广播权，即以无线方式公开广播或者传播作品，以有线传播或者转播的方式向公众传播广播作品，以及通过扩音器或者其他传送符号、声音、图像的类似工具向公众传播广播作品的权利；

12. 信息网络传播权，即以有线或者无线方式向公众提供作品，使公众可以在其个人选定的时间和地点获得作品的权利；

13. 摄制权，即以摄制电影或者以类似摄制电影的方法将作品固定在载体上的权利；

14. 改编权，即改变作品，创作出具有独创性的新作品的权利；

15. 翻译权，即将作品从一种语言文字转换成另一种语言文字的权利；

16. 汇编权，即将作品或者作品的片段通过选择或者编排，汇集成新作品的权利；

17. 应当由著作权人享有的其他权利。

著作权人可以许可他人行使第（5）—（17）项规定的权利，并依照约定或者法律有关规定获得报酬。

著作权人可以全部或者部分转让第（5）—（17）项规定的权利，并依照约定或者法律有关规定获得报酬。

（五）权利的保护期

1. 作者的署名权、修改权、保护作品完整权的保护期不受限制。

2. 公民的作品，其发表权、前述第（5）—（17）项规定的权利的保护期为作者终生及其死亡后五十年，截止于作者死亡后第五十年的 12 月 31 日；如果是合作作品，截止于最后死亡的作者死亡后第五十年的 12 月 31 日。

3. 法人或者其他组织的作品、著作权（署名权除外）由法人或者其他组织享有的职务作品，其发表权、前述和第（5）项至第（17）项规定的权利的保护期为五十年，截止于作品首次发表后第五十年的 12 月 31 日，但作品自创作完成后五十年内未发表的，《著作权法》不再保护。

4. 电影作品和以类似摄制电影的方法创作的作品、摄影作品，其发表权、前述第（5）—（17）项规定的权利的保护期为五十年，截止于作品首次发表后第五十年的 12 月 31 日，但作品自创作完成后五十年内未发表的，著作权法不再保护。

（六）权利的限制

在下列情况下使用作品，可以不经著作权人许可，不向其支付报酬，但应当指明作者姓名、作品名称，并且不得侵犯著作权人依照《著作权法》享有的其他权利：

1. 为个人学习、研究或者欣赏，使用他人已经发表的作品；

2. 为介绍、评论某一作品或者说明某一问题，在作品中适当引用他人已经发表的作品；

3. 为报道时事新闻，在报纸、期刊、广播电台、电视台等媒体中不可避免地再现或者引用已经发表的作品；

4. 报纸、期刊、广播电台、电视台等媒体刊登或者播放其他报纸、期刊、广播电台、电视台等媒体已经发表的关于政治、经济、宗教问题的时事性文章，但作者声明不许刊登、播放的除外；

5. 报纸、期刊、广播电台、电视台等媒体刊登或者播放在公众集会上发表的讲话，但作者声明不许刊登、播放的除外；

6. 为学校课堂教学或者科学研究，翻译或者少量复制已经发表的作品，供教学或者科研人员使用，但不得出版发行；

7. 国家机关为执行公务在合理范围内使用已经发表的作品；

8. 图书馆、档案馆、纪念馆、博物馆、美术馆等为陈列或者保存版本的需要，复制本馆收藏的作品；

9. 免费表演已经发表的作品，该表演未向公众收取费用，也未向表演者支付报酬；

10. 对设置或者陈列在室外公共场所的艺术作品进行临摹、绘画、摄影、录像；

11. 将中国公民、法人或者其他组织已经发表的以汉语言文字创作的作品翻译成少数民族语言文字作品在国内出版发行；

12. 将已经发表的作品改成盲文出版。

13. 为实施九年制义务教育和国家教育规划而编写出版教科书，除作者事先声明不许使用的外，可以不经著作权人许可，在教科书中汇编已经发表的作品片段或者短小的文字作品、音乐作品或者单幅的美术作品、摄影作品，但应当按照规定支付报酬，指明作者姓名、作品名称，并且不得侵犯著作权人依照《著作权法》享有的其他权利。

三　专利权

（一）专利的概念和特征

专利一词最初是指由国王亲自签署的带有御玺印鉴的独占权利证书。"垄断"和"公开"是专利的两个最基本特征。

1. 垄断性，就是法律授予技术发明人在一定期限内享有独占使用的权利。

2. 公开性，就是指发明人作为对法律授予独占使用权的回报，必须将自己的技术公之于世。

（二）专利权的客体

包括发明、实用新型和外观设计。

1. 发明，是指对产品、方法或者其改进所提出的新的技术方案。

2. 实用新型，是指对产品的形状、构造或者其结合所提出的适于实用的新的技术方案。

3. 外观设计，是指对产品的形状、图案或者其结合以及色彩与形状、图案的结合所作出的富有美感并适于工业应用的新设计。

（三）不予授予专利权的情形

1. 对违反法律、社会公德或者妨害公共利益的发明创造，不授予专利权。违反国家法律、社会公德或者妨害公共利益在法律上称为"公共秩序"问题，几乎所有国家的专利法都有类似的规定。

2. 对违反法律、行政法规的规定获取或者利用遗传资源，并依赖该遗传资源完成的发明创造，不授予专利权。

3. 以下各项也不授予专利权：

（1）科学发现，是指对自然界中客观存在的未知物质、现象、变化过程及其特性和规律的揭示。虽然这也是一种智力劳动成果，但它属于人们对物质世界的认识，不具有发明创造必备的技术性，不是对客观世界的改造提出的一种技术方案。

（2）智力活动的规则和方法，这是人的大脑进行精神和智能活动的手段或过程，不是自然规律的利用过程，更不是一种技术解决方案。

（3）疾病的诊断和治疗方法，这是以有生命的人体或动物作为直接实施对象，进行识别、确定或消除疾病的过程，无法在产业上进行制造或使用，不具备专利法所说的实用性。

（4）动物和植物品种，动物和植物品种是有生命的物体，对动植物品种不给予保护，主要基于这两类属于大自然的产物，与人类发明创造无关。

（5）用原子核变换方法获得的物质，用原子核变换方法所获得的物质，主要是指用加速器、反应堆以及其他核反应装置生产、制造的各种放射性同位素。这类物质由于危害性较大，世界各国的专利法都不予以保护。

（6）对平面印刷品的图案、色彩或者二者的结合作出的主要起标识作用的设计。

对第（4）项所列产品的生产方法，可以依法授予专利权。

（四）授予专利权的条件

授予专利权的发明和实用新型，应当具备新颖性、创造性和实用性。

1. 新颖性，是指该发明或者实用新型不属于现有技术；也没有任何单位或者个人就同样的发明或者实用新型在申请日以前向国务院专利行政部门提出过申请，并记载在申请日以后公布的专利申请文件或者公告的专利文件中。申请专利的发明创造在申请日以前六个月内，有下列情形之一的，不丧失新颖性：在中国政府主办或者承认的国际展览会上首次展出的；在规定的学术会议或者技术会议上首次发表的；他人未经申请人同意而泄露其内容的。

2. 创造性，是指与现有技术（指申请日以前在国内外为公众所知的技术）相比，该发明具有突出的实质性特点和显著的进步，该实用新型具有实质性特点和进步。

3. 实用性，是指该发明或者实用新型能够制造或者使用，并且能够产生积极效果。

授予专利权的外观设计，应当不属于现有设计（指申请日以前在国内外为公众所知的设计）；也没有任何单位或者个人就同样的外观设计在申请日以前向国务院专利行政部门提出过申请，并记载在申请日以后公告的专利文件中。授予专利权的外观设计与现有设计或者现有设计特征的组合相比，应当具有明显区别。授予专利权的外观设计不得与他人在申请日以前已经取得的合法权利相冲突。

（五）专利权的主体

1. 非职务发明创造，申请专利的权利属于发明人或者设计人；申请被批准后，该发明人或者设计人为专利权人。

2. 执行本单位的任务或者主要是利用本单位的物质技术条件所完成的发明创造为职务发明创造。职务发明创造申请专利的权利属于该单位；申请被批准后，该单位为专利权人。

3. 利用本单位的物质技术条件所完成的发明创造，单位与发明人或者设计人订有合同，对申请专利的权利和专利权的归属作出约定的，从其约定。

4. 两个以上单位或者个人合作完成的发明创造、一个单位或者个人接受其他单位或者个人委托所完成的发明创造，除另有协议的以外，申请专利的权利属于完成或者共同完成的单位或者个人；申请被批准后，申请的单位或者个人为专利权人。

5. 同样的发明创造只能授予一项专利权。但是，同一申请人同日对同样的发明创造既申请实用新型专利又申请发明专利，先获得的实用新型专利权尚未终止，且申请人声明放弃该实用新型专利权的，可以授予发明专利权。

6. 两个以上的申请人分别就同样的发明创造申请专利的，专利权授予最先申请的人。

（六）专利权的内容

1. 权利

（1）在专利有效期限内，享有为生产经营目的专有制造、使用和销售其专利产品或专有使用其专利方法的权利。

（2）有权许可或转让他人使用其专利权，并收取专利使用费。

（3）有权在其专利产品或该产品的包装上标明专利标记和专利号。

（4）向取得强制许可实施专利的单位收取专利使用费。

2. 义务

（1）实施专利发明。发明和实用新型专利权人自专利权被授予之日起满 3 年，无正当理由没有实施或许可他人实施该专利的，专利局可根据具备实施条件的单位的申请，给予其实施该专利的强制许可。

（2）按规定缴纳年费。

（3）对职务发明创造的发明人或设计人给予奖励。

（七）专利权的期限、终止和无效

（1）专利权的期限。发明专利权的期限为 20 年，实用新型专利权和外观设计专利权的期限为 10 年，均自申请日起计算。

（2）专利权的终止。有下列情形之一的，专利权在期限届满前终止：①没有按照规定缴纳年费的；②专利权人以书面声明放弃其专利权的。

（3）专利权的无效。自国务院专利行政部门公告授予专利权之日起，任何单位或者个人认为该专利权的授予不符合《专利法》有关规定的，可以请求专利复审委员会宣告该专利权无效。专利复审委员会对宣告专利权无效的请求应当及时审查和作出决定，并通知请求人和专利权人。宣告专利权无效的决定，由国务院专利行政部门登记和公告。对专利复审委员会宣告专利权无效或者维持专利权的决定不服的，可以自收到通知之日起 3 个月内向人民法院起诉。人民法院应当通知无效宣告请求程序的对方当事人作为第三人参加诉讼。宣告无效的专利权视为自始即不存在。

（八）专利实施的强制许可

有下列情形之一的，国务院专利行政部门根据具备实施条件的单位或者个人的申请，可以给予实施发明专利或者实用新型专利的强制许可：

1. 专利权人自专利权被授予之日起满 3 年，且自提出专利申请之日起满 4 年，无正当理由未实施或者未充分实施其专利的。

2. 专利权人行使专利权的行为被依法认定为垄断行为，为消除或者减少该行为对竞争产生的不利影响的。

3. 在国家出现紧急状态或者非常情况时，或者为了公共利益的目的，国务院专利行政部门可以给予实施发明专利或者实用新型专利的强制许可。

4. 为了公共健康目的，对取得专利权的药品，国务院专利行政部门可以给予制造并将其出口到符合中华人民共和国参加的有关国际条约规定的国家或者地区的强制许可。

5. 一项取得专利权的发明或者实用新型比前已经取得专利权的发明

或者实用新型具有显著经济意义的重大技术进步，其实施又有赖于前一发明或者实用新型的实施的，国务院专利行政部门根据后一专利权人的申请，可以给予实施前一发明或者实用新型的强制许可。

四 商标权

（一）商标权的概念和特点

商标是一种商业标志，是商品的标识或标记，用以将不同的经营者所提供的商品或者服务区别开来。商标一般由文字、图形、字母、数字、三维标志、颜色或者其组合构成，附着于商品、商品包装、服务设施或者相关的广告宣传品上，目的是帮助消费者将一定的商品或者服务项目与其经营者联系起来，并且与其他经营者的同类商品中或者服务项目相区别。商标的三要素为标志（文字、图形等）、对象（商品或服务）和出处（经营者及其商誉）。

商标权是商标专用权的简称，是指商标主管机关依法授予商标所有人对其注册商标受国家法律保护的专有权。商标注册人拥有依法支配其注册商标并禁止他人侵害的权利，包括商标注册人对其注册商标的排他使用权、收益权、处分权、续展权和禁止他人侵害的权利。

商标权的特点主要有：

1. 独占性

又称专有性或垄断性，是指商标注册人对其注册商标享有独占使用权。赋予注册商标所有人独占使用权的基本目的，是通过注册建立特定商标与特定商品的固定联系，从而保证消费者能够避免混淆并能接受准确无误的商品来源信息。换句话说，在商业中未经许可的所有使用，都将构成对商标专用权的侵害。这种专用权表现为三个方面：

（1）商标注册人有权依据《商标法》的相关规定，将其注册商标使用在其核准使用的商品、商品包装上或者服务、服务设施上，任何他人不得干涉；

（2）商标注册人有权禁止任何其他人未经其许可擅自在同一种或类似商品上使用与其注册商标相同或者近似的商标；

（3）商标注册人有权许可他人使用自己的注册商标，也可以将自己的注册商标转让给他人，这种许可或转让要符合法律规定并履行一定的法律手续。

2. 时效性

指商标专用权的有效期限。在有效期限之内，商标专用权受法律保护，超过有效期限不进行续展手续，就不再受到法律的保护。各国的商标法，一般都规定了对商标专用权的保护期限，有的国家规定得长些，有的国家规定得短些，多则20年，少则7年，大多数是10年。我国《商标法》规定的商标专用权的有效期为十年。《商标法》第40条规定："注册商标有效期满，需要继续使用的，商标注册人应当在期满前十二个月内按照规定办理续展手续；在此期间未能办理的，可以给予六个月的宽展期。每次续展注册的有效期为十年，自该商标上一届有效期满次日起计算。宽展期满仍未提出申请的，注销其注册商标。商标局应当对续展注册的商标予以公告。"

3. 地域性

指商标专用权的保护受地域范围的限制。注册商标专用权仅在商标注册国享受法律保护，非注册国没有保护的义务。在我国注册的商标要在其他国家获得商标专用权并受到法律保护，就必须分别在这些国家进行注册，或者通过《马德里协定》等国际知识产权条约在协定的成员国申请领土延伸。

4. 财产性

商标专用权是一种无形财产权。商标专用权的整体是智力成果，凝聚了权利人的心血和劳动。智力成果不同于有形的物质财富，它虽然需要借助一定的载体表现，但载体本身并无太大的经济价值，体现巨大经济价值的只能是载体所蕴含的智力成果。

5. 类别性

国家工商行政管理总局商标局依照商标注册申请人提交的《商标注册申请书》中核定的类别和商品（服务）项目名称进行审查和核准。注册商标的保护范围仅限于所核准的类别和项目，以世界知识产权组织提供的《商标注册商品和服务国际分类》为基础，国家商标局制定的《类似商品和服务区分表》将商品和服务总共分为45个类别，在相同或近似的类别及商品（服务）项目中只允许一个商标权利人拥有相同或近似的商标，在不相同和近似的类别中允许不同权利人享有相同或近似的商标。

（二）商标权的客体

1. 商品商标，是指商品的生产者或经营者为了将自己生产或经营的商品与他人生产或经营的商品区别开来，而使用的文字、图形或其组合标志。商品商标可以是具有某种含义或毫无任何意义的文字、图形或其组合。

2. 服务商标，又称服务标记或劳务标志，是指提供服务的经营者为将自己提供的服务与他人提供的服务相区别而使用的标志。与商品商标一样，服务商标可以由文字、图形、字母、数字、三维标志、声音和颜色组合，以及上述要素的组合而构成。它一旦被服务企业所注册，该企业也就拥有了对该服务商标的独占专有使用权，并受法律的保护。

3. 集体商标，是指以团体、协会或者其他组织名义注册，供该组织成员在商事活动中使用，以表明使用者在该组织中的成员资格的标志。

4. 证明商标，是指由对某种商品或者服务具有监督能力的组织所控制，而由该组织以外的单位或者个人使用于其商品或者服务，用以证明该商品或者服务的原产地、原料、制造方法、质量或者其他特定品质的标志。

5. 不得作为商标的标志是：

（1）同中华人民共和国的国家名称、国旗、国徽、国歌、军旗、军徽、军歌、勋章等相同或者近似的，以及同中央国家机关的名称、标志、所在地特定地点的名称或者标志性建筑物的名称、图形相同的；

（2）同外国的国家名称、国旗、国徽、军旗等相同或者近似的，但经该国政府同意的除外；

（3）同政府间国际组织的名称、旗帜、徽记等相同或者近似的，但经该组织同意或者不易误导公众的除外；

（4）与表明实施控制、予以保证的官方标志、检验印记相同或者近似的，但经授权的除外；

（5）同"红十字"、"红新月"的名称、标志相同或者近似的；

（6）带有民族歧视性的；

（7）带有欺骗性，容易使公众对商品的质量等特点或者产地产生误认的；

（8）有害于社会主义道德风尚或者有其他不良影响的。

县级以上行政区划的地名或者公众知晓的外国地名，不得作为商标。但是，地名具有其他含义或者作为集体商标、证明商标组成部分的除外；

已经注册的使用地名的商标继续有效。

5. 下列标志不得作为商标注册：

（1）仅有本商品的通用名称、图形、型号的；

（2）仅直接表示商品的质量、主要原料、功能、用途、重量、数量及其他特点的；

（3）以三维标志申请注册商标的，仅由商品自身的性质产生的形状、为获得技术效果而需有的商品形状或者使商品具有实质性价值的形状，不得注册；

（4）其他缺乏显著特征的。

（三）商标注册的原则

1. 申请在先原则

申请在先原则是指两个或者两个以上的申请人，在同一种商品或者类似商品上，以相同或者近似的商标申请注册的，商标局受理最先提出的商标注册申请，对在后的商标注册申请予以驳回。申请在先是根据申请人提出商标注册申请的日期来确定的，商标注册的申请日期以商标局收到申请书件的日期为准。因此应当以商标局收到申请书件的日期作为判定申请在先的标准。

2. 自愿注册原则

自愿注册原则是指商标使用人是否申请商标注册取决于自己的意愿。在自愿注册原则下，商标注册人对其注册商标享有专用权，受法律保护。未经注册的商标，可以在生产服务中使用，但其使用人不享有专用权，无权禁止他人在同种或类似商品上使用与其商标相同或近似的商标，但驰名商标除外。

在实行自愿注册原则的同时，我国规定了在极少数商品上使用的商标实行强制注册原则，作为对自愿注册原则的补充。目前必须使用注册商标的商品只有烟草制品，包括卷烟、雪茄烟和有包装的烟丝。使用未注册商标的烟草制品，禁止生产和销售。

（四）商标权的内容

1. 使用权

使用权，是指注册商标所有人在核定使用的商品上使用核准注册的商标的权利。商标的使用方式主要是直接使用于商品、商品包装、商品容器，也可以是间接地将商标使用于商品交易文书、商品广告宣传、展览及其他业务活动中。

使用权的效力范围，以核准注册的商标和核定使用的商品为限。

2. 禁止权

意指商标所有人禁止任何第三方未经其许可在相同或类似商品上使用与其注册商标相同或近似的商标的权利。禁止权的效力范围大于使用权的效力范围，不仅包括核准注册的商标、核定使用的商品，还扩张到与注册商标相近似的商标和与核定商品相类似的商品。

3. 许可权

许可权，是注册商标所有人许可他人使用其注册商标的权利。商标使用许可关系中，许可人应当提供合法的被许可使用的注册商标，监督被许可人使用其注册商标的商品质量。被许可人应在合同约定的范围内使用被许可商标，保证被许可使用商标的商品质量，以及在生产的商品或包装上应标明自己的名称和商品产地。

4. 转让权

转让权，是指注册商标所有人将其注册商标转移给他人所有的权利。转让注册商标，除了由双方当事人签订合同之外，转让人和受让人应共同向商标局提出申请，经商标局核准，并予以公告。未经核准登记的，转让合同不具有法律效力。

5. 商标的续展注册

注册商标的有效期为 10 年，但商标所有人需要继续使用该商标并维持专用权的，可以通过续展注册延长商标权的保护期限。续展注册应当在有效期满前 6 个月内办理；在此期间未能提出申请的，有 6 个月的宽展期。宽展期仍未提出申请的，注销其注册商标。每次续展注册的有效期为 10 年，自该商标上一届有效期满次日起计算。续展注册没有次数的限制。

（五）注册商标权的保护

有下列行为之一的，均属侵犯注册商标专用权：

1. 未经商标注册人的许可，在同一种商品上使用与其注册商标相同的商标的；

2. 未经商标注册人的许可，在同一种商品上使用与其注册商标近似的商标，或者在类似商品上使用与其注册商标相同或者近似的商标，容易导致混淆的；

3. 销售侵犯注册商标专用权的商品的;

4. 伪造、擅自制造他人注册商标标识或者销售伪造、擅自制造的注册商标标识的;

5. 未经商标注册人同意,更换其注册商标并将该更换商标的商品又投入市场的;

6. 故意为侵犯他人商标专用权行为提供便利条件,帮助他人实施侵犯商标专用权行为的;

7. 给他人的注册商标专用权造成其他损害的。

第八章　刑事法律制度

本章内容摘要：本章主要介绍刑事方面的法律制度，包括什么是犯罪、犯罪的构成要件及犯罪的形式等。

第一节　刑法概述

一　刑法的概念

刑法，就是规定犯罪、刑事责任和刑罚的法律的总称。具体说来，就是掌握国家政权的阶级为了维护其统治，根据本阶级的意志，规定哪些行为是犯罪，并给犯罪人以何种刑罚处罚的法律的总称。刑法有广义和狭义之分，广义的刑法是指一切规定犯罪、刑事责任和刑罚的法律规范的总和。狭义刑法即指系统规定犯罪、刑事责任和刑罚的刑法典。

二　我国刑法的任务

刑法的任务是指刑法承担的打击谁、保护谁的历史和现实使命。我国《刑法》第2条规定："中华人民共和国刑法的任务，是用刑罚同一切犯罪行为作斗争，以保卫国家安全，保卫人民民主专政的政权和社会主义制度，保护国有财产和劳动群众集体所有的财产，保护公民私人所有的财产，保护公民的人身权利、民主权利和其他权利，维护社会秩序、经济秩序，保障社会主义建设事业的顺利进行。"从这条规定可以看出，我国刑法的任务包括惩罚和保护两个方面：惩罚犯罪是手段，保护人民是目的。通过用刑罚同犯罪作斗争，来保护国家和人民的利益；而为了保护国家和人民的利益，又必须正确有效地同犯罪作斗争。

（一）保卫国家安全，保卫人民民主专政的政权和社会主义制度

国家安全、人民民主专政政权和社会主义制度，是国家和人民利益的

根本保证。国家安全是国家生存和发展的根本前提，人民民主专政的政权和社会主义制度是我国人民根本利益的集中体现。为了保卫人民民主专政的政权和社会主义制度，我国刑法将危害国家安全罪列为各类犯罪之首，置于刑法分则之第一章，体现其重要性。

（二）保护国有财产和劳动群众集体所有的财产，保护公民的私人所有的财产

无论是国有财产还是劳动群众集体所有的财产，包括公民的私人所有财产都是社会主义的经济基础，是进行社会主义市场经济建设、提高人民群众物质文化生活水平的物质保障。经济基础决定上层建筑，上层建筑必须为经济基础服务，这是历史唯物主义的基本原理。我国刑法是社会主义上层建筑的一个重要组成部分，它必然地负有保护社会经济基础的任务。

（三）保护公民的人身权利、民主权利和其他权利

保护公民的人身权利、民主权利和其他权利不受非法侵犯，是人民民主专政国家的根本任务之一，高度体现社会主义制度民主性、优越性。我国《宪法》第2条规定："中华人民共和国的一切权力属于人民。""人民依照法律规定，通过各种途径和形式，管理国家事务，管理经济和文化事业，管理社会事务。"我国刑法以宪法为指导，坚决保护公民所享有的各项权利，运用刑罚武器严厉制裁各种侵犯人身权利、民主权利和其他权利的犯罪。

（四）维护社会秩序和经济秩序，保障社会主义建设事业的顺利进行

良好的社会秩序与经济秩序表现为社会关系的稳定性、有序性和连续性。当前，我国以经济建设为中心，一方面坚持四项基本原则，一方面坚持改革开放。正确处理改革、发展和稳定的关系，是各项工作的大局。因此，运用刑法武器维护社会秩序和经济秩序，稳定社会环境是改革开放和现代化建设各项事业的重要保障。

三　我国刑法的基本原则

刑法基本原则问题是刑事立法和刑事司法中一个带有全局性、根本性的问题。刑法基本原则是指刑法本身具有的、贯穿全部刑法规范、体现我国刑事立法与刑事司法基本精神、指导和制约全部刑事立法和刑事司法过程的基本准则。因此，刑法基本原则必须贯穿全部刑法规范，具有全局性、根本性的意义。必须是刑法制定、解释与适用都必须遵循的准则。必

须体现我国刑事法治的基本精神。刑法基本原则主要包括以下几个原则。

（一）罪刑法定原则

罪刑法定原则的基本含义"法无明文规定不为罪，法无明文规定不处罚"。我国《刑法》第3条明确规定了罪刑法定原则："法律明文规定为犯罪行为的，依照法律定罪处刑；法律没有明文规定为犯罪行为的，不得定罪处刑。"

罪刑法定原则由两个基本方面组成，其一是法律明文规定为犯罪行为的，依照法律定罪处刑；其二是法律没有规定为犯罪行为的，不得定罪处刑。第一个方面可称为积极的罪刑法定原则；第二个方面，可称为消极的罪刑法定原则。积极的罪刑法定原则和消极的罪刑法定原则都有其各自的含义。积极的罪刑法定原则与消极的罪刑法定原则的统一，运用刑罚权惩罚犯罪、保护人权与约束刑罚权、防止滥用、保障人权的统一，这就是罪刑法定原则的全面的正确含义。罪刑法定原则的这两个方面的含义集中到一点，就是对人权的维护，这是我国罪刑法定原则的真谛。

罪刑法定原则具有重要意义，它不仅有利于维护社会秩序，也有利于保障人权。此外，罪刑法定原则也是对个人自由的基本保证。在司法方面，体现为正确定罪和量刑，正确进行司法解释。

（二）适用刑法人人平等原则

法律面前人人平等是我国宪法确立的社会主义法制的基本原则。为了使这一原则在刑法中得以体现，我国《刑法》第4条明确规定："对任何人犯罪，在适用法律上一律平等。不允许任何人有超越法律的特权。"这也就是适用刑法人人平等的原则。平等适用刑法，是法律面前人人平等原则在刑法中的具体化。平等适用刑法是保障人民自由的要求。平等适用刑法是保护法益和保障自由的要求。平等适用刑法是刑法本身的要求。平等适用刑法是法治的基本要求。

适用刑法人人平等原则的基本含义是：（1）任何人犯罪，都应当受到刑法的追究；（2）任何人不得享有超越刑法规定的特权；（3）对于一切犯罪行为，应一律平等适用刑法，定罪量刑时不得因犯罪人的社会地位、家庭出身、职业、财产状况、政治面貌、才能业绩等差异而有所区别；（4）任何人受到犯罪侵害，都应受到刑法的保护；（5）不同被害人的同等权益，应受到刑法的同样保护。

适用刑法人人平等原则，具有两个方面的内容：一是立法上的平等，二是司法上的平等。两个方面相辅相成，缺一不可。没有立法上的平等，司法平等就没有存在的前提，只有立法上的平等而没有司法的贯彻执行，立法的平等就成为一纸空文。所以，应当在刑事立法和刑事司法方面都做到平等，切实保障适用刑法人人平等原则的实现。

（三）罪责刑相适应原则

我国《刑法》第5条明确规定："刑罚的轻重，应当与犯罪分子所犯罪行和承担的刑事责任相适应。"这条规定就是罪责刑相应的原则。其含义是：犯罪多大的罪，就应当承担多大的刑事责任，法院也应判处其相应的刑罚，做到重罪重罚，轻罪轻罚，罪刑相称，罚当其罪；在分析罪重罪轻和刑事责任大小时，不仅要看犯罪的客观社会危害性，而且要结合考虑行为人的主观恶性和人身危险性，把握罪行和罪犯各方面因素综合体现的社会危害性程度，从而确定其刑事责任程度，适用相应轻重的刑罚。

罪责刑相适应原则的内容包括以下三个方面：（1）刑罚与罪质相适应。罪质，就是犯罪构成主客观要件统一表现的犯罪性质。它是犯罪的质的规定性。不同的罪质，标志着各该犯罪行为侵害、威胁合法权益的方向不同，这种不同，正是表明各种犯罪具有不同的社会危害程度，从而决定刑事责任大小的根本所在。因此，国家的刑事立法，首先着眼于罪质的不同，制定与之相对应的轻重有别的法定刑。而审判机关在量刑的时候，也要首先确定与该犯罪的罪质相对应的法定刑是什么。这样，才能在总体上为正确量刑提供根本保证。（2）刑罚与犯罪情节相应。案件定性正确，只是解决了正确选择法定刑的问题，但并不意味着量刑结果的必然正确。要使刑罚真实地反映具体案件的社会危害程度，量刑就要注意刑罚与犯罪情节相适应的问题。审判机关针对每一具体案件的犯罪情节和犯罪人的具体情况，分别加以裁量，使刑罚真正适应各自犯罪的社会危害程度。（3）刑罚与犯罪人的人身危险性相适应。犯罪人的人身危险性，是指犯罪人具有的不直接反映犯罪行为的社会危害性，包括罪前的和罪后的情况。把这种人身危险情况作为决定刑罚轻重的根据之一，符合刑罚的目的。

四 我国刑法的效力范围

刑法的效力范围，即刑法的适用范围，是指刑法在什么地方、对什么人和在什么时间内具有效力。它从时间与空间的结合上界定了刑法的适用范围及其对象。

（一）刑法的地域范围

《刑法》第 6 条第 1 款规定："凡在中华人民共和国领域内犯罪的，除法律有特别规定以外，都适用本法。"中华人民共和国领域是指我国国境以内的全部区域，包括领陆（即国境线以内的陆地及其地下层）、领水（即内水、领海及其地下层）和领空（即领陆、领水的上空）。此外，凡在我国船舶、飞机或者其他航空器内犯罪的，也适用我国刑法。同时，凡在我国驻外大使馆、领事馆内犯罪的，也可以适用我国刑法。

《刑法》第 6 条第 3 款规定："犯罪的行为或者结果有一项发生在中华人民共和国领域内的，就认为是在中华人民共和国领域内犯罪。"这一规定进一步明确了属地管辖的具体标准，包括以下三种情况：（1）犯罪行为与结果都发生在我国领域以内；（2）犯罪行为发生在我国领域以内，而犯罪结果发生在我国领域以外；（3）犯罪行为发生在我国领域以外，而犯罪结果发生在我国领域以内。

（二）刑法对人的效力

1. 刑法对我国自然人的效力

（1）我国自然人在我国领域内犯罪的，一律适用我国刑法；（2）我国自然人在我国领域外犯罪的，也适用我国刑法，但是按刑法规定的最高刑为 3 年以下有期徒刑的，可以不予追究。（3）如果我国的国家工作人员和军人在我国领域外犯我国刑法规定之罪的适用我国刑法。

2. 刑法对外国人的效力

（1）外国人（指具有外国国籍和无国籍的人）在我国领域内犯罪，除享有外交特权和豁免权的外国人的刑事责任通过外交途径解决之外，其他外国人一律适用我国刑法。（2）外国人在我国领域外对我国国家或者自然人实施犯罪，而按我国刑法规定的最低刑为 3 年以上有期徒刑的，可以适用我国刑法，但是按照犯罪地的法律不处罚的除外。

（三）刑法的时间效力

刑法的时间效力主要指溯及力的问题。所谓溯及力，是指刑法生效后，对于其生效以前未经审判或者判决尚未确定的行为是否适用的问题。如果适用，就有溯及力；不适用，就没有溯及力。

我国刑法采取的是从旧兼从轻的原则。即对新刑法颁布实施前的行为，原则上适用行为当时的旧法律，即新刑法无溯及力，从旧；但是如果新刑法对该行为处罚更轻时，即适用新刑法，即有溯及力，从轻。

对于刑法施行以前发生，刑法施行以后尚未审理或正在审理的案件，按刑法规定作如下处理：

1. 如果当时的法律不认为是犯罪的，而新刑法认为是犯罪的，适用当时的法律，新法没有溯及力。

2. 如果当时的法律认为是犯罪的，而新刑法不认为犯罪的，只要该行为未经审判或判决尚未确定，就适用新刑法，即新刑法有溯及力。

3. 如果当时的法律和新刑法都认为犯罪的，并且依照新刑法规定应当追诉的，原则上按照当时的法律追究刑事责任，即新法不具有溯及力。但是，如果当时的法律处刑比新刑法重，即适用新刑法，即新刑法具有溯及力。

上述规定只适用于新刑法施行前发生的未决案件。

第二节　犯罪

一　犯罪的概念与特征

（一）犯罪的概念

所谓犯罪，是指国家以法律规定的具有社会危害性并且应当受刑罚处罚的行为。我国《刑法》第 13 条规定："一切危害国家主权、领土完整和安全，分裂国家、颠覆人民民主专政的政权和推翻社会主义制度，破坏社会秩序和经济秩序，侵犯国有财产或者劳动群众集体所有的财产，侵犯公民私人所有的财产，侵犯公民的人身权利、民主权利和其他权利，以及其他危害社会的行为，依照法律应当受刑罚处罚的，都是犯罪，但是情节显著轻微危害不大的，不认为是犯罪。"这一规定明确地指出了划分犯罪与非犯罪的界限。

（二）犯罪的特征

1. 犯罪是具有严重社会危害性的行为

这是犯罪的最本质的特征。所谓严重的社会危害性，是指行为对刑法所保护的社会关系造成损害的特性。在社会主义社会，人民当家作主，国家和人民的利益完全一致，因而，犯罪的严重社会危害性实质上是指对国家和人民利益的危害性。如果某种行为根本不可能给社会带来危害，法律便无必要将其规定为犯罪。如果某种行为虽然具有社会危害性，但情节显著轻微、危害不大的，也不认为是犯罪。由此可见，只有具备相当程度的社会危害性的行为才可能构成犯罪。

犯罪的严重社会危害性主要体现为我国《刑法》第 13 条所列举的犯罪侵犯客体：（1）对于国家安全的危害；（2）对于社会公共安全的危害；（3）对于社会主义市场经济秩序的危害；（4）对于公民人身权利、民主权利的危害；（5）对于社会主义制度下各种财产权利的危害；（6）对于社会管理秩序的危害；（7）对于国防利益的危害；（8）对于国家机关行政秩序、司法秩序的危害；　（9）对于国家公务活动廉洁性的危害；（10）对于军事利益的危害。上述十个方面概括反映了我国刑法中犯罪的社会危害性的基本内容，危害其中任何一个方面，都是对我国社会主义社会关系的侵犯。

决定犯罪的社会危害性轻重大小的因素，主要包括：（1）行为侵犯的客体，即行为侵犯了什么样的社会关系。（2）行为的手段、后果以及时间、地点。犯罪的手段是否残酷，是否具有暴力性，在很大程度上决定着犯罪的社会危害性。（3）行为人的情况及其主观因素。

2. 犯罪是具有刑事违法性的行为

刑法对犯罪行为的禁止，是通过罪刑规范体现出来的，或者说是通过对某种行为规定法定刑来禁止该行为。因此，刑事违法性事实上是指行为符合罪刑规范所指明的假定条件，进一步说，违反刑法并不只是违反刑法分则，凡是违反广义刑法的禁止性规范的行为，均应认为具有刑事违法性。从刑法规范与其他法律规范的关系来看，刑事违法性表现为两种情况：一是直接违反刑法规定，二是违反其他法律规范但因情节严重进而违反了刑法规范。在后一种情况下，行为具有双重违法性。因而在承担刑事责任的同时，还可能承担其他法律责任。

3. 犯罪是具有应受刑罚惩罚性的行为

应受刑罚惩罚性以行为的严重社会危害性和刑事违法性为前提，行为如果没有严重社会危害性和刑事违法性，自然不应受刑罚处罚。同时应受刑罚惩罚性是对具有严重社会危害性和刑事违法性行为的评价。刑罚是最严厉的制裁方法，它不仅可以剥夺人的自由、财产，甚至可以剥夺人的生命，因而只有对严重危害社会和违反刑法规范的行为，才能给予评价为应受刑罚处罚。不需给予应受刑罚惩罚评价的行为，不可能是犯罪。

不应受刑罚并不等同于不需要刑罚，不应受刑罚，是指行为人的行为根本不构成犯罪，自然不存在应受刑罚的问题；而不需要刑罚，是指行为已经构成犯罪，但考虑行为人的主体情况、犯罪情节等诸多因素，从而免予刑事处罚。免予刑事处罚说明，行为还是犯罪，只是不给予刑罚处罚。它与不应当受刑罚处罚不能等同。

犯罪的三个基本特征是相互联系，紧密结合的。严重的社会危害性是刑事违法性和应受刑罚惩罚性的基础，它是犯罪的最基本属性；刑事违法性是社会危害性在刑法上的表现，它与应受刑罚惩罚性一起构成社会危害性的标准。

二 犯罪构成

（一）犯罪构成的概念和特征

犯罪构成是指依照我国刑法的规定，决定某一具体行为的社会危害性及其程度，而为该行为构成犯罪所必需的一切主观要件和客观要件的总和，它具有以下三个特征：

1. 犯罪构成是决定某一具体行为的社会危害性及其程度而为该行为构成犯罪所必须具备的一切要件的整体

这个特征包含两层含义：第一，犯罪构成所包含的要件是决定该行为构成犯罪的一切要件。任何一个犯罪都存在许多事实特征，但并不是每个事实特征，都能成为犯罪构成的要件，只有决定行为的社会危害性及其程度而为该行为构成犯罪所必需的要件，才能被刑法规定为犯罪构成要件。第二，行为符合犯罪构成即构成犯罪，而不需要另外再具有违法性和有责性。因而我国刑法中的犯罪是犯罪成立意义上的犯罪构成。行为是否符合犯罪构成，为区分罪与非罪界限的标准。

2. 犯罪构成是一系列客观要件与主观要件的有机统一的整体

我国刑法中的犯罪构成包括决定行为构成犯罪的一切要件，既包含成立犯罪所必须具备的客观要件，也包含成立犯罪所不可缺少的主观要件，它是一系列客观要件与主观要件的有机统一的整体。犯罪构成不只是一系列主客观要件的"总和"，即不只是各个要件的简单相加，而是这些要件的有机统一的整体，各个要件相互之间存在着密切的联系，共同组成一个整体的犯罪构成。

3. 组成犯罪构成的要件是由我国刑法加以规定的

这是我国刑法的基本原则——罪刑法定原则的当然要求。只有经过法律选择的案件事实特征才能成为犯罪构成要件。在立法者看来，某一行为成立犯罪的前提是构成要件缺一不可。犯罪构成要件的法定性与行为的刑事违法性是一致的。只有具备某一犯罪的全部构成要件，行为才具有刑事违法性。

研究犯罪构成有助于区别罪与非罪，此罪与非罪；有助于正确量刑；有助于巩固社会主义法制。

（二）犯罪客体

犯罪客体是指刑法所保护的而为犯罪行为所侵害的社会关系。犯罪客体是构成犯罪的必备要件之一。分为一般客体、同类客体和直接客体。

1. 一般客体

一般客体是指犯罪行为共同侵犯的客体，即我国刑法所保护的整个社会主义社会关系。犯罪的一般客体反映了一切犯罪的共性，任何犯罪不同有不侵犯犯罪的一般客体的，否则就不可能构成犯罪。所以犯罪的一般客体是否存在，是区分罪与非罪的界限。同时，犯罪的一般客体还提示了在我国犯罪的本质。一切犯罪都是侵犯我国社会主义社会的社会关系的，这就是在我国犯罪的本质。

2. 同类客体

同类客体是指某一类犯罪行为所共同侵犯的客体，也就是我国刑法所保护的社会主义社会关系的某一领域或者某一方面。包括：（1）国家安全；（2）社会公共安全；（3）社会主义市场经济秩序；（4）公民人身权利、民主权利；（5）社会主义制度下各种财产权利；（6）社会管理秩序；（7）国防利益；（8）国家机关行政秩序、司法秩序；（9）国家公务活动廉洁性；（10）军事利益。

3. 直接客体

直接客体是指某一具体犯罪行为所直接侵犯的某种特定客体，也就是刑法所保护的社会主义关系中的某种具体的社会关系。犯罪的直接客体反映了各种具体犯罪的个性。因此，犯罪的直接客体是研究犯罪客体的重点，也是司法实践中凭借客体区分罪与非罪、此罪与彼罪的界限的关键。

4. 犯罪对象

犯罪对象是指犯罪行为所直接作用的具体物或具体人，它是某种社会关系的体现者，但它不等于社会关系本身；犯罪客体必须是一种社会关系。有的犯罪只有犯罪客体，但是没犯罪对象。犯罪客体决定犯罪性质也是犯罪分类的基础，而犯罪对象则决定不了犯罪性质，同一个犯罪对象，可能会确定为不同的犯罪。

（三）犯罪的客观方面

犯罪客观方面，又称犯罪客观要件，犯罪客观因素，是指刑法规定的构成犯罪的客观外在表现。犯罪客观方面具有以下特征：

第一，犯罪客观方面具有法定性。

第二，犯罪客观方面以客观事实特征为内容。

第三，犯罪客观方面是说明行为对刑法所保护的社会关系有所侵犯的客观事实特征。

第四，犯罪客观方面是成立犯罪所必须具备的客观因素。

犯罪客观条件分为两类：一类是必要条件，即任何犯罪都必备的条件，如危害行为。另一类是选择条件，即某些犯罪必备的条件或者是对行为构成因素的特别要求。前者指危害结果，后者指包括时间、地点、方法（手段）。

1. 危害行为

犯罪必须是一种危害社会的行为。具有两种形式：（1）作为，是指行为人积极作出刑法禁止的危害社会的行为；（2）不作为，是指行为人有义务实施并且能够实施某种积极行为而未实施的消极的行为。必须具备三个条件：第一，行为人有实施某种积极行为的义务；第二，行为人能够实施这种义务而未履行；第三，行为人的不作为的行为侵犯了刑法所保护的客体，造成或者可能造成危害结果。

2. 危害结果

危害结果是指犯罪行为所引起的危害社会的结果。既包括实际损失也包括现实危险状态。产生危害结果的原因只能是危害行为。

3. 危害行为与危害结果之间的因果关系

指犯罪构成客观方面要件中的危害行为同危害结果之间存在的引起与被引起的关系。根据罪责自负原则，行为人只能对自己的危害社会行为所引起的危害社会结果承担刑事责任。因此，当危害结果发生后，查明这一结果是由何人实施的危害行为所引起，对于解决刑事责任问题，具有非常重要的意义。

4. 犯罪的时间、地点和方法

犯罪的时间、地点、方法是任何犯罪都必须具有的客观事实。多数情况下，它们对是否构成犯罪没有影响，但是个别情况下，刑法将一定的时间、地点或者手段规定为构成犯罪的必要条件，这种情况下对是否犯罪起着决定性的作用。

构成要件的时间，指刑法规定的某些犯罪构成必须具备的特定时间。对于某些犯罪来说，时间问题具有区分罪与非罪的意义。这些特定的时间便属于构成要件的时间。

构成要件的地点，指刑法规定的某些犯罪构成必须具备的特定场所。例如，非法狩猎罪，刑法将"禁猎区"规定为这种罪的构成要件之一。对于某些犯罪来说，行为人的行为在什么地点实施，对定罪有决定性作用。这些特定场所便属于构成要件的地点。

构成要件的方法，指刑法规定的某些犯罪构成必须具备的实施危害行为的特定方式。例如，《刑法》第277条规定的妨害公务罪，通常必须"以暴力、威胁方法"实施。

虽然犯罪的时间、地点、方法等不是犯罪的必要构成要件，但影响到犯罪行为本身社会危害程度的大小，因而对正确量刑有重要意义。刑法有些条文明确地规定特定的方法、地点是加重刑罚的条件。

（四）犯罪主体

犯罪主体是指实施危害社会的行为、依法应当负刑事责任的自然人和单位。自然人主体是指达到刑事责任年龄、具备刑事责任能力的自然人。单位主体是指实施危害社会行为并依法应负刑事责任的公司、企业、事业单位、机关、团体。

1. 自然人主体

自然人主体是指达到刑事责任年龄、具备刑事责任能力的自然人。某些犯罪除了要求行为人具有这两个条件外，还必须具有特殊身份。

刑事责任年龄是指行为人应对自己的犯罪行为负刑事责任的年龄。刑法根据青少年身心发展状况、文化教育发展水平、智力发展程度将刑事责任年龄划分为以下阶段：

（1）已满16周岁的人犯罪，应负刑事责任，为完全负刑事责任年龄。

（2）已满14周岁，不满16周岁的人犯故意杀人、故意伤害致人重伤或者死亡、强奸、抢劫、贩卖毒品、放火、爆炸、投毒罪的，应当负刑事责任。这是相对负刑事责任年龄阶段，即处于这一年龄段的人只对部分严重犯罪负刑事责任。

（3）不满14周岁，无论实施何种危害社会的行为，都不负刑事责任，为完全不负刑事责任年龄。

（4）75周岁以上故意犯罪的，可以从轻或者减轻处罚；过失犯罪的，应当从轻或者减轻处罚。

（5）已满14周岁不满18周岁的人犯罪应当从轻或减轻处罚。因不满16周岁不予处罚的，责令他的家长或者监护人加以管教；在必要的时候，也可以由政府收容教养。以上规定体现对青少年犯罪处罚是以教育为主的精神。

2. 刑事责任能力

刑事责任能力，是指行为人对自己行为的辨认能力与控制能力。辨认能力，是指行为人认识自己特定行为的性质、结果与意义的能力；控制能力，是指行为人支配自己实施或者不实施特定行为的能力。辨认能力与控制能力密切联系。辨认能力是控制能力的基础和前提，没有辨认能力就谈不上有控制能力。控制能力则反映辨认能力。有控制能力就表明行为人具有辨认能力。但在某些情况下，有辨认能力的人可能由于某种原因而丧失控制能力。所谓具有刑事责任能力，是指同时具有辨认能力与控制能力；如果缺少其中一种能力，则属于没有刑事责任能力。

达到刑事责任年龄的人通常具有刑事责任能力，故刑事责任能力的判断只是一种消极判断。在判断行为人的刑事责任能力时，需要注意以下问题：

（1）对于无责任能力的判断，应同时采用医学标准与心理学标准。即首先判断行为人是否患有精神病，其次判断是否因为患有精神病而不能辨认或者不能控制自己的行为。前者由精神病医学专家鉴定，后者由司法工作人员判断。司法工作人员在判断精神病人有无责任能力时，除了以精神病医学专家的鉴定结论为基础外，还应注意以下几点：第一，要注意审查精神病的种类以及程度轻重，因为精神病的种类与程度轻重对于判断精神病人是否具有责任能力具有极为重要的意义。第二，要在精神病人的左邻右舍调查其言行与精神状况。第三，要进一步判断精神病人所实施的行为与其精神病之间有无直接联系。

（2）间歇性精神病人在精神正常的时候犯罪的，应当负刑事责任。即间歇性精神病人实施行为的时候，如果精神正常，具有辨认控制能力，就应当追究其刑事责任；反之，如果实施行为的时候，精神不正常，不具有辨认控制能力，该行为便不成立犯罪，因而不负刑事责任。由此可见，间歇性精神病人的行为是否成立犯罪，应以其实施行为时是否具有责任能力为标准，而不是以侦查、起诉、审判时是否精神正常为标准。

（3）尚未完全丧失辨认或者控制自己行为能力的精神病人犯罪的，应当负刑事责任，但是可以从轻或者减轻处罚。

（4）醉酒的人犯罪应当负刑事责任。

（5）又聋又哑的人或者盲人犯罪，可以从轻、减轻或者免除处罚。

3. 特殊主体

特殊主体是指具有某种特定身份、对其犯罪主体资格有重要影响的犯罪主体。特定身份可以分为：

（1）自然身份与法定身份。自然身份，是指人因自然因素赋予而形成的身份。例如，基于性别形成的事实可有男女之分，有的犯罪如强奸罪一般仅男性可以成为犯罪的主体。法定身份，是指人基于法律赋予而形成的身份。如军人、国家机关工作人员、司法工作人员等。

（2）定罪身份与量刑身份。定罪身份，是指决定刑事责任存在的身份，又称犯罪构成要件身份。此种身份是某些具体犯罪构成中犯罪主体要件的必备要素。量刑身份，是指影响刑事责任程度的身份，又称刑罚加减身份。此种身份虽然不影响刑事责任的存在与否，但影响刑事责任的大小，表现为从重、从轻、减轻甚至免除处罚的根据。

4. 单位主体

单位主体是指实施危害社会行为并依法应负刑事责任的公司、企业、事业单位、机关、团体。

单位这个概念比法人更为广泛，除法人以外还包括非法人团体。虽然"单位"一词在我国社会生活中被广泛使用，甚至是一个使用率极高的用语，但严格地说它不是一个法律用语。也就是说，"单位"一词并无确切的法律含义。根据《刑法》第30条之规定，单位犯罪这一概念中的单位，是指公司、企业、事业单位、机关、团体，这也就是单位犯罪的主体。

单位犯罪是指公司、企业、事业单位、机关、团体实施的危害社会的、依法应当负刑事责任的行为。具有如下特征：（1）犯罪主体的单位，包括法人，也包括非法人，但是单位犯罪必须是经单位决策机构决定或者由负责人决定实施的行为；（2）一般是单位为谋取非法利益，以单位名义实施的行为；（3）单位犯罪行为必须是法律明文规定的；（4）单位犯罪多数是故意的，少数是过失的。刑法规定，单位犯罪的，对单位判处罚金，并对其直接负责的主管人员和其他直接责任人员判处刑罚，即采取"双罚制"。

（四）犯罪的主观方面

犯罪的主观方面，是指犯罪主体对自己所实施犯罪行为及其危害结果的心理态度，包括犯罪故意、犯罪过失、犯罪动机和犯罪目的等因素。

（1）犯罪故意，是指行为人明知自己的行为会发生危害社会的结果，并且希望或者放任这种结果发生的心理态度。犯罪故意分为直接故意和间接故意。直接故意是指行为人明知自己的行为会发生危害社会的结果，并且希望这种结果发生的心理态度。间接故意是指行为人明知自己的行为可能发生危害社会的结果，并且放任这种结果发生的心理态度。

（2）犯罪过失，是指行为人应当预见自己的行为可能发生危害社会的结果，因为疏忽大意而没有预见，或者已经预见而轻信能够避免的心理态度。前者为疏忽大意的过失，后者为过于自信的过失。另外，刑法规定：行为在客观上虽然造成了损害结果，但不是出于故意或者过失，而是由于不能抗拒或者不能预见的原因所引起的意外事件，不是犯罪，即意外事件不构成犯罪。

（3）犯罪目的，是指行为人希望通过自己所实施的犯罪行为达到某种危害社会的结果的心理态度，即某人对某种危害结果所持的希望、追求的心理。犯罪目的对犯罪目标的直接指向性，说明了具有犯罪目的的罪过必须具有直接追求性。很明显，间接故意只具有伴随性，犯罪过失对危害结果具有否定性，都不可能具有犯罪目的；只有直接故意，才能具有犯罪目的。

（4）犯罪动机，是指刺激行为人实施犯罪行为以达到犯罪目的的内在冲动或者内心起因，目的则是行为人在一定的动机推动下希望通过实施某种行为来达到某种结果的心理态度。犯罪动机产生于犯罪目的之前，犯罪的目的形成于犯罪的动机之后。同一种犯罪的目的相同，而犯罪动机则可能有所不同。同一种犯罪动机可以导致几种不同的犯罪目的。我国刑法对犯罪动机没有明文规定，因此，它不是犯罪构成的必备要件。但是，我国刑法分则不少条文规定了情节严重、情节恶劣或情节轻微，犯罪动机无疑是能说明情节的重要因素之一。

三 正当防卫和紧急避险

这两类行为在刑法上称为排除犯罪性行为，是指在形式上符合某种犯罪构成，而实质上不具有社会危害性和刑事违法性，从而不构成犯罪的行为。

（一）正当防卫

为了使国家、公共利益、本人或者他人的人身、财产和其他权利免受正在进行的不法侵害，而采取的制止不法侵害的行为，对不法侵害人造成损害的，属于正当防卫，不负刑事责任。正当防卫必须符合以下条件。

1. 必须是为了保护国家、公共利益、本人或者他人的人身、财产和其他合法权利而实施防卫。这是正当防卫成立的主观条件。正当防卫的意图表现为制止不法侵害，其制止不法侵害的目的是为了保护公私合法权益。不具有保护合法权益的目的而实施的貌似正当防卫的行为，不能认定为正当防卫。

2. 必须是对不法侵害行为实行防卫。这是正当防卫的起因和前提条件，也是正当防卫得以成立的客观基础和根据。所谓不法侵害行为，是指违反法律并具有社会危害性的行为，既包括构成犯罪的严重不法行为，也包括尚未构成犯罪的违反治安管理处罚法的不法行为。

3. 必须是对正在进行的不法侵害实施防卫。这是正当防卫的时机条件。所谓正在进行的不法侵害，一般是指不法侵害人已经着手实施侵害行为且侵害行为尚未结束。不法侵害行为开始和存续的时间，就是行为人实施正当防卫的时间。

4. 必须是针对进行不法侵害行为者本人实行防卫。这是正当防卫的对象条件。正当防卫必须对准目标，针对不法侵害者本人，不得针对第三者。不法侵害人为多人的，可以针对其中的一人进行，也可以针对多人进行，可以针对实施了最严重侵害行为的人进行，也可以针对未实施最严重侵害行为的人进行。

5. 正当防卫不能明显超过必要限度。这是正当防卫的行为的结果限度要件。正当防卫必须适度，这是正当防卫正当性的重要依据。我国《刑法》第 20 条第 3 款规定："当不法侵害人正在实施行凶、杀人、抢劫、强奸、绑架以及其他严重危及人身安全的暴力犯罪时，实施防卫行为造成不法侵害人伤亡的，也属于正当防卫，不负刑事责任。"这是对正当防卫限度条件有条件地放宽。

（二）紧急避险

为了使国家、公共利益、本人或者他人的人身、财产和其他权利免受正在发生的危险，不得已采取的紧急避险行为，造成损害的，不负刑事责任。

1. 必须是为了使国家、公共利益、本人或者他人的人身、财产和其他合法权利免受正在发生的危险而采取的。这是紧急避险成立的主观要件。行为人在损害某一合法权益实施紧急避险时，必须是出于避免合法权益或者较大的合法权益不受损失的正当目的。

2. 必须是对正在发生的危险而采取的。所谓正在发生的现实危险，是指危险已经出现或者损害迫在眉睫，合法权益正处于危险威胁之中。如果不立即实行紧急避险，危险就会转化为现实的危害，有关的合法权益将遭受不可挽回的损失。

3. 必须是在迫不得已的情况下采取的。避险是别无选择的一种选择，这一点与正当防卫有本质区别。紧急避险是在无其他方法可避免危险的情况下，不得已选择损害相对较小合法权益的方法来避免危险。如果在当时的条件下，行为人本可以采用不损害合法权益的方法避免危险而没有选择，实行所谓"紧急避险"，行为人就要对损失负法律责任。

4. 紧急避险不能超过必要限度造成不应有的损害。紧急避险造成的损害必须小于所避免的损害。

四　犯罪的停止形态

所谓犯罪停止状态，是指一种犯罪行为在客观上所呈现的某种状态。从广义上讲，犯罪形态是多种多样的，任何一种犯罪行为都会有无限多样的形态，但是，刑法上所讲的犯罪停止形态，不是一个犯罪行为由于情节的不同而出现的形态差别，而是指对处理犯罪有特别意义的那些形态，即犯罪既遂、犯罪预备、犯罪未遂和犯罪中止等。

（一）犯罪既遂

犯罪既遂是指已经成立直接故意的犯罪，其客观方面齐备法律规定的犯罪结果或行为要件的犯罪形态。

由于法律规定的要件因罪而异，所以犯罪既遂也表现为不同的类型。

1. 行为犯的既遂

行为犯是以危害行为实施完成为犯罪客观要件齐备标准的犯罪。只要行为人着手实施并完成了刑法规定的犯罪行为，犯罪的客观方面即为完备，犯罪即成为既遂形态。

所以，区分行为犯的既遂和未遂，要以上述犯罪行为是否完成为标准，而不是以某种危害结果是否发生为标准。

2. 举动犯的既遂

所谓举动犯，是指犯罪一经着手实施其客观方面的要件即告完整或齐备的犯罪，如煽动分裂国家罪或煽动民族仇恨罪等。举动犯只要着手实行犯罪，其客观方面即具备完整性，从这个意义上讲，举动犯无所谓既遂、未遂之分。

3. 结果犯的既遂

结果犯是指由危害行为和危害结果共同构成犯罪客观要件的犯罪。缺少危害结果，犯罪的客观方面就不具有完整性或者说犯罪客观方面的要件就不齐备。结果犯的结果，是指有形的、可以计量的具体危害结果，而不是抽象的危害社会关系的结果；结果犯的结果，必须是与犯罪的性质相一致的结果，而不是指犯罪行为造成的任何结果。

4. 危险犯的既遂

危险犯是指危害行为和危害行为所造成的危险状态共同构成犯罪客观方面要件的犯罪。如果把危险状态视为一种非实害的结果，危险犯也是一种结果犯。有的危害行为一经实施危险状态即存在，这种危险犯的既遂类似于举动犯的既遂。有的危险行为实施后并能造成实际的危险，这种危险犯就不是既遂，而是未遂。

（二）犯罪预备

是指行为人为了犯罪，准备工具、制造条件，但由于行为人意志以外的原因尚未着手实行的犯罪行为。犯罪预算的主要特征有：

1. 行为人已经开始实行犯罪的预备行为

包括准备犯罪工具、制造犯罪便利条件等。所谓准备犯罪工具的行为，包括购买工具，制造工具，变造工具，转借工具等。制造条件，是指为实行犯罪而创造各种有利条件。包括：搜集与犯罪对象有关的各类信息，了解与犯罪场所有关的各种信息，观察犯罪现场的地形和了解犯罪场所的管理、保卫情况等，排除犯罪的各种客观障碍，还包括制造有利于实行犯罪的主观条件。

2. 行为人尚未着手实行犯罪

犯罪预备是与犯罪实行相对应的概念：犯罪预备行为是犯罪实行行为的前期准备，而犯罪实行行为是犯罪预备行为的逻辑展开。在有预谋的犯罪中，行为人总是先实施犯罪预备，后着手实行犯罪。犯罪预备就是行为人正在准备工具或制造条件时，或者已经实施完毕预备行为、但尚未着手实行犯罪之前，由于行为人意志以外的原因而停止下来。所以，凡是构成犯罪预备的犯罪行为，必须是没有进入犯罪实行阶段的行为。

3. 行为人在犯罪阶段停止下来，是由于行为人意志以外的原因

犯罪行为停留在预备形态，主要基于两种原因：一是行为人意志控制的原因。如犯罪人能够接着着手实施犯罪行为而没有实行，主动放弃了实施实行行为，乃至否定已经实施的预备行为。这种情况属于犯罪中止，即犯罪预备形态的中止，不再属于犯罪预备。二是行为人不能控制的原因。如行为人正在实施犯罪预备行为的过程中因案发而停止在预备形态，或者是行为人实施完毕犯罪预备行为后，在伺机着手实行犯罪时因案发而使犯罪停止在预备形态。只有行为人主观上不能控制和避免的原因而使犯罪处于预备形态的，才属于犯罪预备。

刑法规定，对于预备犯，可以比照既遂犯从轻、减轻处罚或者免除处罚。

（三）犯罪未遂

犯罪未遂，是指已经着手实施犯罪，由于犯罪分子意志以外的原因而未得逞的犯罪行为。根据这一定义，犯罪未遂的条件主要包括：

1. 行为人已经着手实行犯罪

行为人着手实行犯罪，是犯罪未遂的基本特征之一。所谓着手实行犯罪，有两个问题要正确把握：一是正确认定犯罪的着手；二要正确把握犯罪实行行为的特征。

犯罪的着手，是指行为开始实行犯罪的行为起点。对有预备行为的故意犯罪来说，着手既是实行行为的开始，也是犯罪预备的终结，是犯罪形态发生质变的转折点。着手是实行行为的开始，所以着手的性质与实行行为的性质是同一的。

2. 犯罪没有得逞

犯罪没有得逞，是主观和客观两个方面的统一。从主观上看，犯罪未

得逞是指犯罪的直接故意内容没有完全实现：对于结果犯，行为人仅仅只实现了其实施犯罪的故意，没有实现其犯罪的目的或犯罪所期待的结果；对于行为犯，其连实施犯罪行为的故意也没有完全实现，即行为人欲实施完毕的行为没有实施完毕。从客观上，行为人实施的犯罪是不完整的：有的表现为行为的不完整，有的表现为有行为没有结果；而该行为或结果，是刑法规定的作为犯罪客观方面要件的必要组成部分。

3. 犯罪没有得逞是由于犯罪分子意志以外的原因

这是犯罪未遂区别于犯罪中止的本质特征。所谓行为人意志以外的原因，是指行为人没有预料到或者不能控制的主客观原因。包括：行为人个人能力上的原因，行为人认识上的原因，行为人不能预料的原因。

刑法规定，对于未遂犯，可以比照既遂犯从轻或者减轻处罚。

（四）犯罪中止

犯罪中止，是指在犯罪过程中，犯罪分子自动放弃犯罪或者自动有效地防止犯罪结果发生的犯罪行为。具有以下四个特征：

1. 行为人主观上具有中止犯罪的决意

所谓决意，是指行为人在客观上能够继续犯罪和实现犯罪结果的情况下，自动作出的不继续犯罪或不追求犯罪结果的选择。首先，行为人明确认识到自己能够继续犯罪或实现犯罪结果；其次，中止行为的实施是行为人自动作出的选择；再次，中止犯罪的决意必须是完全的、无条件的、彻底的，不是部分的、有条件的或暂时的。中止犯罪的主观原因，有的是惧怕受到刑罚的惩罚；有的是由于他人的劝说而改变了原来的犯罪意图；有的是良心发现，幡然悔悟，改变了自己的犯罪意图；有的则出于对被害人的怜悯，转而防止犯罪结果的出现。犯罪中止的主观原因，不影响犯罪中止的成立。

2. 行为人客观上实施了中止犯罪的行为

第一，中止行为是停止犯罪的行为，是使正在进行的犯罪中断的行为。第二，中止行为既可以作为的形式实施，也可以不作为的形式实施。第三，中止行为以不发生犯罪结果为成立条件，但这种结果，是行为人主观追求的和行为所必然导致的结果。

3. 犯罪中止必须发生在犯罪过程中，而不能发生在犯罪过程之外

这里的犯罪过程，包括预备犯罪的过程、实行犯罪的过程与犯罪结果发生的过程。不在这些过程之内实施的行为，不属于犯罪中止行为。

4. 犯罪中止必须是有效地停止了犯罪行为或者有效地避免了危害结果

犯罪中止是行为人主动停止犯罪或者避免犯罪既遂的行为。所以，衡量中止行为成立的客观标准，就是在案发时行为人是否有效地停止了犯罪行为或者有效地避免了犯罪既遂。从结果犯来看，犯罪中止即是没有达到犯罪行为所必须造成的危害结果。

《刑法》规定，对于中止犯，没有造成损害的，应当免除处罚；造成损害的，应当减轻处罚。

五　共同犯罪

（一）共同犯罪的概念

共同犯罪，简称共犯，是指二人以上共同故意犯罪。其成立必须符合以下条件。

1. 必须是二人以上

这是共同犯罪的主体条件。共同犯罪的主体，必须是二个以上达到刑事责任年龄、具有刑事责任能力的人。具体来讲，包括以下几点。

（1）共同犯罪的主体必须是两个以上的人。这是主体要件中的量的规定性因素。一个人不存在"共同"犯罪问题。如果行为人教唆他人犯罪，而被教唆人未实施所教唆的犯罪的，教唆者单独构成所教唆的罪，尽管存在教唆行为，也不存在共同犯罪问题。

（2）必须是两个以上达到了刑事责任年龄、具有刑事责任能力的人。这是主体要件中质的规定性因素。如果虽然符合量的规定性因素，即有两个以上的人，但是其中一人不具有刑事责任能力的，也不能构成共同犯罪。

（3）不具有特殊身份的人往往不能单独构成特殊主体犯罪，但是可以与具有特殊身份的人一起成为特殊主体犯罪的共同犯罪主体。非国家工作人员一般不能单独构成贪污罪，但是可以与国家工作人员一起构成贪污罪的共同犯罪。

2. 必须是二人以上有共同犯罪的行为

这是共同犯罪的客观要件，是指二人以上必须具有共同犯罪行为。所谓共同犯罪行为，是指各犯罪人的行为都指向同一犯罪，彼此联系、互相配合，成为一个有机统一的整体，它们与犯罪结果之间都存在着因果关系。具体来讲，应注意以下几点。

（1）各行为人所实施的行为都必须达到犯罪的程度。这就要求：第一，各共同犯罪人的行为都必须具有社会危害性，如果是属于排除社会危害性的正当防卫等正当行为的，不构成共同犯罪；第二，共同犯罪人所实施的行为必须都是刑法意义上的行为，如果是不可抗力或意外事件的，不能构成共同犯罪；第三，各共同犯罪人的行为的社会危害性都必须达到足以构成犯罪的程度，如果属于《刑法》第13条"但书"规定的"情节显著轻微，危害不大"的，不构成共同犯罪。

（2）共同犯罪行为的表现形式。共同犯罪行为有三种表现形式：第一，共同的作为。第二，共同的不作为。第三，作为与不作为的结合。

（3）共同犯罪的行为分工。根据行为人之间的分工情况，共同犯罪行为可以分为两大类：第一，共同实施实行行为。第二，实行行为、组织行为、教唆行为和帮助行为之间的分工。需要指出的是，共同犯罪行为的分工不影响共同犯罪的成立。

（4）共同犯罪行为与犯罪结果之间具有因果关系。共同犯罪的因果关系只要求共同犯罪行为的有机整体与犯罪结果之间存在因果关系，并不要求每一个共同犯罪人所具体实施的行为直接地导致犯罪结果的发生。只要共同犯罪人中的一个人的实行行为导致了犯罪结果的发生，全体共同犯罪人都应对该犯罪结果承担刑事责任。

3. 必须是二人以上有共同犯罪的故意

这是共同犯罪的主观要件，是指两个以上的行为人具有共同犯罪故意。所谓共同犯罪故意，是指各行为人通过犯意联络，明知自己与他人共同实施犯罪会造成某种危害结果，并且希望或者放任这种危害结果发生的心理态度。具体包括以下几个方面：

（1）共同犯罪故意的具体形式。第一，共同直接故意。即所有共同犯罪人都认识到共同犯罪行为会发生某种危害社会的结果，且都希望这种危害结果发生。第二，共同间接故意。即所有共同犯罪人都认识到共同犯罪行为会发生某种危害社会的结果，但却都放任这种危害结果的发生。第三，直接故意和间接故意的组合。即一部分共同犯罪人属于直接故意，另一部分共同犯罪人属于间接故意。

（2）共同犯罪故意的认识因素。共同犯罪故意的认识因素包括以下两个方面：第一，都认识到不是自己一个人单独实施犯罪，而是与他人共同实施犯罪。第二，都不仅认识到自己的行为会导致某种危害结果，而且认识到其他共同犯罪人的行为会导致该种危害结果。

（3）共同犯罪故意的意志因素。共同犯罪故意的意志因素包括以下两个方面：第一，行为人决意参与共同犯罪。第二，不仅希望或者放任自己的行为可能会导致的某种危害结果，而且对其他共同犯罪人的共同犯罪行为可能导致该种危害结果持希望或者放任态度。

（二）共同犯罪的形式

1. 任意共犯与必要共犯

这是根据公共犯罪构成所需人数作的划分。

（1）任意共犯。所谓任意共犯，是刑法分则规定的一人能够单独实施的犯罪由二人以上共同故意实施。从刑法来看，大部分的犯罪在主体数量上都没有限制，所以通常发生共同犯罪的都是任意的共犯，如抢劫、强奸、杀人、放火、投放危险物质、绑架、诈骗、盗窃、抢夺等罪的共同犯罪均属于任意共犯。所谓"任意"，是指法律对犯罪主体的数量没有特别限制。也就是说从法律规定来看，实行这样的犯罪，其犯罪主体是单个的还是二人以上的，没有特别的限制，是随便的或任意的。

（2）必要共犯。所谓必要共犯，是指刑法分则规定的只能以二人以上的共同行为作为犯罪构成要件的犯罪，即该种犯罪的主体必须是二人以上，主要是包括聚众性犯罪（如《刑法》第290条规定的聚众扰乱社会秩序罪、《刑法》第317条规定的聚众劫狱罪等）、集团性犯罪（如《刑法》第294条规定的组织、领导、参加黑社会性质组织罪，《刑法》第317条规定的组织越狱罪）。

换言之，法律规定以采取数人共同犯罪为必要形式的犯罪，是必要共犯。而这种规定只有在刑法分则里会有，也就是分则条文对犯罪主体数量有特别要求的情况。或者说，以犯罪主体为"复数"，作为构成要件的情况。

2. 事先共犯与事中共犯（承继共犯）

这是根据通谋的时间，即共同犯罪故意形成的时间作的划分。这里的"事先"，是指着手实行犯罪之前。在着手实行之前就预谋共同犯罪或形成共犯故意的，属于事先共犯；在着手实行犯罪之后才形成共犯故意的，是事中共犯。

如果先行为人已实施一部分实行行为后，后行为人以共同犯罪的意思参与实行或者提供帮助，则叫承继共同犯罪。后行为人就其参与后的行为与先行为人构成共同犯罪。但对其加入前的基本犯罪行为也要承担责任，但对加入以前的加重行为不负责任。

承继的共犯成立的时间必须是在着手后既遂前。既遂后加入不构成继承的共犯，属于窝藏、包庇类的犯罪。但是，多环节犯罪以及继续犯例外。

3. 简单共犯与复杂共犯

这是根据共同犯罪人之间有无特定的分工所作的分类。简单共犯亦称共同正犯、共同实行犯，是指二人以上共同直接实行某一具体犯罪的构成要件的行为，共犯人都是实行犯，不存在组织犯、帮助犯、教唆犯问题。而复杂共犯是指各共同犯罪人之间存在着犯罪分工的共同犯罪，不仅存在直接着手实施共犯行为的实行犯，还有组织犯或教唆犯或帮助犯的分工。

4. 一般共犯与特殊共犯

这是根据有无组织形式所作的划分。一般共犯是指没有特殊组织形式的共同犯罪，共犯人是为实施某种犯罪而临时结合，一旦犯罪完成，这种结合便不复存在。特殊共犯亦称有组织的共同犯罪、集团性共犯，通称犯罪集团，是《刑法》第26条第2款规定的三人以上为共同实施犯罪而组成的较为固定的犯罪组织。

犯罪集团通常具有以下特征：

（1）人数较多。即三人以上，二人不足以成为集团。

（2）较为固定。表现为有明显的首要分子；重要成员固定或者基本固定；集团成员以首要分子为核心结合得比较紧密；实施一次或数次犯罪后，其组织形式往往继续存在。

（3）目的明确。犯罪集团的形成是为了反复多次实施一种或者数种犯罪行为。

（三）共同犯罪人的种类

共同犯罪人的分类，是指按照一定的标准，将共同犯罪人划分为不同的类型。

（1）主犯，是指组织、领导犯罪集团进行犯罪活动的或者在共同犯罪中起主要作用的犯罪分子。主犯比其他共同犯罪人具有更大的社会危害性，应当从重处罚。刑法规定，对组织、领导犯罪集团的首要分子，按照集团所犯的全部罪行处罚。对于组织、领导犯罪集团首要分子以外的主犯，应当按照其所参与的或者组织、指挥的全部犯罪处罚。

（2）从犯，是指在共同犯罪中起次要或者辅助作用的犯罪分子。由于从犯在共同犯罪中不起主要作用，刑法规定，对于从犯，应当从轻、减轻处罚或者免除处罚。

（3）胁从犯，是指被胁迫参加犯罪的犯罪分子。刑法规定，对于胁从犯，应当按照他的犯罪情节减轻处罚或者免除处罚。

（4）教唆犯，是指故意唆使他人实施犯罪的犯罪分子，教唆犯必须有教唆他人实施犯罪的故意。刑法规定，教唆他人犯罪的，应当按照他在共同犯罪中所起的作用处罚。教唆不满18周岁的人犯罪的，应当从重处罚。如果被教唆的人没有犯被教唆的罪，对于教唆犯，可以从轻或者减轻处罚。

第三节　刑事责任

一　刑事责任的概念

刑事责任是指行为人因实施犯罪而承担的法律谴责和刑罚惩罚的义务。

刑事责任具有如下特征：

（一）刑事责任的应当性

刑事责任同犯罪一样，由行为人违反刑事法律义务而产生，它与犯罪同时确定和成立。一个行为只要成立犯罪，行为人就应当承担刑事责任。因此，刑事责任与犯罪的关系，是一种必然的关系。

（二）刑事责任的代价性

刑事责任作为一种法律责任，对承担刑事责任的主体来说，表现为一种不利的后果和代价。这种不利的后果和代价一旦成为现实，行为人必然因此而遭受一定的痛苦和损失。

（三）刑事责任的严重性

刑事责任的严重性，是指对刑事责任的承受主体来说，它是后果最严重的一种法律责任。刑罚的严厉性来自刑事责任的严重性，具体犯罪的法定刑就是根据刑事责任的性质和大小配置的。

（四）刑事责任的专属性

刑事责任的专属性，是指刑事责任只能由违反刑事法律义务的人即犯罪者本人承担，不得转移给他人承担。即使犯罪者本人无法承担刑事责任，司法机关也不得要求他人承担刑事责任。

（五）刑事责任的时效性

刑事责任的时效性，是指行为人实施了犯罪以后，国家追究刑事责任的时间是有一定期限的，而不是无限期的。我国《刑法》第 87 条对所有的犯罪都规定了追究刑事责任的期限，超过法定的追诉期限的，如果不属于刑法中的例外情况，一概不再追究行为人的刑事责任。

二　刑事责任的功能

刑事责任是与犯罪和刑罚彼此并列、存在密切联系而又相互区别的独立实体。刑事责任的功能即作用，突出地体现在它与犯罪和刑罚的关系之中。对此问题，可以从刑事立法和刑事司法角度分别加以考察。

首先，从刑事立法角度看刑事责任与犯罪和刑罚的关系。在刑事立法上，统治阶级以其刑事责任观指导其犯罪观，对那些严重危害其利益和统治秩序而需要追究行为人刑事责任的行为，按照确定刑事责任的要求宣布为犯罪，并规定一定的犯罪构成要件；同时统治阶级也以其刑事责任观及刑事责任观所决定的犯罪刑罚观，按照犯罪构成和其他有关事实决定的刑事责任程度而对不同的犯罪行为和犯罪情况规定是否必须适用刑罚，以及应适用刑罚的种类、轻重程度和刑罚运用中即刑罚实际执行中的调整制度（减刑、假释、赦免等制度）。可见，在立法上，是刑事责任问题决定犯罪和刑罚问题。

其次，再从刑事司法角度看刑事责任与犯罪和刑罚的关系。行为是否构成犯罪，决定行为人应否负刑事责任。一个人实施刑法所规定的犯罪，即行为具备刑法中的某种犯罪构成，他就应当负刑事责任。刑事责任产生于犯罪，是犯罪所引起的必然法律后果。即犯罪的存否决定刑事责任的存否，犯罪的危害程度决定刑事责任的程度。进一步看，刑事责任又与刑事制裁（刑罚）的适用标准密切相关。这主要表现在：从质上看，刑事责任的存否决定刑罚的存否。刑事责任是刑罚的前提，无刑事责任即无刑罚；存在刑事责任就存在应受刑罚惩罚性，刑事责任通常以刑罚为其法律后果。从量上看，刑事责任程度很轻的，可以在应受刑罚处罚的前提下免予刑罚处罚，或者在判处较轻刑罚的前提下宣告缓刑，在缓刑考验期内符合法定条件即其刑事责任程度未加重的，就不再实际执行刑罚；由刑事责任程度所决定而必须实际判处和执行刑罚的，其判处和执行刑罚之轻重也要与刑事责任程度轻重相协调，责任重则刑罚重，责任轻则刑罚轻。此外，刑事责任还以刑罚为其主要体现形式，即刑罚往往伴随刑事责任，刑事责任主要通过刑罚来实现。一句话，是刑事责任决定刑罚。可见，在司法上，刑事责任扮演的是决定犯罪而又决定刑罚的角色，是介于犯罪和刑罚之间对犯罪和刑罚的关系起调节作用的调节器。

三　刑事责任的解决

由于犯罪轻重、刑事政策和犯罪人身份方面的原因，行为人承担刑事责任的方式有所不同，主要有以下几种：

（一）定罪判刑方式

这是指对犯罪人在作出有罪判决的同时予以刑事制裁即适用刑罚，是解决刑事责任最常见、最基本的方式。

（二）定罪免刑方式

确定有罪而免除刑罚处罚，是解决刑事责任的另一种方式。以这种方式解决，必须有法律明文规定的理由。根据我国法律的规定，犯罪情节轻微不需要判处刑罚的，或者犯罪分子具有法律明文规定的免除处罚情节的，可以免除刑罚处罚。免除处罚，只免除刑罚，而不是免除行为人的刑事责任。

（三）特殊处理方式

只能对享有外交特权和豁免权的外国人适用，指享有外交特权和豁免权的外国人的刑事责任，通过外交途径解决。这种解决方式是基于国际法中的外交惯例，出于国与国之间的互相尊重和对等原则而确立的。对这类犯罪人不是不追究刑事责任，而是采用特殊的方式追究。

第四节　刑罚

一　刑罚概述

（一）刑罚的概念和特征

刑罚，是指刑法规定的，由国家审判机关依法对犯罪分子所适用的一种强制性的法律制裁措施。

刑罚的特征包括：（1）只能适用于犯罪分子；（2）必须由刑法明文规定；（3）只能由国家审判机关依照法定程序决定；（4）是一种最严厉的强制性法律制裁措施。

（二）刑罚的目的

刑罚的目的具体表现为特殊预防和一般预防。因为刑罚是作为犯罪的对立物而存在的，因此，创制、适用和执行刑罚的目的，只能是预防犯罪。由于预防的对象不同，故把刑罚的目的区分为特殊预防和一般预防。

1. 特殊预防

所谓特殊预防，是指防止犯罪人重新犯罪。特殊预防的对象只能是犯罪人，即实施了危害社会的行为，依法应当承担刑事责任的人。在我国，特殊预防的刑罚目的通过以下三种途径实现。

（1）改造。中国刑法规定的各种具体刑种，除了死刑是剥夺犯罪分子的生命外，其他大多数刑罚的执行都是采取强制劳动的方法。通过强制罪犯从事生产劳动，促使他们改掉好逸恶劳的恶习，逐步养成劳动的习惯。同时，在对他们进行劳动改造的过程中，刑罚执行机关还对他们进行政治思想教育、文化知识教育和生产技术教育。

（2）剥夺犯罪条件。通过对犯罪分子适用无期徒刑、有期徒刑和拘役，将犯罪人关押在特定的场所，使其与社会隔离，这就在一定时期内剥夺了其再犯罪的条件。此外，对犯罪人适用财产刑，可以剥夺其再犯罪的物质条件；对犯罪人剥夺政治权利则可以消除犯罪人利用某种权利实施犯罪的可能性。

（3）剥夺生命。对于极少数罪大恶极的犯罪分子，依法判处死刑并立即执行，将他们从社会上加以淘汰，使其完全失去再犯罪的可能，这是一种特殊形式的特殊预防。它不是通过改造，而是通过剥夺生命使其不可能再犯罪。但这不是特殊预防的主要内容，改造犯罪分子成为新人，才是我国刑罚特殊预防的主要内容。

2. 一般预防

所谓一般预防，是指防止尚未犯罪的人走上犯罪道路。一般预防的对象不是犯罪分子，而是没有犯罪的社会成员。这些成员包括：

（1）危险分子，即具有多次违法犯罪的历史，有犯罪危险的人；

（2）不稳定分子，即自我控制能力较差、免疫力较低，容易受犯罪诱惑或容易被犯罪分子教唆、拉拢，具有犯罪倾向的人；

（3）刑事被害人，即直接受到犯罪行为侵害，可能对犯罪人或者其亲属实施报复的人；

（4）其他社会成员，即除上述三种人以外的广大公民。

3. 特殊预防和一般预防的关系

特殊预防和一般预防是刑罚目的的基本内容，是预防犯罪的两种手段，二者之间是一种既对立又统一的辩证关系。特殊预防与一般预防是相互依存、不可分割的。但这并不意味着不能根据具体情况的不同而对其中一个方面予以侧重：（1）因刑事活动阶段的不同而有所侧重，即在刑事立法上侧重一般预防，因为此时的刑罚是静态的、一般的，它是向全社会昭示犯罪的刑罚后果，而不是针对具体犯罪和具体的犯罪人，因此，刑罚主要是为了威慑社会上的不稳定分子。在刑罚执行时应侧重特殊预防，因为刑罚执行的对象是具体的犯罪人，行刑的目的就是要将受刑者改造为守法公民，使之不再犯罪。在刑事审判中，则应当两个预防并重。（2）因犯罪人不同而有所侧重，即对累犯、惯犯等人身危险性较大的犯罪分子，应侧重于特殊预防；对初犯、偶犯等再犯可能性不大的犯罪人，侧重于一般预防。（3）因犯罪种类不同而有所侧重，即对特殊、罕见的犯罪适用刑罚，要侧重于特殊预防；对常见多发性犯罪，则应侧重于一般预防。（4）在社会治安形势稳定、犯罪率较低的时期，要侧重于特殊预防；在社会治安形势恶化、犯罪率较高的时期，则应侧重于一般预防。

（三）刑罚功能

1. 剥夺功能

刑罚的剥夺功能是针对犯罪人而言的，对犯罪人的权利与利益予以剥夺，这是刑罚的首要功能，也是刑罚性的最直观的外在表现。同时，刑罚的剥夺功能还对刑罚的其他功能具有制约作用，是刑罚其他功能发挥的重要前提。离开了刑罚剥夺功能，刑罚的其他功能也就无从谈起。

2. 矫正功能

同剥夺功能一样，矫正也是针对犯罪人的刑罚功能，并且是最主要的功能之一。如果说，刑罚的剥夺功能具有十分悠久的历史，甚至可以说是刑罚与生俱来的功能，那么，刑罚的矫正功能则是近代才提出来的，它的提出，表明人类对刑罚现象的认识的又一次升华。刑罚的剥夺功能主要表现在量刑过程中，行刑是剥夺功能的具体实现的过程，而刑罚的矫正功能则主要发生在行刑阶段。因此，矫正功能具有十分重要的意义。

3. 感化功能

感化功能是针对犯罪分子而言的，它主要体现了刑罚的教育性。刑罚的感化功能是指通过区别对待、宽大处理等一系列的政策与制度，使刑罚对犯罪分子产生心理上的感受和影响。

我国刑罚的感化功能，是惩办与宽大相结合这一刑事政策的直接体现。根据惩办与宽大相结合的刑事政策，在处理刑事案件的时候，应当分清不同情况，实行区别对待，惩办少数，改造与教育多数。这一政策在中国刑法中得到具体体现。我国刑法规定了自首、缓刑、减刑、假释、死缓等刑罚制度以及一系列从轻、减轻或者免除处罚的量刑情节。这些制度与从宽处理的情节，都表现了国家对犯罪分子宽大处理的政策精神，可以消除犯罪人的抵触情绪，使其自觉地接受加于自己身上的刑罚，从而对犯罪分子起到感化的作用。

4. 威慑功能

刑罚的威慑功能，有个别威慑与一般威慑之分。个别威慑是指刑罚对犯罪分子产生的威吓慑止作用。个别威慑又可以分为行刑前威慑与行刑后威慑。行刑前威慑是指犯罪分子在受到刑罚惩罚前，基于对刑罚的畏惧而采取放弃犯罪或者争取宽大处理的行为。一般威慑是指刑罚对潜在犯罪人发生的威吓慑止作用。一般威慑又可以分为立法威慑与行刑威慑。立法威慑是指国家以立法的形式将罪刑关系确定下来，通过刑法规定犯罪是应受刑罚惩罚的行为，并具体列举各种犯罪应当受到的刑罚处罚。司法威慑是指法院对犯罪分子适用刑罚，行刑机关对已决罪犯执行刑罚，使意欲犯罪者因目击他人受刑之苦，而从中得到警戒。

个别威慑与一般威慑是辩证统一的，将两者割裂开来或者对立起来的观点都是错误的。如果只考虑个别威慑而不考虑一般威慑的需要，个案的处理效果会对社会产生不良的影响。同理，如果脱离个别威慑，过分强调一般威慑，甚至为追求一般威慑的效果不惜加重对犯罪人的刑罚，当然是不公正的。

5. 鉴别功能

刑罚的鉴别功能，是刑罚的教育性的直接体现。鉴别的实质就是教育，通过刑罚的创制、适用及执行帮助犯罪分子以及其他社会成员划清罪与非罪的界限，从而提高法制观念。刑罚的鉴别功能是对刑罚的威慑功能的必要补充，因为刑罚的威慑功能存在一个十分重要的缺陷，就是只对知法已犯或知法欲犯者产生影响，而对于不知法已犯或不知法欲犯者毫无影响。为此，就需要通过刑罚的鉴别功能发挥明辨是非的作用。因此，鉴别功能也具有十分重要的意义。

6. 补偿功能

犯罪作为一种危害社会的行为，一般都存在被害人。被害人因受到犯罪行为的侵害而在物质上受到了不同程序的损失，因而要通过对犯罪分子适用刑罚，一方面惩罚犯罪人，另一方面使物质损失得到补偿。因而，刑罚对被害人具有补偿功能。我国刑法对被害人遭受经济损失的，对犯罪分子除依法给予刑事处分外，还根据情况判处赔偿经济损失。为了实现刑罚的补偿功能，我国《刑事诉讼法》专门对刑事附带民事诉讼作了规定。所有这些规定，都是使被害人的物质损失得以补偿的法律保障。

7. 安抚功能

刑罚的安抚功能是刑罚的重要功能之一。犯罪行为对社会造成侵害，破坏了社会秩序，引起被害人的激愤与其他人的义愤。在这种情况下，通过对犯罪分子适用刑罚，可以平息民愤，满足社会公正的复仇要求。因此，安抚功能首先是对被害人的功能，满足被害人要求惩罚犯罪分子的强烈愿望，抚慰其受到的精神创伤，并使其尽快从犯罪所造成的痛苦中解脱出来。其次，安抚功能也是对社会上其他成员的功能，对犯罪分子处以刑罚体现了社会的正义要求，能恢复被犯罪行为破坏了的心理秩序。

8. 鼓励功能

刑罚只能对犯罪分子适用，但其影响却涉及整个社会，对社会全体成员都发生作用。我们不赞成那种把社会全体成员作为刑罚威慑对象的观点，但并不能由此否认刑罚对守法公民也有影响。如果说，刑罚之于犯罪分子主要表现为剥夺、之于潜在犯罪人主要表现为威慑，这都是一种否定的功能；那么，刑罚之于守法公民，则主要表现为鼓励，这是一种肯定的功能，其结果是强化公民的守法意识。

二　刑罚的种类

刑法所规定的刑罚方法按照一定的原则可以划分为不同的类型，主要有两类：主刑和附加刑。

（一）主刑

主刑，是对犯罪分子适用的主要刑罚方法。主刑只能独立适用，不能附加适用。具体有以下几类：

1. 管制

是我国刑法规定的一种量刑种类。管制是对罪犯不予关押，但限制其一定自由，依法实行社区矫正。判处管制的罪犯仍然留在原工作单位或居住地工作或劳动，在劳动中应当同工同酬。管制的期限为3个月以上2年以下，数罪并罚时不得超过3年。管制是主刑中的一种轻刑，其适用对象必须是虽然实施了犯罪行为，但是，根据犯罪的事实、性质、情节、后果、对社会危害程度以及认罪悔罪态度，不予关押也不致再对社会造成损害的犯罪人。

2. 拘役

是指短期剥夺犯罪分子的人身自由，就近执行并实行劳动改造的一种刑罚方法。主要适用于罪行较轻，需要短期关押的犯罪分子。期限为1个月以上6个月以下；数罪并罚，拘役最高不能超过1年。拘役是一种自由刑，是介于管制和有期徒刑之间的一种次轻刑。

3. 有期徒刑

指剥夺犯罪分子一定期限的人身自由，强制其进行劳动并接受教育改造的一种刑罚方法。是适用最广泛的一种刑罚。期限为6个月以上15年以下。数罪并罚时，最高不超过20年。

4. 无期徒刑

是指剥夺犯罪分子的终身自由，强制其参加劳动并接受教育改造的一种刑罚方法。适用于罪行严重，但又不必要判处死刑的犯罪分子。无期徒刑属于自由刑，是介于有期徒刑和死刑之间的刑罚方法。

5. 死刑

是指剥夺犯罪分子生命的一种刑罚方法。是最严厉的一种刑罚。只适用于罪行极其严重的犯罪分子。对于应当判处死刑的犯罪分子，如果不是必须立即执行的，可以判处死刑同时宣告缓期2年执行。

（二）附加刑

是补充主刑适用的刑罚。可以作为主刑的附加刑，也可以独立适用。

1. 罚金

是指人民法院判处犯罪分子和犯罪的单位，向国家缴纳一定金钱的一种刑罚方法。罚金是一种财产刑，是对犯罪人财产权益的剥夺。

2. 剥夺政治权利

是指剥夺犯罪分子参加国家管理和政治活动权利的一种刑罚方法。刑法规定，剥夺政治权利包括：剥夺宪法规定的政治权利；剥夺担任国家机关职务的权利；剥夺担任国有公司企业、事业单位和人民团体领导职务的权利。对于危害国家安全的犯罪分子应当附加剥夺政治权利；对于故意杀人、强奸、放火、爆炸等严重破坏社会秩序的犯罪分子，可以附加剥夺政治权利。期限为 1 年以上，5 年以下。从徒刑、拘役执行完毕之日起计算。

3. 没收财产

是指将犯罪分子个人所有财产的一部或全部，强制无偿地收归国有的一种刑罚方法。

4. 驱逐出境

是指将犯罪的外国人强制驱逐出中国国境的一种刑罚方法。驱逐出境只适用于犯罪的外国人，包括犯罪的无国籍人。驱逐出境独立适用时，应当立即将犯罪的外国人驱逐出中国国境；驱逐出境附加适用时，应当在主刑执行完毕后即将犯罪的外国人驱逐出中国国境。

三　刑罚的具体运用

（一）量刑

量刑，又称刑罚裁量，是指根据刑法规定，在认定犯罪的基础上，对犯罪人是否判处刑罚，判处何种刑罚以及判处多重刑罚的确定与裁量。

1. 量刑原则

量刑原则是指人民法院在法定刑的范围内，决定对犯罪分子是否适用刑罚或者处罚轻重的指导思想和准则。我国刑法对量刑原则作了专门规定，《刑法》第 61 条规定："对于犯罪分子决定刑罚的时候，应当根据犯罪的事实、犯罪的性质、情节和对于社会的危害程度，依照本法的有关规定判处。"根据这一规定，量刑原则可以概括为：以犯罪事实为根据，以刑事法律为准绳。这一量刑原则，由相辅相成、不可分割的两部分内容组成，包括了量刑的两项基本准则，是我国"以事实为根据，以法律为准绳"这一法制原则在量刑上的具体化。

（1）以犯罪事实为根据

犯罪事实是量刑的客观根据，没有犯罪事实就无法确定犯罪，量刑就失去了前提。犯罪事实有广义与狭义之分，这里的犯罪事实是广义的犯罪事实。广义的犯罪事实是指客观存在的与犯罪有关的各种事实情况的总和。它既包括犯罪构成的基本事实，也包括犯罪性质、情节和社会危害程度。因此，作为量刑根据的犯罪事实包括以下四项内容：

第一，犯罪的事实。

这里的犯罪事实是指狭义的犯罪事实，即犯罪构成要件的各项基本事实情况。这里的基本事实，在一般情况下是通过罪体与罪责反映的犯罪情况。在以数额较大、情节严重或者其他表明行为侵害法益程度为要件的犯罪中，基本事实还包括罪量要素。罪量要素不仅对于定罪具有重要意义，而且它也是量刑的基础。犯罪的事实是量刑的首要根据，也是正确认定犯罪性质、分析犯罪情节和衡量犯罪社会危害程度的前提。

第二，犯罪的性质。

犯罪的性质是指犯罪行为的法律性质，即某一法益侵害行为经由法律规定并通过审判机关确认的犯罪属性。任何犯罪在法律上都有其质的规定性，不同性质的犯罪，其法益侵害程度不同，处罚的轻重也有所区别。正确地认定犯罪性质，不仅是定罪的重要内容，也是正确量刑的前提；定性不准，量刑必然不当。因此，在量刑时应当在查清犯罪事实的基础上，根据刑法分则的有关规定，正确地认定犯罪性质。

第三，犯罪情节。

刑法上的犯罪情节有两种：第一种是定罪情节，即影响犯罪性质的情节，它是情节犯构成犯罪的必备要素。第二是量刑情节，是指构成犯罪基本事实以外的其他影响和说明犯罪的法益侵害程度的各种事实情况，例如犯罪的动机、手段、环境和条件，以及犯罪人的一贯表现、犯罪后的态度、直接或间接的损害后果，等等。这些事实情况虽然不影响定罪，但它们决定量刑。这里的犯罪情节就是指量刑情节。犯罪情节不同，犯罪行为的法益侵害程度和犯罪人的人身危险性程度也有所不同，因而量刑时所处的刑罚也必然不同。刑法正是根据不同的犯罪情节，对同一犯罪规定了不同的量刑幅度。因此，量刑时在确定犯罪性质的基础上，必须全面掌握犯罪情节，根据不同的情节，决定在哪个量刑幅度以内或者以下裁量应处刑罚或者免除刑罚。

第四，对于社会的危害程度。

对于社会的危害程度是指犯罪行为对社会造成或者可能造成损害结果

的程度。对社会的危害性程度大小是区分罪与非罪，罪轻与罪重以及由此而决定的对犯罪分子是否适用刑罚以及如何适用刑罚的重要根据。危害程度，是由犯罪的一系列主观因素和客观因素综合而成的，包括犯罪的事实、犯罪的性质、情节以及犯罪人的主观恶性程度等。因此，正确地判断犯罪行为的法益侵害程度，必须将犯罪的各种因素全面综合地加以考虑，防止片面地强调其中某一方面的因素。只有这样，才能避免出现量刑上的畸轻畸重的现象。

（2）必须以刑法为准绳

量刑必须以刑法为准绳，是指人民法院在认定犯罪事实的基础上，必须按照刑法的有关规定对犯罪分子是否判刑以及判什么刑、判刑轻重作出裁断。依法量刑，是法制原则的必然要求，也是罪刑法定这一基本的刑法原则在量刑中的体现。量刑以刑法为准绳，主要是遵守以下刑法有关规定：

第一，刑法总则中关于刑罚原则、制度、方法及其适用条件的一般规定。如，对预备犯、未遂犯、中止犯、未成年犯罪人，共同犯罪中的主犯、从犯、教唆犯、胁从犯的处罚原则；有关自首、立功、累犯、缓刑、数罪并罚等制度；有关从重、从轻、减轻以及免除刑罚处罚的规定。

第二，刑法分则中有关各种具体犯罪的法定刑及其量刑幅度的具体规定。在量刑时不得超越法定的刑种和量刑幅度，而应当在法定刑范围内裁量刑罚。

2. 量刑的情节

（1）法定情节

是指《刑法》明文规定在量刑时审判机关应当考虑的情节。包括两类：

第一，硬性量刑的情节，是指刑法明文规定在量刑时审判机关必须考虑的情节。包括：应当免除处罚的情节；应当减轻处罚的情节；应当减轻或者免除处罚的情节；应当从轻、减轻或者免除处罚的情节；应当从轻或者减轻处罚的情节；应当从重处罚的情节。

第二，弹性量刑的情节，是指在刑法条文中所规定的供审判机关在量刑时选择适用的情节。包括：可以免除处罚的情节；可以免除或者减轻处罚的情节；可以减轻或者免除处罚的情节；可以从轻、减轻或者免除处罚的情节；可以从轻或者减轻处罚的情节。

（2）酌定情节

是指《刑法》中虽然没有明文规定，但在司法实践中可以根据具体情况斟酌考虑的情节。

第一，犯罪的手段，除了个别犯罪要求特定手段是犯罪构成的要件之外，绝大多数犯罪对犯罪手段都没有特殊要求，在这种情况下，犯罪人犯罪手段的不同直接体现着犯罪行为不同的社会危害程度，并是在对犯罪人量刑时需要考虑的一个重要情节。

第二，犯罪的环境，是指犯罪人在实施犯罪时所处的时间和地点。犯罪的时间、地点不同，所表现出来的社会危害程度也有所不同，在对犯罪人量刑时必须考虑其实施犯罪的环境情节。

第三，犯罪的对象，犯罪人在犯罪时所针对的对象不同，反映了犯罪社会危害程度的不同，是量刑时的一个重要情节。

第四，犯罪的结果，是指当犯罪结果不作为犯罪构成要件时在量刑中的作用。这里所说的犯罪结果，既包括犯罪的直接结果，也包括犯罪的间接结果。

第五，犯罪的动机，犯罪动机不同表现出犯罪人的主观恶性的不同，也是在对犯罪人量刑时要考虑的一个情节。

第六，犯罪后的态度，犯罪后的态度反映了犯罪人的人身危险性的大小和接受教育改造的难易程度，这是在对犯罪量刑时应当考虑的一个情节。

（二）累犯

累犯，是指被判处有期徒刑以上刑罚的罪犯，刑罚执行完毕或者赦免以后，在5年内再犯应当判处有期徒刑以上刑罚之罪的犯罪分子。对于累犯，刑法规定从重处罚，但是过失犯罪除外。

累犯分为一般累犯和特别累犯。

1. 一般累犯

一般累犯，又称普通累犯，是指被判处有限徒刑以上刑罚的犯罪分子，在刑罚执行完毕或者赦免以后，5年之内又犯应当判处有期徒刑以上刑罚之罪的情形。一般累犯构成的条件是：

（1）前罪与后罪必须都是故意犯罪，这是构成一般累犯的主观条件。如果前罪和后罪有一个是过失犯罪，或者前后两罪都是过失犯罪，不能构成累犯。

（2）前罪与后罪必须都是判处有期徒刑以上刑罚的罪，这是构成一般累犯的刑种条件。如果前罪和后罪所判处的刑罚有一个是低于有期徒刑的刑罚，或者前后两罪所判处的刑罚都是低于有期徒刑的刑罚，不能构成累犯。

（3）后罪必须是发生在前罪的刑罚执行完毕或者赦免以后5年以内，这是构成一般累犯的时间条件。这里所说的"刑罚执行完毕"是指犯罪人被判处的主刑已经执行完毕，被判处的附加刑即使在主刑执行完毕之后仍然在执行过程中，如果犯罪人又犯新罪，并不影响累犯的构成。

2. 特别累犯

特别累犯，是指危害国家安全的犯罪分子在刑罚执行完毕或者赦免以后，在任何时候再犯危害国家安全罪的，都以累犯论处。

构成特殊累犯必须具备以下条件：

（1）前罪和后罪必须都是危害国家安全的犯罪，这是构成特殊累犯的罪名限制条件。

（2）后罪可以发生在前罪刑罚执行完毕或者赦免以后的任何时候，不受前后两罪发生相隔时间的限制。

（3）对后罪和前罪所判处的刑罚种类无任何特别规定。

刑法规定，对于累犯，"应当从重处罚"。

（三）自首和立功

1. 自首

是指犯罪分子犯罪以后自动投案，如实供述自己的罪行的，或者被采取强制措施的犯罪嫌疑人、被告人和正在服刑的罪犯，如实供述司法机关还未掌握的本人其他罪行的行为。分为一般自首和特别自首。

一般自首是指犯罪人在犯罪以后自动投案，如实供述自己罪行的行为。其必须具备的条件是：（1）犯罪分子必须自动投案，这是自首成立的前提条件，没有这个前提条件，就谈不到自首，所谓自动投案，是指犯罪人在犯罪之后归案之前，主动、直接向公安机关、人民检察院、人民法院交代自己的犯罪事实，听候司法机关处理的行为。（2）犯罪分子必须如实供述自己的罪行，即供述自己实施并应由本人承担刑事责任的全部罪行。

特别自首，是指被采取强制措施的犯罪嫌疑人、被告人和正在服刑的罪犯，如实供述司法机关还未掌握的本人其他罪行的行为。需要具备的条件是：（1）特别自首的主体只能是已经被采取强制措施的犯罪嫌疑人、被告人和正在服刑的罪犯。（2）特别自首必须是如实供述司法机关还未掌握的自己的其他罪行。

《刑法》规定，对于自首的犯罪分子，可以从轻或减轻处罚。其中犯罪较轻的，可以免除处罚。

2. 立功

是指犯罪分子揭发他人犯罪行为，查证属实的，或者提供重要线索，从而得以侦破其他案件的行为。分为一般立功和重大立功。一般立功是指犯罪分子揭发他人的犯罪行为经查证属实是较轻的犯罪，或者司法机关根据犯罪分子提供的线索侦破的案件是一般犯罪的案件。重大立功是指犯罪分子有检举、揭发他人重大犯罪行为，经查证属实；提供侦破其他重大案件的重要线索，经查证属实；阻止他人重大犯罪活动；协助司法机关抓捕其他重大犯罪嫌疑人；对国家和社会有其他重大贡献等表现的，应当认定为重大立功表现。

刑法规定，犯罪分子有一般立功表现的，可以从轻或者减轻处罚，有重大立功表现的，可以减轻或者免除处罚。犯罪后自首又有重大立功表现的，应当减轻或者免除处罚。

（四）数罪并罚

是指个人在判决宣告以前犯有数罪，或者在判决宣告以后，刑罚执行完毕以前，发现被判刑的犯罪分子在判决宣告以前还有其他罪没有判决，或者被判刑的犯罪分子在刑罚执行完毕以前又犯新罪，审判机关依照刑法的规定，对犯罪分子在法定时间界限内所犯的数罪，分别定罪量刑后，按照法定的并罚原则和刑期计算方法，酌情决定其应执行的刑罚的一种刑罚制度。

数罪并罚的原则包括：第一，数刑中只要有一个是死刑或者无期徒刑的，就应当执行死刑或者无期徒刑。第二，数刑中有两个以上有期徒刑、两个以上拘役或者两个以管制的，应当在总和刑期以下、数刑中最高刑期以上，酌情决定应当执行的刑期，但是执照刑法的规定，管制最高不能超过3年，拘役最高不能超过1年，有期徒刑最高不能超过20年。第三，数罪中判处有附加刑的，附加刑仍须执行。

刑法规定，数罪并罚有三种情况：（1）判决宣告以前，一个人犯有数罪的，应当对所犯各罪分别裁量刑罚，然后按照刑法的规定，决定应当执行的刑罚。（2）判决宣告以后、刑罚执行完毕以前，发现被判刑的犯罪分子在判决宣告以前还有其他罪没有判决的，按照刑法的规定，应当对新发现的罪作出判决，把前后两个判决所判处的刑罚，根据刑法的规定，决定应当执行的刑罚，已经执行的刑期，应当计算在新决定所决定的刑期之内。（3）判决宣告以后，刑罚执行完毕以前，被判刑的犯罪分子又犯新罪的，应当对新犯的罪作出判决，把前罪没有执行的刑罚与后罪所判处的刑罚，根据刑法规定，决定应当执行的刑罚。

（五）缓刑

是指人民法院对于被判处拘役、3 年以下有期徒刑的犯罪分子，根据其犯罪情节和悔改表现，认为暂缓执行原判刑罚，确实不致再危害社会的，可以规定一定的考验期，暂缓其刑罚的执行，若被判刑的犯罪分子在考验期内不再犯新罪，或者未被发现漏罪，或者没有违反法律、法规或者有关规定，原判刑罚就不再执行的制度。《刑法》第 72 条的规定："对于被判处拘役、三年以下有期徒刑的犯罪分子，根据犯罪分子的犯罪情节和悔罪表现，适用缓刑确实不致再危害社会的，可以宣告缓刑。"第 74 条规定："对于累犯，不适用缓刑。"《刑法》第 449 条还规定了特别缓刑的制度："在战时，对被判处三年以下有期徒刑没有现实危险宣告缓刑的犯罪军人，允许其戴罪立功，确有立功表现时，可以撤销原判刑罚，不以犯罪论处。"

（六）减刑

是指被判处管制、拘役、有期徒刑或者无期徒刑的犯罪分子，因其在刑罚执行期间认真遵守监规，接受教育改造，确有悔改，或者有立功表现的，可以适当减轻其原判刑罚的一种刑罚制度。减刑只适用于被判处管制、拘役、有期徒刑、无期徒刑的犯罪分子。只要是被判处上述四种刑罚之一的犯罪分子，无论其犯罪行为是故意还是过失，是重罪还是轻罪，是危害国家安全罪还是其他刑事犯罪，如果具备法定的减刑条件都可以减刑。减刑以后实际执行的刑期，判处管制、拘役、有期徒刑的，不能少于原判刑期的 1/2；判处无期徒刑的，不能少于 10 年；人民法院依照《刑法》第 50 条第 2 款规定限制减刑的死刑缓期执行的犯罪分子，缓期执行期满后依法减为无期徒刑的，不能少于 25 年，缓期执行期满后依法减为25 年有期徒刑的，不能少于 20 年。

（七）假释

是指对被判处有期徒刑、无期徒刑的犯罪分子，在执行一定刑期之后，如果认真遵守监规、接受教育改造，确有悔改表现，假释后不致再危害社会的，可以附有条件的将其提前释放的一种制度。假释的条件是：（1）适用对象只限于被判处有期徒刑或无期徒刑的犯罪分子；（2）被判处有期徒刑的犯罪分子，执行原判刑期1/2以上，被判处无期徒刑的犯罪分子，实际执行10年以上，如有特殊情况，经最高人民法院核准，可以不受上述刑期的限制；（3）认真遵守监规，接受教育改造，确有悔改表现，假释后不致再危害社会的。对累犯以及因杀人、爆炸、抢劫、强奸、绑架等暴力性犯罪被判处10年以上有期徒刑、无期徒刑的犯罪分子，不得假释。

（八）追诉时效

追诉时效，是指依法对犯罪分子追究刑事责任的有效期限。犯罪经过下列期限不再追诉：（1）法定最高刑为不满5年有期徒刑的，经过5年；（2）法定最高刑为5年以上不满10年有期徒刑的，经过10年；（3）法定最高刑为10年以上有期徒刑的，经过15年；（4）法定最高刑为无期徒刑、死刑的，经过20年。

（九）赦免

赦免包括大赦和特赦两种。大赦是范围比较广泛的赦免，通常称为普遍的赦免，或者一般的赦免。大赦一般是规定某些各类的犯罪在一定期限内不再追诉，已经追诉的要终止；已经判处刑罚的，可以部分或者全部免除，或者将较重的刑种易为较轻的刑种；或者规定已经刑满释放的某些人在大赦以后撤销其前科等。

特赦是指对某类或者某个特定的犯罪人免除其刑罚的一部分或全部。其特点是一般只赦免犯罪人的刑，而不赦免犯罪人的罪。